读史馆

被误解的历史人物

大写的历史

黄朴民 著

浙江出版联合集团
浙江文艺出版社

序

斜阳古柳赵家庄，负鼓盲翁正作场。

死后是非谁管得，满村听说蔡中郎。

——《小舟游近村舍舟步归》

陆游之感慨，或许就是人们在评价历史人物时普遍会遇上的困扰与纠结。

大千世界，芸芸众生，绝大多数都如沙尘似的，早已无声无息消失在无垠的历史天穹之中，来无影，去无踪，不带走一丝云彩，也不留下任何痕迹。只有少数人，由于其自身的作为，也因了机缘的巧合，被史家在史册上记了一笔，于是，得以在历史上留下或模糊或清晰的身影。这样的人，我们称之为：历史人物。

愿意尽显身手，做成一番事情（且不论事情的善恶对错），因而在历史上留名（且不论是美名还是骂名），成为历史人物者，可谓大有人在。桓温所言"大丈夫在世，既不能流芳百世，亦不足复遗臭万载耶"，道出了一些汲汲功名者的共同心声。尽管我们可以不屑于其中某些人的心态与作为，但是我们也不得不承认，正是各式各样的历史人物的卖力表演，才使得我们的历史变得丰富多彩，充满生机与活力，魅力无限。

毋庸置疑，历史人物就是历史舞台上的主角，是历史聚光灯照耀的中心点。如果说，在历史这个有机结构当中，历史事件可以喻指为骨，历史文化可以喻指为血，那么，历史人物毫无疑问可以喻指为肉。骨架使人得以成形，血液教人得以鲜活，而肉体则赋予人以具体的形象

显而易见，在今天解读和评价历史人物，是史学研究中的重要内容和永恒主题。通过对历史人物的了解，我们走近其所处的那段历史；通过对历史人物的评价，我们认识其所处的那个时代。然而要真正看清那些渐渐远去甚至已经消逝的历史身影，又何尝容易？要做到客观公正地知人论世，在抱有同情之理解的基础上，走进他们的内心世界，理解他们的思维方式与行为准则，从而体认其思想动机，评述其功过得失，更不啻是困难重重。

自然，最重要同时又是最给人造成困惑的，就是对历史人物作价值判断与评价。

受研究者自身的阅历、观察问题的角度以及社会环境的影响等种种因素的制约，对某一历史人物的具体评价往往会有截然不同的结果，这是历史研究中大量存在的现象，也是导致人们思想困惑的一个重要原因。

根据我的观察，历史人物评价上价值判断的分歧，原因固然很多，但是最关键的因素，也许是道德尺度与历史尺度之间的纠葛与对立。具体地说，对于同一历史人物，用道德衡量或用历史衡量，往往会得出完全不同的功过得失结论。在道德上占有优势，在人格上具有魅力，并不一定在历史上经得起检验；历史上有大贡献的人物，其所作所为也常常得不到固有传统道德的认可，不能成为人们真心景仰钦慕的人格楷模。而历史研究者侧重于一个方面对其展开评价时，大量尖锐的意见分歧便立即凸显出来了。

这也是历史上诸多杰出人物身后是非、千秋功过任人评说，言人人殊的原因之所在了。以封建帝王为例，我们大多数人通常是心仪于刘恒、刘秀、赵匡胤的为人与做事风格，而对秦始皇、曹操、朱元璋嗜杀残暴、任性专制、严酷无情的行径无法苟同。尽管历史上曾有人别出心裁，努力为商纣王、秦始皇、曹操、朱元璋等人鸣冤叫屈，汲汲于做翻案文章，但结果却往往是言者谆谆，听者藐藐，心劳力拙，徒劳无功。秦始皇等人总是成为被普遍诟议的对象，而无法真正翻身，这就是道德戒律在历史人物评价中的潜在规范与制约。

然而，评价历史人物功过是非的毕竟不是只有简单的一把道德标尺。作为历史研究者，与一般大众所不同的，是更多以历史的标尺对历史人物作价值判断。所以尽管秦始皇、曹操、武则天、朱元璋等人的道德品行备受争议，无法让所有人认同喜爱，可是平心而论，他们对历史发展的贡献有目共睹，甚至远远超越占有道德或人性优势的刘秀、赵匡胤等人。所以用历史的标尺衡量，他们不能不受到充分的肯定与崇高的礼赞。

不过这样一来，学者的观点与大众的认知之间便存在了巨大的差距，如何缩小甚至消弥这种差距，便成了历史研究怎样面对社会，进入大众，而不被边缘化的新课题。遗憾的是，人们在这方面的努力似乎并没有收到积极的效果。在泛道德氛围包围下的社会里，要做出既合乎道德要素又满足历史条件的历史人物价值判断真的是难于上青天。各吹各的号，各唱各的调，这始终是历史人物价值判断中的普遍现象，也是我们在从事历史研究中所面临的一个重大困惑。

其实，历史人物的价值判断也并非是一个无法松解的死结。孔子早已在这方面做出了很好的平衡，堪称典范。翻开《论语》一书，我们可以看到孔子有关管仲的评价，就充分体现了道德与历史的矛盾统一。孔子一方面对管仲不无微辞，甚至多有贬斥，批评"管仲之器小矣"，指摘管仲贪货敛财，道德有阙；另一方面又充分肯定他辅佐齐桓公"九合诸侯，一匡天下"之历史功勋，盛赞其"如其仁，如其仁"。很明显，孔子批评管仲，乃是就道德层面发论；而肯定管仲，则是就历史层面定位。两者并行不悖，互为参比，从而使历史人物的价值判断在道德与历史的矛盾对立中实现了和谐的统一。这也启发我们，在进行历史人物评价的价值判断时，应区分道德与历史的不同标准，将上帝的还给上帝，将国王的交给国王，从而战胜挑战，走出历史人物价值判断上的困局。

本人在多年从事历史研究的过程中，一直对了解和评价某些特定的历史人物怀有浓厚的兴趣，兴之所至，也忍不住捉笔涂鸦，写下对他们功业及遭遇的看法。日积月累，渐渐形成了自己心中有关历史人物定位与评析的标尺。承蒙浙江文艺出版社的错爱，使我有机会将这些浅薄但不无性格的文字得以整理结集，出版面世，以飨广大读者，这是我的莫大荣幸。借此机会，谨向浙江文艺出版社的朋友致以最诚挚的感谢！

是为序。

黄朴民
2015 年 12 月于中国人民大学国学院

目录

从来胜者无侥幸

张弛有道称小霸
——郑庄公的英雄本色

春秋初年的郑庄公，是最值得说道一番的。

郑庄公是春秋初年郑国的第三代国君，他在历史上的最大作为，是筚路蓝缕、拳打脚踢，通过各种手段使得西周末期才建立的小小郑国，在春秋初年率先崛起，小霸天下，一鸣惊人。

当然，与汉武帝、康熙爷这类超级大腕的功业相比，郑庄公这点儿事功也实在算不得惊天动地、可歌可泣。但是若从郑庄公行事所体现的政治技巧、政治手腕来考察，就不能不让人对他的深厚功力、绵长气韵表示由衷的佩服了。

郑庄公政治手腕老练，操盘能力出众，首先表现在料事能准。《孙子兵法》认为"知彼知己，百战不殆"，又说"多算胜，少算不胜"，一个政治人物是否成熟，不看他是否口若悬河，不看他是否善于作秀，就看他有没有睿智的头脑，能否透过复杂纷纭的表象，一眼明了事物的本质，掌握战略态势的走向，料事如神，制敌先机，做到未雨绸缪，"胜兵先胜而后求战"，"先为不可胜，以待敌之可胜"。这正是《管子》中提到的既遍知又早知的道理，因为所知有缺环，便不能掌握全局；而所知不及时，便失去时效性，只会是马后炮、事后诸葛亮。

郑庄公在这方面可谓是第一流的高手，他与其父郑武公、其祖郑桓公三代均为周王室的卿士,对周王室的大小事务、各种矛盾了若指掌,谙熟于心。因此,作为局内人,他比其他人更早更清晰地看到周王室外强中干、色厉内荏的事实,看到"天而既厌周德矣"的形势,认清了周天子权威的没落乃是不可逆转的趋势,而凭实力进行政治上的重新洗牌,诸侯争霸,"礼乐征伐自诸侯出"的机会即将来临。先下手为强,后下手遭殃,郑庄公宁做白眼狼,不要虚声望,他当机立断,高明决策,第一个跳将出来,利用操控王室政务的便利条件,让肥水只流自家田,借鸡下蛋发展自己的势力,比曹孟德早上一千多年就玩起"挟天子以令诸侯"的把戏,先后联鲁、伐宋、侵陈、灭许,一举造就郑庄公小霸的风光局面。

等到羽翼基本丰满后,郑庄公又敢于过河拆桥,转过身来向周天子叫板,甚至敢于冒天下之大不韪,在太岁头上动土,与周天子兵戈相向,令全天下为之惊诧莫名,目瞪口呆,只好傻乎乎站在一旁眼睁睁看着他一步步攀登上霸主的宝座,成为开春秋一代风气之先的人物。细究其根由,郑庄公之所以敢于肆无忌惮,为所欲为,就在于他早已算准了周王室的反应,早就看扁了周天子的那点儿能耐。

郑庄公政治手腕的老练、操盘能力的出众,其次表现为遇事能忍。北宋大文豪苏东坡《留侯论》有云:"古之所谓豪杰之士者,必有过人之节,人情有所不能忍者。匹夫见辱,拔剑而起,挺身而斗,此不足为勇也。天下有大勇者,卒然临之而不惊,无故加之而不怒。此其所挟持者甚大,而其志甚远也。"遇事能忍说白了便是要在处于下风时,能够"装孙子",老虎扮猫,唾面自干。做到以退为进,以柔克刚,以不争谦让的方式,来达到争的根本目的,即"夫唯不争,故无尤"。用杜牧《题乌江亭》的诗句说,就是"包羞忍耻是男儿"。一个人能够真正践行"装孙子"哲学,那么,他的眼光之远、抱负之大、心机之深、胸襟之宽,都是臻于一流了,十分令人畏惧,而郑庄公就是这样的人。

"克段于鄢"就典型地反映了郑庄公遇事能忍的政治风格。郑庄公的母亲姜氏在生他时是难产,吃足了苦头,因此郑庄公从小就不讨母亲的喜欢,姜氏对他横看竖瞧总是不顺眼;而姜氏所宠信溺爱的,是郑庄公的胞弟姬段。大人物的私生活也是政治,姜氏的爱憎好恶就为日后的朝廷冲突埋下了深深的隐患。从《左传》的相关记载来看,姜氏是一个心胸狭窄、自以为是、喜欢自我表演、权力欲很强的女人。郑庄公登基后,她不甘寂寞,老是插手朝廷的政治,替爱子姬段经营前途。先是打军事要地制邑的主意,遭到挫折后,又逼迫庄公将姬段分封到京城(今河南荥阳东南),立为京城大叔①。

大叔段进驻京城之后,即大修城邑,图谋不轨。大臣祭仲目睹这一情况,心惊不已,便提醒庄公要防止出现政出多门、尾大不掉的局面,以免威胁到自己的统治。但郑庄公一笑了之,以一句"多行不义必自毙"应付过去。面对姜氏与姬段这种串通一气,给自己多方制造麻烦的行为,郑庄公做到了隐忍不发,故意装出一副无关痛痒、漫不经心的样子,忍下一时之气。大叔段见自己的举动没有遭到兄长的制止,便变本加厉,将郑国西部和北部的城邑攫为己有,进一步扩充自己的势力。姬段的肆无忌惮、得寸进尺之举,让郑庄公的臣子们都感到是可忍孰不可忍,大夫公子吕就催促郑庄公迅速采取行动,有力应对,以免变生肘腋、祸起萧墙,"不如早为之所,无使滋蔓。蔓难图也,蔓草犹不可除,况君之宠弟乎"②。可郑庄公这时还是一再忍受,以"不义,不暱,厚将崩"为理由婉言谢绝了公子吕等大臣的建议。郑庄公如此工于心计、老谋深算,真可谓是忍耐功夫修炼到了家,这绝不是一般人所能做到的。

郑庄公遇事能忍，也反映在他处理与周王室的关系问题上。冰冻三尺，非一日之寒，郑国与周王室之间的矛盾由来已久。周平王在位时为了稍加限制和分散郑庄公的权力，曾打算任命虢公林父为卿士，但由于事机不密，为郑庄公所侦知。郑庄公对此甚为不满，对周平王提出质询。平王力图否认，结果发生了"周郑交质"事件。周以王子孤在郑国为人质，郑则以太子忽在周为人质。一场风波表面上暂时平息了，可实际上是双方互相猜忌更趋严重。

公元前720年，周平王去世，其孙姬林继位，是为周桓王。在这之前，在郑国充当人质的王子孤已客死于郑国。王子孤是周桓王的父亲，他的死使得桓王极为痛恨郑庄公的专横忌刻、无法无天，加之桓王本人年少气盛，缺乏政治经验，因此上台伊始，便急不可待地处处侮辱和打击郑庄公，双方的关系更是日趋冷淡恶劣。

郑庄公毕竟富有政治经验，他知道一味和周天子闹僵并不符合郑国的根本利益，所以他不愿激化矛盾，面对周桓王的作梗为难，他努力克制内心的恼怒，于公元前717年主动前去王都洛阳朝拜周桓王，希望缓解长期以来彼此间的对立情绪。谁知周桓王是头犟驴，只图一时痛快，不顾无穷后患，竟一点也不买郑庄公的账，给郑庄公吃了个闭门羹，让他乘兴而来，败兴而归。

接着，周桓王又十分不理智地干了两件让郑庄公极度不愉快的事情。一是在公元前715年正式任命虢公林父为王室右卿士，让他与身为左卿士的郑庄公分庭抗礼。二是于公元前712年强行向郑庄公索取了邬、苏、刘、鄢等四座郑国城邑，而以本不属于周王所有的苏忿生的十二个邑作交换，这等于是开了一张空头支票，让郑庄公望梅止渴、画饼充饥。此番作弄使郑庄公极没面子，令他气不打一处来,但他深知小不忍则乱大谋的道理,最终还是按捺住怒火,硬生生地忍了下来。这种打落牙齿往肚里咽的忍劲,实在了得。可见,遇事能忍,是郑庄公显著的性格特征,而老谋深算,工于心计,喜怒不形于色,则正是郑庄公战略意识高度成熟的突出标志。

郑庄公政治手腕的老练、操盘能力的出众,第三表现为出手能狠,一般都是雷霆万钧、干净利落、一步到位。郑庄公在胞弟的逼宫问题上隐忍,在周桓王的刁难打击面前退让,说到底并不是单纯的隐忍或退让,而是韬光养晦、后发制人的做法。用军事术语讲,这是积极防御,即以防御退却为手段,以反攻制敌为目的的攻势防御,用杜牧《题乌江亭》诗句来形容,那便是“卷土重来未可知”。他不曾对自己的胞弟和周桓王马上实施反制,不是他软弱,不是他胆怯,更不是他无能,而是他不能在没有准备就绪、稳操胜券的情况下过早地向对手摊牌。所以,郑庄公在隐忍退让的同时,私底下一直在做充分的准备,以求一招制敌,一举而胜。

郑庄公的对手们智商太低,对他的真实战略意图茫然无知,把他的克制隐忍、妥协退让、欲擒故纵误认为是软弱可欺,于是乎他们得寸进尺、步步进逼:姬段利令智昏,动员军队企图偷袭郑国国都;周桓王大打出手,大举起兵进犯郑国纵深之地。殊不知他们的所作所为,全然是在郑庄公的算计之中,他们的嚣张猖狂、忘乎所以,恰好为郑庄公痛下决心全面反击提供了机会。在做好充分准备的前提下,他给予对手迎头痛击——“克段于鄢”,一举端掉国内动乱的祸根。

当时,大叔段在母亲姜氏的支持下,一直经营着篡权夺位的“大业”。郑庄公的隐忍放纵,使得他忘乎所以、得意忘形,自以为机会来临,打算发动叛乱,乱中夺权。鲁隐公元年(前722),大叔段整治城郭,积聚粮草,修缮武器,训练军队,并勾结姜氏充当内应,准备偷袭郑国国都。郑庄公当机立断,命令公子吕统率二百辆战车讨伐大叔段,直捣其叛乱的巢穴。在郑军山呼海啸般的强大攻势下,京邑的民众也起来反对大叔段,大叔段大势尽去,被迫出逃到鄢(今河南鄢陵境内),郑庄公亲自统率大军征伐鄢邑。大叔段势穷力蹙,全线溃败,只好逃出郑国,累累如丧家之犬,流亡到卫国的共邑(今河南滑县)。至此,郑庄公彻底清除了内部的分裂势力,巩固了自己的统治地位。

公元前707年,踌躇满志的周桓王下令剥夺郑庄公王朝左卿士的职位,把郑庄公逼进了死胡同。这一回郑庄公再也无法容忍,从此不再去朝觐周桓王。周桓王认为必须教训惩罚郑庄公这无礼犯上的行为,想要杀鸡儆猴,便于同年秋天,亲率周、陈、蔡、卫联军对郑国发起进攻。郑庄公率兵迎战,双方军队遂在 繻葛(今河南长葛东北)一带摆开战阵,进行决战。

交战前夕,双方调兵遣将,布列阵势。周桓王将周室联军分为三支:左军、右军、中军。其左军由卿士周公黑肩指挥,陈军附属于内;右军由卿士虢公林父指挥,蔡、卫军附属其中;作为主力的中军则由桓王本人亲自指挥。郑庄公针对联军这一部署,也将郑军编组成三个部分:中军、左拒、右拒("拒"是方阵的意思),指派祭仲、曼伯等大臣分别指挥左拒和右拒,自己则亲率中军,准备与周室联军一决雌雄。

正式交战之前,郑国大夫公子元对周室联军的组成情况进行了分析。他认为,陈国国内正发生动乱,其兵无斗志,其将无战心。如果先对联军左翼实施打击,陈军一定会土崩瓦解、不堪一击;而蔡、卫两军的战斗力不强,届时也将难以抗衡郑军的进攻。据此,公子元建议郑庄公首先击破联军的薄弱部分——左右两翼,然后再集中优势兵力进攻联军的主力——中军。郑庄公欣然接受了这一先弱后强、各个击破的作战方针。另一位郑国大夫高渠弥鉴于以往郑军与北狄作战时，郑前锋步兵被击破，后续战车失去掩护，以致无法同步兵进行有效协同作战的教训，主张改变具体的作战方式，编成鱼丽阵以应敌。据《左传》等史籍的记载，鱼丽阵的基本特点是先偏后伍、伍承弥缝，即把战车布列在前面，将步卒疏散配置于战车两侧及后方，形成车步协同配合、攻防灵活自如的整体。同时在左、中、右三军的部署上，是两翼靠前，中军稍后，成倒"品"字形，像张网捕鱼似的打击敌人。郑庄公不愧为一代雄主，善于开诚布公、集思广益，对高渠弥的建议拍案叫绝，当即吩咐具体落实。

会战开始后，郑军按照既定作战部署向周室联军发起猛攻，旗动而鼓，击鼓而进。郑大夫曼伯指挥郑军右方阵，以泰山压顶之势攻击联军左翼的陈军，陈军果然士气低落、一触即溃，联军左翼遂告解体。与此同时，郑大夫祭仲也指挥郑军左方阵，奋勇进击蔡、卫两军所在的联军右翼部队。蔡、卫军的情况也不比陈军好多少，未经几个回合的交锋，便丢盔弃甲，纷纷败退。周联军中军为溃兵所扰，军心动摇，阵势顿时纷乱。郑庄公立即摇旗指挥郑军中军，向周中军发动攻击。祭仲、曼伯麾下的郑军左右两大方阵也乘势合围，以正合，以奇胜，夹击周室中军。

失去了左右两翼掩护协同的周中军，根本无法抵抗郑三军的合击，只能仓皇后撤，周桓王本人也被郑将祝聃射中了肩膀。这次大战败得一塌糊涂，输得无话可说，周桓王无奈，只好下令部队脱离战场，保住部分力量。这就是所谓"桓王箭上肩"的来历。

无论是风卷残云的"克段于鄢"也好，还是酣畅淋漓的繻葛之战也罢，都让我们看到了郑庄公在关键时候的果毅坚决、敢作敢为，看到郑庄公的铁血手腕、磐石意志，这就是，不出手则罢，一旦出手，那就又准又狠，雷霆万钧，摧枯拉朽，所向披靡，给对手以毁灭性的打击。由此可见，出手能狠，正是郑庄公战略智慧超人一等，能够真正成就大事的显著标志。

郑庄公政治手腕的老练、操盘能力的出众，第四表现为善后能稳。孔子曰："过犹不及。"老子道："天之道，其犹张弓欤？高者抑之，下者举之；有余者损之，不足者补之。"《孙子兵法》上也说"故不尽知用兵之害者，则不能尽知用兵之利也"，"军争为利，众争为危，举军以争利则不及，委军以争利则辎重捐"。真正高明的战略家对战略目标的设定都是非常理智的，绝不会在胜利面前头脑发热，忘乎所以，趾高气扬，以至于在阴沟里翻船，而是能注意掌握分寸，适可而止，张弛自如，见好便收。用现代的话讲，就是善于在漫天要价的同时，能够巧妙地就地还钱，就是能做到有理、有利、有节，好戏不要唱过头。一句话，政治博弈的最高艺术，就是所谓的"善于妥协"。

郑庄公在这方面的作为，同样出神入化，可圈可点。当姬段逃窜共地之后，郑庄公便鸣金收兵，不再追击，因为他完全知道，这个时候的姬段已惶惶似丧家之犬，众叛亲离，形孤势单，失去了一切可供叛乱的资源，再也折腾不起什么大浪了，实在不值得继续花工夫去对付，否则便是画蛇添足、自寻烦恼。

另外，由于郑庄公的母亲姜氏在这场叛乱中扮演了很不光彩的角色，她犹如特洛伊木马，企图与姬段里应外合，黑虎掏心，置郑庄公于死地。对此，郑庄公的内心是既痛苦又愤恨，遂指天画地发下毒誓，永远不再见姜氏的面，"不及黄泉，无相见也"。但是为了社稷大局，他最终还是与姜氏和解了，"大隧之中，其乐也融融"，"大隧之外，其乐也洩洩"，"遂为母子如初"。事实上，能否真正"为母子如初"，尽释前嫌，那只有天知道！可在表面上，样子终究还过得去，郑庄公也借此而赢得孝名，在政治上替自己捞够了分数。

　　至于繻葛之战善后问题上的举措，更是反映出郑庄公的机心深密、棋高一着。当郑国在战场上大获全胜已成定局时，郑军上下十分振奋，余勇可贾。祝聃等将领遂积极请战，建议郑军乘胜追击，以扩大战果。但是郑庄公坚决拒绝了部属们的请战要求，头脑异常冷静地表示："君子不欲多上人，况敢陵天子乎！苟自救也。社稷无陨，多矣。"③下令终止追击，放对手一马。不仅仅如此，他还在当天晚上派遣专人前往周室联军的大营，慰问肩上中箭负伤的周桓王，从而给周桓王一个留面子、下台阶的机会，使得双方之间的关系没有闹到彻底破裂的地步。既赢得了利益，显足了威风，又留有了余地，杜绝了后患，左右逢源，进退裕如，一石二鸟，游刃有余。郑庄公战略识见的高明、斗争火候的掌握、政治运作中乾坤大挪移的绝顶神功，真是令人叹为观止，用俗话来形容，便是盖了帽了。

　　"舞榭歌台，风流总被雨打风吹去。"④意气风发的郑庄公的小霸事业，早已事过境迁，烟消云散了。然而，郑庄公的战略意识与政治手腕却依旧让今天的读史者无任钦仰，不胜叹服！

　　的确，从更深的层次进行考察，我们应该承认，料事能准，遇事能忍，出手能狠，善后能稳，是古今中外成就大事业之人所要具备的基本素质。同时，它又何尝不可以成为今天从事国际战略角逐的有益借鉴？在风云变幻、错综复杂的国际形势面前，一定要头脑清醒、沉着冷静，对局面有准确的分析，对大势有高明的预见，对自己有恰当的定位，不为假象而迷惑双眼，不因义愤而蒙蔽理智；在某些情况下，有必要韬光养晦，自敛锋芒，创造条件以等待时机，以天下之至柔，驰骋乎天下之至刚；在关系到国家民族的核心利益、根本得失问题上，若条件成熟，理应坚决出手，断然处置，一举而克，期于必成，所谓"金猴奋起千钧棒，玉宇澄清万里埃";至于在具体的斗争策略运用过程中,则必须巧妙地做到:有张有弛,有礼有节,斗而不破,全胜至上,即所谓"张而不弛,文武不能也;弛而不张,文武不为也;一张一弛,文武之道也"。

注释:

①即京城太叔。"大"通"太",意为极大。

②《左传·隐公元年》。

③《左传·桓公五年》。

④辛弃疾:《永遇乐·京口北固亭怀古》。

一匡天下之领袖风度
——齐桓公的稳重

　　"春秋五霸",真正名副其实的,其实只有三位:齐桓公、晋文公和楚庄王。这三人之中,楚庄王是"蛮夷"的头子,出身本来便有问题。所以,他一鸣惊人,爬上霸主的宝座,对那些诸夏本位论者来说,绝不是一件值得高兴的事情,反而纯粹是屈辱的标志,只是迫于形势,大家才不得不强打起精神,腻腻歪歪、言不由衷地承受下来。由此可见,楚庄王尽管神气活现、踌躇满志,但在大家的心目当中,他根本算不得是"五霸"中的正宗角色,典型的"紫色蛙声,余分闰位,为圣王之驱除云尔"①。

　　晋文公当然不同,他是咱华夏自己圈子里的人,他要出人头地,大伙儿不会有心理上的障碍。事实上,晋文公也的确够争气,上台没多久,便施展拳脚,几个回合下来,便让那曾经趾高气扬、目空一切的楚国好汉趴在地上,动弹不得,使诸多中原诸侯终于熬到了扬眉吐气、重新露脸的时候。就霸业之盛、声誉之大而论,晋文公无疑属于春秋历史上的顶尖人物。可惜的是,他做事过于张狂,不大知晓轻重,口口声声尊重周天子,其实在践土之盟上,视天子如玩偶,呼来唤去,肆无忌惮。这如何不教人对他的行为持几分保留态度。再加上他机心太重,韬略太多,用兵讲求诡诈,谋事注重算计,更给人留下老奸巨猾的印象。无怪乎连孔子都对他要不无微词了，作出"晋文公谲而不正"②的评价。既然是"谲而不正"，那么，晋文公在"五霸"中的地位，自然也得打上几个折扣。

宋襄、秦穆不够资格，晋文、楚庄又不无瑕疵，那么"五霸"之中，也就只余下那位齐桓公被人奉为典范了。孔夫子称道他"正而不谲"；孟子的态度同样鲜明，说是"五霸桓公为盛"。他们这么说，可不是兴之所至的信口开河，而是当时社会舆论的客观反映。齐桓公身后受到人们的普遍怀念乃是不争的事实，他生前的许多做法也曾为后人所效法。公元前 641 年，鲁、蔡、陈、楚、郑、齐多国诸侯风尘仆仆、鞍马劳顿地赶到齐国搞会盟，中心的议题便是所谓"修好于诸侯，以无忘齐桓之德"③，这等于是举办了一场为齐桓公歌功颂德的专题国际论坛。公元前 538 年，楚灵王召集十三国在申地（今河南南阳北）开大会，在礼仪方式的选择上，楚灵王也毫不犹豫地表示要向齐桓公看齐，透露出他企图效仿齐桓公号令诸侯的勃勃雄心。这些史实，说明齐桓公才是"春秋五霸"中真正意义上的霸主，他身上所体现的才是纯粹至高、正大光明的领袖风度，孔子说他"正而不谲"，真是说到了点子上。

齐桓公的"正"，说白了也简单寻常，就是他的为人处事，从根本上合乎了中国传统文化的精髓：中庸节制，凡事把握分寸，恰到好处，无过无不及，用最佳的方式实现了自己既定的战略目标。这种境界，看上去平凡，其实最高明，非功力深厚者所不能至也！用今天的话说，齐桓公厉害的，是他的太极推手功夫，核心不过是两个字——稳重。稳重，再稳重，如果细加体味，我们不能不承认，这才是政治上的大智慧，战略上的大手笔。

齐桓公的成功，取决于他的稳重。由于稳重，他才善于权衡利弊，可以及时变招，一旦遇到问题或挫折，便知道从中认真汲取教训，尽快刹车。条条道路通罗马，此路不顺换他路，而不至于一条黑道走到底，直至闹到不可收拾的地步。这不是容易做到的事情，历史上有多少大人物，明明知道原先的计划和方法有问题，但或因碍于面子，或因赌口意气，或因心存侥幸，总是在那里死顶硬撑，结果事情变得越来越糟糕，直弄到山穷水尽，无法挽回。然而，齐桓公与他们不同，他懂得该撒手时就撒手的道理，所以他成功了。

齐桓公刚登基时，也一样是雄心勃勃，血气方刚，一心想做一番惊天动地的伟业，早早确立起齐国的霸权，汲汲于"欲诛大国之不道者"。当时，管仲谏阻他，告诉他时机并不成熟，劝说他"不可，甲兵未足"④。可他全然当作耳边风，一意孤行按着自己的性情去做，满心以为中原霸主的宝座唾手可得。

然而，他的热情之火，很快便让长勺之战那一大盆冷水给浇灭了。他引以为豪的强大齐军，居然被由曹刿当高参的鲁庄公麾下的将士们杀得丢盔弃甲、狼狈逃窜，真是败得窝囊透顶。不过这次出乎意料的惨败，也有一个好处，就是使得齐桓公发热的头脑得以冷静下来，急功近利的浮躁心态得以平复下来。既然单纯的战争手段连鲁国这样军力很一般的国家都摆不平，那么，想靠它去对付比鲁国强大十倍的楚国，比鲁军更能打仗的戎狄，岂不纯粹是自讨没趣吗！看来是不能单纯依赖战争来实现自己的称霸目标，而应该更多地运用政治、外交手段，伐谋、伐交、伐兵三管齐下，才是正道。齐桓公是这么想的，也是这么做的，他马上调整了自己的争霸战略方针，改急取冒进为稳重待机，变单凭武力为文武并举，"以迂为直，以患为利"⑤。而正是这种稳重的做法，才保证了他日后少走弯路，从而一步步稳稳地走向自己霸业的巅峰。

齐桓公的稳重，也表现在他善于正确判断形势，根据实际情况作必要的妥协，进两步退一步，见好便收，在可能的范围内满足自己的战略诉求。战略是否成功,不在于它战略利益的内涵有多大,战略目标的设定有多高,而关键看它实现的可能性有多少。如果脱离实际条件,脱离具体许可,那么,再好的战略方案也等于是望梅止渴、画饼充饥。所以,善于妥协,本身就是战略运筹中的一门高明的艺术,是寻求战略利益的一个重要手段。这方面的驾轻就熟、得心应手,无疑是一位政治家高度成熟的突出标志。

齐桓公就是这样一位成熟的政治人物,公元前 656 年举行的召陵之盟,充分体现了他通过妥协的方式,实现虽说有限但却实在的战略利益的稳重政治风格。当时,楚国兵锋咄咄北上,成为中原诸侯的巨大威胁,所谓"南夷与北狄交,中国不绝若线"。在这种情况下,当缩头乌龟是不成的,若是保护不了中原地区的那些中小诸侯,反而任凭南夷四处横行,那齐国又岂能称为霸主!然而,若是孤注一掷,假戏真唱,同强大蛮悍的楚国真刀真枪地干上一仗,弄得两败俱伤,恐怕也不是正确的选择。最好的办法,便是出面组织一支多国部队,兵临楚国边境,给楚国施加巨大的政治、军事、外交压力,迫使对手作出一定的让步。如此,既压制了楚国嚣张的气焰,安定了中原动荡的局面,又不必使自己陷入战争的深渊,付出过于沉重的代价。这叫作"不战而屈人之兵",是战略运用上的善之善者也。

于是,齐桓公与楚国方面便在召陵(今河南偃陵)地区联袂上演了一出妥协大戏,楚国承认了不向周天子进贡苞茅的过错,表示愿意承担服从王室的义务,多少算是作了让步,给了齐桓公所需要的脸面;而齐桓公也达到了警告楚国、阻遏其北进迅猛势头的有限战略目的,于是也就适可而止,见好就收。这种战略上不走极端,巧妙妥协的做法,可能会让习惯于高唱"攘夷"的人觉得不够过瘾,可它恰恰是当时齐桓公唯一可行的正确抉择。

齐桓公的稳重,更表现为他善于把握时机,算账算得十分精明,从不做赔本的买卖,总是用最小的投入,去换回最可观的利益,不费多少功夫便赢得充分的好处,不损多少成本便博取漂亮的名声。成本要低,回报要大,这是从事政治、军事斗争时必须遵循的基本原则,也是衡量评估任何战略决策高下得失的主要指标。"杀人一千,自损八百",绝不是聪明人所干的事情,在战略运用上,与其焦头烂额,不如曲突徙薪。战略利益是要争取,但要争得巧妙,争得自然,争得冠冕堂皇。否则,便是犯傻,便是笨拙,容易落下话柄,留有后遗。

齐桓公的高明,就是求稳、求全,善于借力,通过走间接路线做到名利双收。他让后人津津乐道的几件大事,如迁邢、存卫、救助周室,等等,都是投入甚少而收益甚大的合算买卖。譬如,他迁邢、存卫,并不是在邢国与卫国一遭到戎狄的攻击,便立刻出兵援救,而是当局势明朗之后才展开行动,所以当齐兵姗姗来迟,抵达邢、卫时,邢、卫早已被戎狄所攻破,这样齐军就不必去同戎狄军队作正面交锋了,而只需要做点场面上的文章:收容一下邢、卫两国的难民,然后再予以安置抚恤便成了。如此一来,齐军并不遭到损失,但却赢得了抗击戎狄,拯救危难的美誉,齐桓公本人也几乎成了人们的大救星,歌颂之声此起彼落,高大形象耸入云霄,普天下感恩戴德,全社会讴歌颂扬,这时的齐桓公岂止是霸主,简直是圣人了! 这不能不教人佩服他的老谋深算,收放自如。春秋其他几位霸主同他一比,还不是小巫见大巫,统统黯然失色!

正因为齐桓公处事稳重,深合中国文化中的中庸之道,所以,尽管他在霸业上的成就似乎不及晋文公、楚庄王,然而在后世所得到的褒扬却远远胜过其他霸主。人们一提起他,总是想到他曾一匡天下,好像离了他,春秋这段历史就成了漆黑一团,全是子弑父、臣弑君的一笔烂账。幸亏有了这位"九合诸侯,一匡天下,不以兵车"的人物,才给人以三分宽慰,三分希望。一个人物能以这个姿态存活在历史上,应该说他没有在世上白混那几十年。

注释:

①《汉书·王莽传》。
②《论语·宪问》。
③《左传·僖公十九年》。
④《管子·中匡》。
⑤《孙子兵法·军事篇》。

宿命之逆袭
——晋文公的图霸战略

　　晋国公子重耳是晋献公的庶子,按"立嫡不立长"的礼制,他原本与晋国的大位归属并没有太多的关系。可是晋献公身后"骊姬之乱"的爆发,尤其是太子申生的死亡,却给重耳登上晋国的权力之巅提供了天赐良机。尽管这一步异常漫长、异常艰辛,可是,他终究还是咬着牙走完了,在外漂泊流浪整整十九年之后,他终于在秦国的武力支持下,于公元前 636 年回到了晋国都城绛城。回国后,他犹如利剑出鞘,一举剪灭晋怀公及其追随者,踏着血迹,登上了国君的宝座,这就是历史上赫赫有名的晋文公。

　　十九年在外流浪的生活,对晋文公而言,并不是虚度光阴,船过无痕。首先,它帮助晋文公本人完成了从一个纨绔子弟到杰出政治家的转变,使他在困境中磨砺了意志,增强了政治才干,所谓"贫贱忧戚,庸玉汝于成也"。其次,这段历练,使得晋文公了解了当时主要诸侯国的政治、军事、经济、外交等实际情况,初步掌握了诸侯列国的战略动态,这就为他自己登基后制定和实施图霸称雄的战略方针,提供了十分可贵的第一手资料。其三,考察、团结和起用了一大批忠心耿耿又才干出众的贤能之士。狐毛、狐偃、赵衰、先轸等人,都是当时晋国第一流的贵族大臣,他们始终追随晋文公,在漫长的流亡过程中彼此同甘共苦、荣辱与共,从而形成了晋文公最为亲信依赖的贵族圈子。晋文公即位后,他们又纷纷出任文武要职,在经国治军方面发挥了巨大的作用,为晋文公日后的争霸事业提供了人才上的保障。其四,十九年的流亡生涯,也在一定程度上影响了晋文公争霸战略方针的制定与实施。晋文公先后到过多个诸侯国,它们之中,有的对他礼遇有加,恩惠优渥,齐国、宋国、秦国等可归入此类;有的则对他不理不睬、冷若冰霜,甚至戏弄侮辱,如卫国、曹国和郑国。这种个人的恩怨纠葛,难免会对晋文公制定图霸战略产生或多或少的影响。城濮之战前夕,晋文公之所以扶宋、抑郑、伐卫、攻曹,亲近齐、秦,这固然是受对楚争战战略大局的基本制约,但同时也不可否认有其当年个人遭遇的因素在无形中起着作用,世界上没有无缘无故的爱,也没有无缘无故的恨。此言信然!

晋文公逐鹿中原、图霸天下的最大敌手,毫无疑问就是楚国。换句话说,晋文公要称霸诸侯,号令中原,就必须抑制并有效击退楚国的北进势头,通过战争这个手段,实现"取威定霸"的战略目标。从这个意义上讲,晋、楚之间战略决战的上演,仅仅是一个时间上的问题了。但是,齐桓公去世,宋襄公图霸昙花一现之后,楚国的势力已是炙手可热、更为膨胀,并深入北方,睥睨一切。汉水流域的诸多姬姓小国早已为楚国所剪灭,陈、蔡两国成为了楚之铁杆附庸,唯楚国马首是瞻。郑、许、曹、卫、鲁诸国,亦见风使舵,站队到楚国的猎猎战旗之下。在这种形势下,晋文公虽然拥有晋献公等人打下的偌大基业,但要以这点资本,贸然与楚国兵戎相见,一决雌雄,也的确存在着非常大的难度。

对楚决战既然不可避免,同时又困难重重、胜负难料,这就决定了晋文公即位后要为从事争霸战争的准备全力以赴。这种准备,乃是全方位的:

首先,修明政治,任贤使能,稳定局势,巩固统治。

晋文公即位后,得到了晋国大多数臣民的拥戴与支持,然而,树欲静而风不止,仍然有极少数晋惠公、晋怀公的残渣余孽不甘心失败,企图制造混乱,挑起事端,以期趁火打劫,乱中夺权。晋文公对此毫不姑息,以雷霆万钧之势,断然加以镇压。即位当年,他在得到秦穆公密切配合的情况下,一举挫败权贵吕甥、郤芮等人的叛乱,稳定了政局,巩固了权力。

在坚决镇压叛乱、消弭威胁的同时,晋文公对当年曾伤害过自己、但此时却愿意归附的政敌宽大容忍,既往不咎。他宽恕寺人披追杀自己之罪,不追究头须盗窃财物之过错,就是这方面的具体例证。这样做的结果,是使得晋国上下人心安宁,众人归附。可见晋文公深谙"海纳百川,有容乃大"的为政之道,避免了犯"为渊驱鱼,为丛驱雀"的错误,有成熟政治家的风度。

对于多年来一直跟随他历经患难、休戚与共的功臣,晋文公慷慨大方,予以优厚的奖赏。大的封邑,小的尊爵,以显示不忘旧恩的诚挚姿态。这一做法,与当年晋惠公过河拆桥、诛杀功臣的行径恰好形成鲜明的对照,很好地收买了人心。

在稳定政局、和谐国内关系的基础上,晋文公进一步改良政治,任贤使能。例如,建立卿制,由公卿处理日常军政事务,举大夫之贤能者担任此职,以杜绝公室兴风作浪、挑起动乱的机会。又如,赋百官以职权而责以事功,拔擢贤才,重用狐偃、先轸、赵衰等有才能、有魄力的功臣。再如,整饬纲纪,树立信守,以定上下之节,明确行止进退之礼。猎于囿陆时,功臣颠颉后至,晋文公即传令施以鞭刑,以示信赏必罚。另外,晋文公还能做到虚怀若谷,从善如流,提倡臣下直言极谏,"以志吾过,且旌善人"。

通过上述努力,晋文公有效地巩固了内部的团结,造就了"昭旧族,爱亲戚,明贤良,尊贵宠,赏功劳,事耆老,礼宾旅,友故旧"的和谐局面,这就为他实施图霸战略方针消除了后顾之忧,创造了良好的政治环境。

其次,崇俭省用,通商宽农,发展经济,保障民生,为争霸中原提供雄厚的物质基础。

晋文公懂得经济为军事之本的道理,相当重视农田开发与水利兴修。当他从周王室那里取得太行山以南阳樊、温、原、攒茅等四邑的沃土肥壤之后,即以赵衰为原大夫,以狐溱为温大夫,以胥臣为司空,主持平治水土之事,裂地分民,迅速开发南阳,使得晋国农业发达,物产丰富。在个人生活方面,晋文公也能做到节制欲望,崇尚俭朴,节约开支,自己衣不重帛,食不兼肉,以身作则,率先垂范。在对待民众问题上,他恤民以德,致力于减轻剥削,轻徭薄赋,赈济困穷,广施恩惠,以缓和社会矛盾,化解社会戾气,调动普通民众的生产积极性,增加普通民众的生活安宁感。同时,他重视发展手工业、商业,努力富国利民。《国语·晋语四》曾对晋文公的经济措施作过扼要的描述:"弃责薄敛,施舍分寡,救乏振滞,匡困资无,轻关易道,通商宽农,懋穑劝分,省用足财,利器明德,以厚民性。"这应该是比较符合当时的实际情况的。这些经济政策的实施,很快收到了显著的效果,使得晋国"政平民阜,财用不匮",拥有了赖以从事对外争霸战争的雄厚的人力、财力与物力。

另外,晋文公还十分注意调整复杂的社会关系,明确社会各阶层应尽的职责和权益:"公食贡,大夫食邑,士食田,庶人食力,工商食官,皂隶食职,官宰食加",借此以稳定社会经济秩序,调动社会各个阶层的积极性。

第三,大力扩充军队,拔擢任用各级将帅,加强军事训练,为从事争霸战争,确立天下霸主地位做好军事上的充分准备。

军队是国家专政机器的柱石,也是一个国家对外兼并称霸的最重要筹码。齐桓公凭借雄厚的军事实力而成就一代霸业,而宋襄公却因军力单薄加上临战指挥无能而未能圆自己的霸主之梦，就是历史上颇具说服力的例子。晋文公对此自有异常清醒的认识。为此，他登基后一直强化军队的建设，在城濮之战前夕更是快马加鞭，提升扩军备战的步伐。

他在晋献公所设二军的基础上，将全国兵力扩增为上、中、下三军，大大增加了军队的数量。同时，他任命郤縠、狐毛、栾枝、郤溱、狐偃、先轸等人分别担任三军的将佐。他们都是深富韬略、善于将兵的干才，其中有些人更是属于当年随从晋文公四处流亡的心腹股肱。由他们出任军中要职，保证了晋军内部的高度团结，官兵上下斗志昂扬。在扩军扩编的基础上，晋文公加强军队的军事训练，"蒐于被庐"，举行大规模的实战演习，并作执秩以正其官，明确其指挥节制与各级之职掌。通过锲而不舍的努力，晋文公终于拥有了一支足以与楚军相周旋、相抗衡的强大军队。

第四，高高地举起"尊王"的大旗，发兵勤王，平定周王室内部的动乱政局，在天下诸侯中树立自己的威望，占据政治上、道德上的制高点，赢得从事图霸大业的主动权。

在春秋前中期，诸侯要想成为霸主，就必须打出"尊王"的旗号，争取政治上的主动权。这自齐桓公起，几乎已成为一种定律。晋文公是一位富有政治远见的明主，自然深谙其中的道理，因此，他即位后便注意寻求这样的机会。非常幸运的是，他登基后的第二年，这样的机遇就悄然降临了。

公元前 636 年，周王室发生内乱，因没有能当上周王而一直心怀不满的太叔带（即王子带）联合狄人的军队进攻成周，大败周军，俘获周室卿士和大夫周公忌父、原伯、毛伯、富辰等人，并乘胜攻占京城洛邑。周襄王惊慌失措，仓皇出逃到郑国，在那里，惊魂甫定的他要求诸侯国派遣军队勤王。晋大夫狐偃认为："求诸侯，莫如勤王。诸侯信之，且大义也。继文之业，而信宣于诸侯，今为可矣。"极力主张晋国响应周襄王的呼吁,迅速出兵勤王。晋文公采纳了这一建议,于公元前635年出动军队去支援周襄王。

战略方针制定后,晋文公遂积极采取行动,付诸实施。他先是辞退了前来勤王的秦国部队,由晋国独揽勤王之功。其次,他以财物贿赂"草中之戎"与丽土之狄,让他们出兵配合策应晋军的行动。然后,晋文公指挥晋军兵分两路,以左师从郑国迎回周襄王;以右师攻击狄人和围攻王子带所屯驻的温邑(今河南温县西南)。在晋文公对周襄王的全力支持下,狄人终于被击退,王子带也为周襄王所擒杀,周王室内部的血腥动乱得以平定了。

晋文公的勤王,有力挽狂澜、再造王室之功,周襄王对此自然是感激不尽、没齿难忘。投桃报李是人之常情,为此,他摆设盛宴来慰劳、答谢晋文公,给予晋文公以巨大的荣誉,同时还将周王畿内的阳樊、温、原、州、陉、絺、钽、攒茅等八邑赏赐给晋文公。这八座城邑处于黄河以北,太行山以南,战略地位至为重要,晋人名之为南阳之地。晋文公得到它们之后,等于拥有了南进争霸的重要前哨基地。由此可见,晋文公这次起兵勤王,算是名利双收,赚大了。

总之,晋文公在继位后的短短几年时间里,通过各方面的努力,使得晋国政治稳定,经济发展,军力增强,社会和谐,并拥有了"尊王"的重要政治资本。就在这样的背景之下,他把同楚国进行战略决战提上了议事日程,用巨手拉开了城濮之战的帷幕。而晋国在城濮之战中的辉煌胜利,则将他推上了无可争辩的霸主宝座,春秋历史亦从此进入了由晋国主导的时代。这是历史的选择,同时也是晋文公本人的宿命。

春秋霸主第一人
——楚庄王的雄才大略

在赫赫有名的"春秋五霸"之中,有的实至名归,有的徒有虚名,但是若论功业之巨,霸权之盛,楚庄王当属首屈一指。他在位二十三年,大刀阔斧平息内乱,锐意进取拓疆开土,伐郑服宋号令天下,大破晋师执掌霸权,陈兵周疆问鼎轻重,俨然是货真价实的旷世霸主。其实,早在即位之初,楚庄王与大臣伍举打哑谜时,就发出了令所有对手都心惊肉跳的誓言,"不飞则已,一飞冲天;不鸣则已,一鸣惊人"。历史的进程证明,这不是他心血来潮时的梦呓,而是雄才大略驱动下的心声。春秋历史上,齐桓公的称霸时间比他要长,可是霸业的规模却远不相逮;晋文公的霸业规模也许不亚于他,然而其称霸的时间却要短暂得多。至于秦穆公、宋襄公之流,似乎更是上不得台面了。从这个意义上讲,楚庄王才是春秋时期大大小小霸主中的第一人。

楚庄王能成为春秋霸主第一人,最重要的条件是他具备了雄才大略,而雄才大略则正是衡量历史人物成败得失的主要标志。在诸多春秋霸主中,齐桓公是有大略而无雄才;秦穆公是有雄才而无大略;晋文公倒是两者兼有了,只可惜天不假年,城濮之战杀声甫定,践土之会钟鼓才歇,他便追随晋献公、晋惠公去黄泉路饮孟婆汤了,还远远来不及最充分地释放自己这方面的能量,尽情地施展自己这方面的天才。唯独楚庄王摆脱了所有的羁绊，能够在历史舞台上作淋漓尽致的表演。

楚庄王的雄才大略，首先表现为战略目标的选择始终如一，战略手段的运用文武并举。战略目标选择得当与否，是霸业能否成功的前提条件。在诸侯列国争霸无已，多种势力此消彼长的背景下，作为战略决策者，其最主要的任务，是清醒分析形势，透过扑朔迷离、错综复杂的现象，把握住问题的本质，区别主要对手与次要对手，决定根本的进攻方向，确立最终的战略目标。这方面，楚庄王的选择可谓高度明智、十分清醒。他上台后，始终把重振楚国雄风、角逐中原霸权作为其毕生奋斗的终极目标，同时清醒地意识到，要达成这一目标将遇到的最大障碍来自晋国，必须尽全国之力，一举击败晋国才能真正号令天下。正是基于这样的认识，楚庄王才有针对性地展开全方位的政治、军事、外交、文化活动，使自己的一切努力都围绕最终战胜晋国这个目标旋转，从而更加合理地配置各种战略资源，一步一个脚印地走近既定的战略目的。

在战略目标确定之后，战略手段的运用也就成了亟须解决的问题，是单纯用军事暴力推进事业，还是文武并用，通过政治、军事、外交、经济等综合手段去实现自己的战略规划，必须做出明智的抉择。楚庄王的高明，正是在于他既注重武力的主导作用，又不单纯迷信武力，而是特别重视用政治、外交等手段配合策应军事行动，伐谋、伐交与伐兵、攻城多管齐下。如在平定国内若敖氏叛乱的过程中，他注重以政治攻心的方法，从而瓦解叛军的意志，分化敌人的营垒。又如在邲地会战前夕，他用外交手段分化、拆散晋国的同盟，将郑、蔡、陈、曹、卫、鲁等中小诸侯国拉拢在楚国的周围，使晋国处于孤立无援状态，从而为楚军一战而胜创造了条件。

楚庄王的雄才大略，其次表现为战略准备工作的充分扎实，战略谋划酝酿的细致全面。要实现理想的战略目标,必须做好最充分的准备,即所谓"合抱之木,生于毫末;九层之台,起于累土;千里之行,始于足下"①。楚庄王当然是深谙这层道理的。为了最终击败宿敌晋国,他脚踏实地、有条不紊地从事各方面的准备。一是选拔与任用各类人才,将孙叔敖、沈令尹、伍举等贤能置放到重要岗位,发挥各自应有的作用。二是致力于教育军民、统一思想,为即将到来的晋楚决战凝聚士气,鼓舞斗志。三是健全各种制度,改良政治,发展经济,为战略决战提供物质与政治上的保证。在做好战争准备的基础上,楚庄王能注意使战略谋划的酝酿尽可能细密成熟,避免具体决策上犯轻敌冒进、顾此失彼的过错。他的具体做法是广泛听取谋臣的意见,择善而从。如邲之战前夕,孙叔敖反对与晋国全面交锋,楚庄王本人也对是否立即与晋决战心存疑虑。此时近侍伍参对双方军情的分析使得楚庄王豁然开朗,遂纳其言而与晋军在邲地展开决战,并最终取得决定性的胜利。

楚庄王的雄才大略,其三表现为战略步骤的实施循序渐进,战略时机的把握恰到火候。有正确的战略方向与充分的战略准备,只意味着战略成功的可能性,并不等于战略成功的必然性。能否圆满实现既定的战略目标,战略步骤是否合理,战略时机是否恰当实是其中不可忽略的环节。楚庄王在这方面的作为,也达到了炉火纯青的境界。在战略步骤的实施上,他坚持循序渐进、步步为营的稳妥方针,具体地说,就是先内后外,先周边后中原,先易后难,先弱后强,率先平定内部,安顿后方;接着廓清周边,灭亡群夷小国,拓展楚国战略纵深;再打击郑、宋等国,最后一切就绪之后,才同晋国进行决定性的会战。在战略时机的把握上,楚庄王善于利用晋国全面树敌、陷入多线作战的被动局面,抓住晋国"虽鞭之长,不及马腹"的无奈处境,步步进逼,将对手压迫到死角,使晋国君臣"不竞于楚"的忧虑与恐惧最终转变成为现实。

楚庄王的雄才大略,其四表现为战略善后的做法有礼有节,战略头脑的清醒无可挑剔。楚庄王最让人肃然起敬的,还不是他的功业显赫,而是他对待皇皇霸业时所反映出来的谦和心态和节制立场。作为成就一代大业的君主,最容易滋生的毛病是忘乎所以、骄傲自大,即所谓在逆境中奋进固然颇不容易,而在顺境中发展更加困难。历史上夫差、唐玄宗、后唐庄宗李存勖等人的沉浮就是典型的例子。因此,《诗经·大雅·荡》所说的"靡不有初,鲜克有终"便成了永具警示意义的宝训。而楚庄王却很好地摆脱了这种宿命的怪圈。他在实现自己战略目标的过程中,始终坚持有礼有节的原则,力求战争善后做到平和顺当,尽可能消除各种矛盾与隐患,化解来自敌方的反抗,使自己的军事胜利建立在坚固的基础之上,争取政治上的最大主动。这一理念,在楚庄王的具体军事行动中有着不止一次的体现。如当郑国表示屈服的时候,他主动撤围,同意对方的请和要求;当宋国顽固抵抗却最终不支、愿意媾和时,他能非常大度地宽恕宋国的所作所为,放其一马;当陈国灭亡后,他甚至能根据"兴灭国,继绝世"的礼乐文明精神,同意其恢复国家,再造社稷。凡此等等,不一而足。尤其教人佩服的是,邲之战楚国大获全胜,许多楚国将领主张将晋军尸身叠垒为京观,向晋国炫耀楚军的神勇,并报城濮之战惨败之仇,即"臣闻克敌,必示子孙,以无忘武功"。然而,楚庄王坚决制止了这种耀武扬威、穷兵黩武的举动,并就战争提出了一番发人深省的见解。他强调战争不是目的,而只是一种为实现和平而迫不得已动用的手段,这一见识的确是超越一般古人而长领历史风骚的。由此可见,楚庄王不仅是一位大战略家,更是一位不世出的政治家。

注释:

①《老子》第六十四章。

睿哲非凡的旷世明君
——汉文帝

一

众所周知,大史学家司马迁著《史记》,对人物事件都有自己的观点,其中他对西汉前期的几位皇帝,也包括有皇帝之实的吕后之看法,就非常耐人寻味。

在他的笔下,高祖刘邦那混杂着豪爽与粗鄙、英雄与无赖的形象可谓跃然纸上,评语中仅仅就"忠、敬、文"的"三王之道"发了一大通议论,认为汉代兴起,"承敝易变"合乎"得天统"的历史规律,对刘邦本人却并未有片言只语的评说,这本身就是一种态度,极其隐晦地表达了他有所保留的立场。

对吕后和孝惠帝,司马迁充分肯定了其推行"休养生息"国策的历史功绩,认为他们"刑罚罕用,罪人是希;民务稼穑,衣食滋殖",造就天下晏然。细加体味,这主要是着眼于评价其民生问题改善上的作为,仅仅局限于物质文明的层面。

对孝景帝,司马迁似乎颇有保留,曲折地表达了其对晁错汲汲于削藩导致"吴楚七国之乱"发生的遗憾之意,认为这是"天下本无事,庸人自扰之"的做法。可我们知道,站在晁错背后的是汉景帝,削藩过剧激化矛盾、引起动乱的最大责任,实际上该由汉景帝来承担，这才是司马迁的言外之意。一句"安危之机，岂不以谋哉"，深意存焉。

至于汉武帝，司马迁的看法就更加微妙了。汉武帝的"折腾"、好大喜功、汲汲进取，司马迁似乎是颇不以为然的，汲黯的"陛下内多欲而外施仁义"的评论，司马迁应该说是相当认同的。

唯有汉文帝，司马迁才毫无保留地表示仰慕和推崇，认为他才是旷古未有之仁君明主，真正做到了施大德而使天下怀安这一点，值得千秋万代永远怀念和歌颂。

二

公元前 180 年，主宰西汉王朝大政多年的吕后寿终正寝。她的去世，立即诱发了一场血腥的政局动乱。重臣周勃、陈平联合朱虚侯刘章等部分刘氏宗亲贵族发动政变，杀死以吕禄、吕产为首的吕氏亲贵，并连带着结果了由吕氏集团所拥立的少帝以及与吕氏集团有瓜葛的梁王、淮阳王、常山王等人的性命，一举控制了朝廷的权柄，西汉的历史至此揭开了新的一页。

政局大动荡余波之所及，难免几家欢乐几家愁。诸吕覆灭后政治重新洗牌的结果，是远离矛盾中心、在偏僻苦寒之地做了近二十年代王的刘恒，无心插柳柳成荫，成了最大的赢家。权臣们在皇族中寻找新皇帝的人选，最后将庶出的刘恒拥立为天子，是为汉文帝。

汉文帝天性仁孝淳厚，他在位的二十余年期间，节俭敦朴，严于律己，知人善任，从善如流，省用民力，平狱缓刑，致力于恢复生产，改善民生，清明吏治，敦厚风俗，终于造就了天下大治，为西汉王朝走向全面繁荣奠定了坚实的基础，而汉文帝他本人也因其高尚的品德与卓越的功业而成为历史上明君的典范，为后人推崇备至,歌颂有加。

汉文帝作为旷世明君,其治国安邦上最大的特色是善于辨析利弊,审时度势,把握分寸,知所进退,恰到好处,收放自如。一句话,即充满睿智。这种政治上的卓绝睿智,使得他无论是确定施政的宗旨,还是选择施政的重点,抑或运用施政的手段,都能够做到举重若轻,左右逢源,进退裕如,掌握主动。

如果说,军事战略,是指导战争全局的方略,那么,更高的国家战略,就是指导治国全局的方略。这包含有以下几层意思:首先,这是起决定性、指导性作用的;其次,它是面对全局的,具有整体性与根本性意义的;其三,它是有可操作性的,而不是一种虚应与摆设。

三

汉文帝的政治睿智,首先,体现为他对国家治理根本原则的清醒认识与明确坚持。

无为而治,休养生息,是西汉立国伊始即确立的基本国策,汉文帝即位后,更是对此毫不犹豫地加以因循与坚持,并给予更为全面的发展。具体地说,玄默无为,既是汉文帝也包括其继承者汉景帝统治时期的国家政治最高纲领,也是汉文帝为政的基本风格。据《汉书·刑法志》记载,汉文帝即位后,躬修玄默,《汉书·贾谊传》也说汉文帝"玄默躬行以移风俗",这些均道出了汉文帝将守静无为定位为治国安邦的出发点这个根本特征。这意味着,汉文帝自始至终将黄老之学所倡导的"清静能为天下正"的思想原则奉为治理国家的总纲领,顺应天意民心,不折腾,不妄为,藏富于民,任事由吏,解除抑制生产力自由发挥的种种束缚,提供淋漓尽致地释放全社会创造力的广阔平台,从而为西汉王朝经济发展、国防强大、文化繁荣、社会安定创造了根本前提，顺利地实现了"天下殷富，财力有余，士马强盛"的战略目标。

汉文帝的政治睿智，其次，反映为他处理具体棘手政治难题上所施展的高明政治艺术。

汉文帝以外藩入主九五之尊，在中央朝廷本无根基，而周勃、灌婴、陈平诸大臣，皆为汉高祖手下重臣，他们资历老、功勋大、地位尊、人脉广。如何妥善处理君臣关系，积极而稳妥地掌控最高权力，树立自己的崇高权威，是他所面临的一个挑战。应该说，汉文帝的应对是非常自然并大获成功的。他在即位之前，对是否进入京师继承大统一事，曾与代王幕下众心腹亲随反复商议，审慎评估，并没有仓促行事，真正做到了谋定而后动。即位当日，他即任命亲信宋昌为卫将军，统领京师的卫戍部队南北二军，控制京师中枢的大局；同时任命另一位亲信张武为郎中令，主持皇宫的安全保卫事宜，以确保自己的安全。这里所展现的，就是汉文帝政治上的大智慧。

对那些早年便跟随刘邦南征北战，又在诛灭诸吕集团中功勋卓著的元老级大臣，汉文帝先是论功行赏，加官晋爵，如将太尉周勃晋升为右丞相，灌婴则由大将军升任为太尉，从而取得他们的欢心与支持。同时又悄悄地逐步削减他们手中的实权，任用和提拔一些亲信心腹到关键的岗位上，还引入贾谊、张释之等一批新人担任太中大夫、廷尉等要职，逐渐实现主要官员队伍的新老交替，到时机基本成熟时，再在政治上将周勃等人加以边缘化。公元前177年，汉文帝下诏废除太尉一职，并且让担任丞相的周勃就国，即免去周勃的丞相职务，遣送到其封地绛地（今山西曲沃西）颐养天年，彻底清除了周勃、灌婴等功臣元勋的政治影响力。

众所周知，汉初诸侯王尾大不掉，对中央集权构成威胁，乃是西汉王朝立国伊始便存在的老大难问题。汉文帝对此有清醒的认识,也试图对诸侯王的离心趋势进行控制并努力加以解决。但是,在具体的措施推行上,汉文帝却能秉持"善后要稳"的原则,不急于求成,不仓促冒失,而是稳扎稳打,步步为营,做得高明自然,炉火纯青。他一方面尽可能放低自己的身段,礼敬诸侯王,让其麻痹大意,放松警惕,千方百计地稳住他们,如吴王刘濞对他不敬,诈病不朝,汉文帝不但隐忍不发,反而"赐几杖"以示容让。另一方面,则采纳贾谊"众建诸侯以分其力"的建议,在齐国中又分出城阳、济北两个诸侯国,以削弱齐国的势力;到了文帝前元十六年(前164),他册立了原淮南王的三个儿子为王,将一个较大的淮南王国分割成三个较小的王国,这显然是有利于巩固中央集权的高明举措。不同于后来的汉景帝采纳晁错之策急于削藩的冒进,汉文帝的做法有利于政局由分权到集权的平稳过渡,即所谓事缓则圆,这是政治大智慧的体现,如果能假以时日,就不至于发生"吴楚七国之乱"式的动荡。

明末王夫之对汉文帝的政治艺术推崇备至,认为这是以时间换空间的高招:"文帝崩年四十有六。阅三年而吴王濞反。濞之令曰:寡人年六十有二,则其长于文帝也十有三年。当文帝崩,濞年五十有九,亦几老矣。诈病不觐,反形已著,贾谊、晁错日画策而忧之。文帝岂不知濞之不可销弭哉!赐以几杖,而启衅无端。更十年而濞即不死,亦以衰矣。赵、楚、四齐,庸劣无大志,濞不先举,弗能自动。故文帝筹之已熟,而持之已定。文帝幸不即崩,坐待七国之瓦解,而折箠以收之……若文帝者,可与知时矣。"①

对内政治运作能做到把握分寸,恰到好处,对外战略实施上,汉文帝同样做到了审时度势,收放自如。汉匈矛盾与冲突是西汉王朝所长期面临的外部挑战。汉文帝能清醒地评估双方的战略优劣态势,正确地认识到反击匈奴的战略时机尚未成熟,因此,他在位期间,一如既往地继承自汉高祖刘邦以来的基本国策,毫不动摇地推行和亲以安胡越的措施,重申"结兄弟之义,以全天下元元之民,和亲以定"②的原则,坚持不主动启衅的防御战略。但是与此同时,他又积极加强军事力量,并多次部署大军对匈奴的进犯予以坚决的回击,使匈奴的入塞侵扰行动屡遭挫败,得不偿失。既巩固了西汉王朝的国防,又维系了中原农耕文明的繁荣与发展。

另外,他为南越王赵佗缮修其先人坟墓,委任专司管理与祭祀,并派遣陆贾再次出使南越国,说服赵佗去帝号,称臣归顺,遣使入朝,上兵伐谋,兵不血刃地实现了使南越国重入大汉版图的战略目标,造就新的大一统格局,这同样是汉文帝战略运作进入炉火纯青境界的显著标志。

四

汉文帝的政治睿智,其三,反映为他真正深谙为君之道,懂得老子所说的"贵以贱为本,高以下为基"的不易之理,明白儒家祖师爷孔夫子所讲的治国之道的精髓:"百姓足,君孰与不足? 百姓不足,君孰与足?"处处以律己节俭为先,以改善民生为务。

他一方面是归农著本,提倡关注本业,发展经济,做大做强国家的经济基础。另一方面,是让利于民,尽量减轻农民的负担,让民众拥有基本的生存条件。汉文帝时代实行与民休息、轻徭薄赋的政策是众所周知的史实,其力度之大、范围之广、影响之巨,超过了一般人的想象。汉文帝曾分别于公元前 178 年和公元前 168 年两次将租率由十五税一蠲减为三十税一,三十税一遂成了汉代的定制。公元前 167 年,他还一度宣布全部免去田租,这在中国历史上可能是空前绝后的举措了。也是在汉文帝时代,当时的算赋,即人头税,也由每年一百二十钱锐减为四十钱。另外徭役的征发也有明显的减轻，一般民众的负担减少到每三年才服役一次。

所有这些举措，都让普通民众直接受惠，属于典型的藏富于民、为富安天下的努力，它实施的结果是正常的经济活动能够顺利开展，社会财富能够迅速积累。据桓谭《新论》追叙，当时的谷价便宜到每石数十钱③，而《史记·律书》更是记载，每石粟的价格居然有贱"至十余钱"的状况。粮价的低廉正是从一个侧面反映了汉文帝统治时期国家经济机器运转的正常与良好。

与厚待民众相对应的，是汉文帝对自己生活的节制自律，从某种意义上讲，他称得上是中国历史上最为节俭的皇帝了。《道德经》有云："夫我有三宝，持而宝之，一曰慈，二曰俭，三曰不敢为天下先。"作为遵行"黄老之道"的汉文帝，对民众做到了厚待关爱，是谓"慈"；在大政处理上，不折腾，不急于求成，稳妥沉着，以静制动，是谓"不敢为天下先"；在个人生活上，敦朴节俭，是谓"俭"。老子所推许的"三宝"，汉文帝都做到了，作为位居九五之尊的皇帝，这是十分难能可贵的。

史籍中有不少关于汉文帝节俭故事的记载。这些故事表明，汉文帝的薄奉节俭，并不是虚有其表的作秀，而是不折不扣的身体力行。他在位二十三年，宫室苑囿狗马服御等，无所增益；想建个"露台"，一看预算下来需要开销百金，便立即中止计划；有人进献千里马，辞谢不受，并进而下诏，遍告天下自己不受献的立场。

汉文帝不仅能管住自己，同样，他也基本上管好了身边的人，他所宠幸的慎夫人"衣不曳地、帐不文绣"。他不仅生前节俭，甚至在预先安排后事时一再强调丧事节办，厉行薄葬，严防浪费，避免扰民。当然，他任意赏赐铜山于近佞宠臣邓通之类记载的传世，说明汉文帝的节俭与御下也并非尽善尽美，但这毕竟是瑕不掩瑜而已。

孔子说:"其身正,不令而行;其身不正,虽令不从。"汉文帝的政治大智慧,就是懂得"君子之德风,小人之德草,草上之风必偃"的统治要诀,能够以身作则,率先垂范,从而引领了时代的风气,移风易俗,带动着整个社会的风尚趋于简朴敦厚:"当此之时,逸游之乐绝,奇丽之赂塞,郑卫之倡微矣。"④

汉文帝的政治睿智,其四,也体现为他胸襟宽阔,拥有博大的包容心,能够虚心纳谏,听取臣下的合理意见与建议,闻过则改,集思广益。

居于统治最顶端的皇帝,拥有生杀予夺的绝对权力。在这种情况下,最容易发生的问题,就是文过饰非,独断专行,信谗拒谏,为所欲为,顺我者昌,逆我者亡。汉文帝之所以为后人所肯定和颂扬,就在于在他的身上几乎看不到通常帝王所容易犯的这些毛病,恰恰相反,他的宽容、包涵与大度,在历史上留下了不少的佳话,脍炙人口,彪炳史册。

汉文帝即位后的第二年,他就下诏让臣下进谏:"天下治乱,在予一人,唯二三执政犹吾股肱也。……令至,其悉思朕之过失,及知见之所不及,匄以启告朕,及举贤良方正能直言极谏者,以匡朕之不逮。"⑤在他的鼓励下,当时贾山、贾谊、晁错、张释之等人,纷纷上书条陈意见,有的甚至犯颜直谏。汉文帝大都能虚心采纳,并明确表示,上书者话说得再激烈尖锐,也绝对不算是狂悖。汉文帝在政治上的确始终保持了极其清醒的头脑,他明白,许多事坏就坏在做皇帝的以明主自居,自以为天纵英明,把臣下的正确意见视为狂言,听不进劝告。有了这样的气度与襟怀,汉文帝才能够做到开诚布公,从善如流。

如果说下诏征求意见还多少有一些虚应故事、摆显姿态的成分,那么在实际生活中,他的大度、豁达与包容,可是实实在在让人仰慕不已了。他到周亚夫统领的细柳营劳军慰问时,车驾居然被门岗拦了下来,通报是天子驾到也不奏效,被告知:"军中只闻将军之令,不闻天子之诏。"好不容易进了军营,车驾又被"限速",很扫面子。等到见了周亚夫,人家以甲胄在身为由,来一个不跪不拜,还美其名曰:"请以军礼见。"这话固然不错,《司马法》也倡导"军容不入国,国容不入军",但顶真起来,肯定是让人感到没面子、不舒服。可汉文帝不但不以为忤,反而充分肯定和表扬了周亚夫的做法,称道周亚夫为"真将军"。这种胸襟,又有何人能及。

而汉文帝对张释之的任用与尊重,则更是心胸广阔的典范。张释之由普通官吏被火箭式地拔擢到廷尉的高官岗位,可谓是沐浴了汉文帝的浩荡皇恩。换言之,汉文帝对张释之的知遇之恩比天高比地厚,根本无与伦比。但是,凡是涉及法制的重大的根本性问题,张释之总是能坚持原则,从不受汉文帝个人的喜怒好恶之影响。他处置渭桥惊扰汉文帝车驾案,审判高帝庙玉环盗窃案,其判决结果,一开始都难以让汉文帝感到满意,甚至受到汉文帝的斥责。细加考察,张释之对两案的处置是公允的,是汉文帝有些意气用事了。不过,令人欣慰的是,张释之并没有因此而放弃自己的正确做法,而是坚定地申明:"法者,天子所与天下公共也。"⑥他明确地表示"不以天子喜怒易其平"。而汉文帝也同样能够克制自己的冲动,在冷静下来后认同并接受了张释之的处理方案。这才保证了张释之的坚持努力收到应有的效果。很显然,"能用释之,文帝之功",汉文帝虽然有个性,但在大方向上,却是始终保持理性的。约束自我,尊重法纪,毫无疑问是其拥有政治睿哲的又一个形象写照。

其他像废除肉刑、除诽谤之罪、废秘祝之官等举措,也都是值得充分肯定的德政和理性行政的事例,同样见证了汉文帝虚怀若谷,能听取臣下乃至草民建议的政治睿智。

《晋书·段灼传》载曰:"昔汉文帝据已成之业,六合同风,天下一家。"王夫之称道:"汉兴至文帝而天下大定。"⑦唐代高适《古歌行》诗云:"君不见,汉家三叶从代至,高皇旧臣多富贵,天子垂衣方晏如,庙堂拱手无余议。苍生偃卧休征战,露台百金以为费。田舍老翁不出门,洛阳少年莫论事。"由此可见,对汉文帝的皇皇功业,后人是钦仰不已、推崇备至的。需要强调指出的是,在这辉煌画图的深处,闪耀的正是汉文帝那非凡的睿哲之光。而在今天,我们穿越历史的时空,体会和借鉴汉文帝的政治大智慧,其实要比简单地梳理与描述汉文帝的事迹,更加富有意义。

注释:

①《读通鉴论》卷一。

②《汉书》卷四,《文帝纪》。

③《太平御览》卷三十五引。

④《汉书》卷六十四下,《贾捐之传》。

⑤同②。

⑥《史记》卷一〇二,《张释之冯唐列传》。

⑦同①。

明君风范
——刘秀的政治智慧与治国方略

从秦王嬴政横扫六合、统一天下、登基成为古今第一位皇帝算起，一直到清朝小皇帝宣统逊位，封建帝制寿终正寝，其间两千余年，大大小小、形形色色的皇帝多如过江之鲫。可是，他们中间真正有所作为的却少得可怜，而同时够得上历史和道德两把尺子衡量标准的，即既有功于历史的发展，勋业卓著，名垂青史，又宽厚仁慈，不为后人所诟病的，更是凤毛麟角。东汉开国皇帝光武帝刘秀算是首屈一指的一个。他开创的"光武中兴"辉煌业绩，令后人追慕不已，称颂有加。明末清初思想界巨擘王夫之的评价，就非常典型地反映了人们这一共识："自三代已下，唯光武允冠百王矣！""三代而下，取天下者，唯光武独焉……（光武帝）不无小疵，而大已醇矣。"①

刘秀（前57—前6），字文叔，南阳蔡阳（今湖北枣阳西南）人。他在王莽新政破产、社会动荡、农民起义风起云涌之际，顺应百姓思汉的时代潮流，与长兄刘縯在舂陵起兵，逐鹿中原，终结新莽，夷灭群雄，重建汉朝，继而收拾旧山河，整顿、改革前朝弊政，安定社会秩序，恢复和发展社会经济，为历史的发展做出了不可抹杀的贡献。

刘秀之所以能够芟夷群雄，成为逐鹿中原斗争中笑到最后的胜利者,并在平定天下后及时完成政治的成功转型,使得东汉王朝迅速崛起,原因当然很多,包括时代的际遇、民心的期望、方略的高明、措施的适宜,这些早已有人进行过总结。然而,笔者以为有一个因素更不能忽视,这就是刘秀的雅量与睿智,这既是他道德的境界、人格的魅力,更是他制胜的源泉、成功的秘诀。

凡是读过《道德经》的人,大概都还记得其中的"柔弱胜刚强"、以退为进的论述,这是许多人推崇备至的"君王南面之术",刘秀对其精髓的理解和把握可谓入木三分。史称其"(生)性谨厚",这样的个性特征,决定了刘秀统治上的根本特点是"以柔道理天下"、"泛爱容众",善于争取人心,凝聚众意。这就是他本人表白的:"吾理天下,亦欲以柔道行之。""柔能制刚,弱能制强,柔者德也,刚者贼也,弱者仁之助也,强者怨之归也。"②这一点即便是雄才大略如汉武帝、唐太宗之辈,也难以望其项背。

正因为刘秀有过人的雅量,所以他在待人接物上表现出难能可贵的宽容与仁慈。对士人(也就是今天通常所说的知识分子)的尊重厚遇就是这方面显著的标志。自从孔老夫子提倡士人"不可不弘毅,任重而道远"以来,中国的士人即以中华文化传统的承荷者自负,喜欢以社会良知的体现者清议政治、指点江山、臧否人物,汲汲于治学问道的同时,实现自己的人生价值。但这在封建家天下的时代里,很容易招致统治者的猜忌和厌憎。若碰到稍为开明的统治者,是我行我素,不去理会士人的聒噪;一旦遇上昏庸、暴虐的独夫民贼,则大事不妙,免不了落得蹲大狱、掉脑袋的下场。汉末的党锢之祸,南宋的"伪学"风波,明末的东林党之禁,以及历朝历代的文字狱等等,就是最好的例子。由此可见,如何妥善处理与广大士人的关系,笼络和争取他们为己所用,使得他们能够放下身段,半推半就挪移到前台替自己帮闲,甚至帮忙,乃是考验统治者有无雅量有无智慧的重要标志之一。

刘秀不愧为读书人出身的皇帝,对士人的微妙心态与深层次意愿洞若观火,体察入微。他不仅舍得花费大钱投资不能马上显现经济效益的文化教育事业,开设太学,搜集图书,延聘博士课授生徒;自己也身体力行,投戈讲艺,息马论道,认真读书学习。他十分重视知识分子,敬贤尊才,达到了"求之若不及,相望于岩中"的地步。南阳宛城人卓茂,是当时著名的儒生,精通《诗》《书》《历法》等,待人宽厚,深受众人敬仰。刘秀刚刚坐上皇帝的宝座,就把当时已七十有余的通儒硕学卓茂请到朝廷,亲自接见,任为太傅,封褒德侯,赐予食邑二千户。不久卓茂老死,刘秀素服车驾,为卓茂送葬。刘秀用这么高的礼遇规格优待这样一位老读书人,目的很明确,就是希望通过它向普天下民众显示自己对读书人的重视态度,为百废待兴的建设事业奠定基础。事实证明,刘秀的这个优雅姿态产生了重大影响,物以类聚,人以群分,一大批读书人,包括当时一些十分著名的宿学大儒,如宣秉、杜林、张湛、王良、范升、陈元、郑兴、卫宏、刘昆等,感觉到刘秀真的爱贤若渴,尊儒真诚,遂认定刘秀是可以完全信赖的"中兴之主",纷纷归附了刘秀,成为东汉文化复兴中的重要角色。

　　当然,并不是每一位读书人都热衷于出仕博取功名的,任何时代都有一些士人乐意隐逸山林以示自己的清高,这在东汉初年也不例外。对于这一类不愿为五斗米折腰,对新王朝有意识地保持一定的距离,甚至于持不合作态度的士人,明太祖朱元璋的哲学是砍掉他们的脑壳。道理很简单,有才华而不肯为朝廷所用,即等同于抗拒皇命,与犯上作乱无异,所以只好让他们去死!刘秀可不同,他很能理解他们的志趣,以惊人的雅量宽待这些对新王朝态度消极,不肯与自己合作的读书人。太学生出身的周党,学问渊博,名高一时,刘秀称帝后即慕名而辟征他出仕为官,可周党就是死活不干。后来不得已,就穿着短布单衣,用树皮包着头去见朝廷大员，刘秀却亲自召见了他。按礼节，士人被尊贵者召见，必须自报姓名，否则便是不尊重对方。周党见了刘秀，不通报姓名，只说自己的志趣就是不愿做官，刘秀也没有强迫他。博士范升上书，说周党在皇帝面前骄悍无礼，却获得了清高的名声，应治大不敬罪。刘秀坚决不同意，特地下诏说："自古明王圣主必有不宾之士……太原周党不受朕禄，亦各有志焉。"③于是赏赐周党绢帛四十匹，让他带着家小回老家隐居。

严光是刘秀的老同学，当年求学长安京师时，两人朝夕过从，情同手足。刘秀登上九五之尊后，曾多次礼聘他出仕为官，担任谏议大夫的要职，可是不管刘秀怎样好吃好住款待他，他就是不愿意干，整个儿"流水下滩非有意，白云出岫本无心"的潇洒做派。刘秀无可奈何，只好放这位性情怪僻、行事乖戾的老同学离开洛阳回富春江畔垂钓，任其潇洒自在了却余生。东汉初年，这种义不与帝王为友的读书人还有牛牢、王霸、逢萌、井丹等多人，刘秀一一尊重他们的意愿，都不曾以帝王的权势去跟他们为难。

正是由于刘秀具有宽广的雅量，能以宽容的态度对待读书人，来者不拒，去者不究，所以争取到更多的读书人为他效劳，从这个意义上说，刘秀不愧为"万古一帝"，真正做到了其股肱邓禹在《图天下策》中所主张的"延揽英雄，务悦民心"④。这不仅仅体现在他治国统军上的杰出英明，也反映为他道德修养上的卓荦不群，从而成为后代统治者的一面镜子。可惜的是，历史上的统治者绝大多数都不乐意照这面镜子，这也正是中国数千年来治世少而乱世多，上演的悲剧众而喜剧寡的原因之所在。

如果说，对读书人的宽容和接受还不算太困难的事情，那么对功臣宿将的信任和优待则是真正的为君之道所面临的考验。读书人的牢骚、怪话或故作清高、拒不合作，虽说让人不舒服，但毕竟不对自己的皇位构成直接的威胁。常言道，"秀才造反，十年不成"，别看那些读书人伶牙俐齿，折腾得欢，到头来还不是事过境迁，太阳照样从东边出来。然而，功臣宿将却不同了，他们手握重兵，韬略高深，威望素孚，倘若真的萌生异志，反将起来，那可不是闹着玩的，搞不好江山改姓、社稷易主、人头落地、富贵东流真的会转眼之间成为现实，祸不旋踵，命若朝露，这危险的前景让人一想就不寒而栗，寝食难安。所以说，慰抚读书人，至多不过是个面子问题，而优容功臣宿将，这才是一个切切实实的权术问题。

所幸的是，刘秀在这方面同样做得天衣无缝，独步天下。后人对刘秀的评价如此之高，在相当程度上是推崇他在处理功臣问题上妥善恰当，既保全了功臣又稳定了统治，避免了血腥残杀悲剧的重演；皇上固然为圣主明君，功臣宿将亦不失为忠臣贞士，共保富贵，同享安乐，君臣相得，皆大欢喜。唐卫国公李靖称："光武虽藉前构，易于成功，然莽势不下于项籍；寇、邓未越于萧、曹，独能推赤心用柔治保全功臣，贤于高祖远矣！以此论将将之道，臣谓光武得之。"⑤宋人叶适道："（刘秀）能宽以待臣，使各尽力，其臣亦自检饬，居功不挠，法度过高祖文景时远矣。"⑥这些评论，都不约而同地点明了刘秀"将将之道"的高明之处与柔治特色，恰如其分，洵无虚辞。

对待功臣宿将，刘秀总的原则是恩宠优渥，多方笼络，视之为腹心而不人为地假设敌人制造异己，同时限制其实际参与朝政、把持兵权，免得君臣互不相安，诱生嫌隙，这就是所谓的"保全功臣，不任以吏事"。在这个原则的指导下，刘秀手下的那些功臣宿将，没有重演"飞鸟尽，良弓藏；狡兔死，走狗烹"式的历史悲剧，这是刘秀政治上的最大成功之处。

刘秀能够保全功臣，有几个环节非常关键，值得我们引起注意。

一是他能做到推心置腹，以诚待人。他心胸豁达，对自己有充分的自信,所以对于那些功臣宿将,亦敢于坦诚相待,用人不疑。在这方面,他对待冯异长镇关中、威名甚炽一事所采取的态度,可谓典型。

冯异是刘秀手下的一员大将,他文武双全,韬略超伦,用兵持重,又能御吏士,战功卓著,威信素孚。刘秀根据他的能力,曾委派他镇守关中地区。冯异到任之后,“威权至重,百姓归心”,很快稳定了关中这一战略要地的局面,声名鹊起,被关中当地的广大民众称为“咸阳王”。有人劝谏刘秀对冯异要有所戒备,以防止其拥兵自重,尾大不掉。刘秀凭自己对冯异的了解,否决了这个建议。冯异本人得悉这一情况后,心里自然也不怎么踏实,立即上书表明心迹,并申请尽快调离关中,以避嫌疑,杜绝流言蜚语。刘秀对冯异的举动颇不以为然,认为冯异未免神经稍稍脆弱了一些,劝他不要听到风便是雨,应懂得谣言止于智者,难道自己还会不相信将军这样的亲信心腹吗?于是立即复书宽慰冯异,让他完全放宽心思,切不可想入非非。这一举动一下子打消了冯异的顾忌,使之更好地为刘秀效忠尽力。如此推心置腹、以诚待人的雅量,在中国古代封建帝王之中可真的找不出几个来。

二是重赏轻罚,笼络人心。刘秀不仅对众功臣高度信任,而且处处优渥有加,恩宠备至。这反映为他赏赐功臣宿将不惜血本,丰厚无比。刘秀知道,功臣宿将当年毁家纾难追随自己起兵打天下,干的是把脑袋拴在裤腰带上的危险勾当,没有他们的全力翊戴,自己就不会有今天位居九五之尊、主宰天下的机会。知恩图报方为君子,忘恩负义乃是小人,刘秀当然愿做君子而不欲为小人,所以理当对功臣宿将加以应有的报答。既然国之利器不可与人,兵权不能授予他们,朝政不便交付他们,那么也就只好在经济上提供最大的好处,生活上给予优厚的照顾,使得这些功臣宿将感到当年的冒险投资是正确的选择,心满意足地享受浴血奋战后换来的成果。在这样的认识制约下，刘秀给诸功臣创造了舒适优雅的生活环境。

建武二年(26)正月庚辰，刘秀"封功臣皆为列侯，大国四县，余各有差"⑦。功臣食邑最多达四县之多，大大突破了功臣食邑不得超过百里之地的古法，这种封赏是旷古未闻的优渥，所以有人感到这么做是出格了，对此表示了不赞同的意见。如博士丁恭就奏议道："古帝王封诸侯不过百里，故利以建侯，取法于雷，强干弱枝，所以为治也。今封诸侯四县，不合法制。"可是刘秀听了却大不以为然，不客气地反驳说："古之亡国，皆以无道，未尝闻功臣地多而灭亡者。"⑧他毫不动摇地坚持了重奖厚赏的做法。功臣宿将既蒙信任，又得实惠，感激涕零，实属正常，于是自然而然地更加效忠尽力，为刘秀打江山、坐江山而出生入死、勇往直前了。即便被剥夺了兵权，也因经济上得到丰厚的报偿而尽释嫌疑，没有任何的怨言。到头来，从中真正获利的还是聪明豁达的刘秀。要知道，锱铢必较，是没有出息、难成大事的表现；高瞻远瞩，收放自如，才是治国安邦的大智慧、大手笔。

值得注意的是，刘秀在优待功臣问题上，防止了只做一锤子买卖的倾向，而重视根据需要不断增添新的内容，追加新的成分，以长期维系君臣之间的融洽感情，使功臣宿将们感受到皇帝始终未曾忘却他们的功劳，皇恩浩荡，滔滔不绝，漫无际涯，永恒长久。

也就是说，刘秀对功臣的赏赐是层层加码的。建武十三年(37)夏四月，吴汉统领大军平定公孙述割据势力后，从蜀地胜利回到京城洛阳，至此，全国终于完成统一，东汉统一战争画上圆满的句号。刘秀非常高兴，大开华宴，慰问将士，以示庆祝。有战功的，一律以策书记其功勋。这是一次更大规模的策勋封功活动，共有三百六十五人增加食邑，更改封号："大飨将士，班劳策勋。功臣增邑更封，凡三百六十五人。"功臣的待遇因此而大幅度得到提高。如贾复"定封胶东侯,食郁秩、壮武、下密、即墨、挺、观阳,凡六县";盖延"增封定食万户";陈俊"增邑,定封祝阿侯";臧宫"增邑,更封赞侯"。很明显,功臣的食邑,要比建国初年增加了很多,其生活更为优裕舒适了。刘秀还让功臣们自己提要封什么地方,只要可能,他都尽量满足他们的愿望。功臣们纷纷提出要求分得京城附近和南阳等富饶郡县的土地,致使这些地方差不多全被封光了。刘秀对功臣宿将的优容,于此可见一斑。

刘秀对功臣的优待,还表现为他宽恕功臣所犯的小错误,以及平时生活上对功臣的关怀备至。按照刘秀治国的一贯原则,官员如果犯错,他一般是不予宽恕的。但功臣宿将们犯些小错误,他却不过分计较,大多予以原谅。远方进贡来的物品,他情愿自己不吃不用,也要遍赐列侯,让功臣享受,以便让功臣宿将处处感受到来自皇帝的亲切关怀。同时刘秀还以"奉朝请"名义,把功臣宿将征调到京城洛阳,一方面了解掌握他们的动态,有效地予以控制,另一方面又更好地在生活上妥为关心照顾。刘秀对功臣的这种优厚供养政策,既可以使他们同刘秀保持深厚真挚的情感联系,又能够使他们安于现状,保住自己的福禄,其结果是功臣们虽然"不任以吏职,故皆保其福禄,终无诛谴者"。东汉明帝永平年间,在洛阳南宫云台画像记功的二十八将,得以全身名传,就是因为他们遵循刘秀功成身退的结果。明清之际的王夫之评论说:光武帝没有任将帅以宰辅的重任,诸将也各自安于现状而不作非分之想,光武的用意是非常深远的。自古以来,君臣能相交尽其美的,也只有东汉这时为盛啊!应该说王夫之的评述,是恰如其分的。刘秀对功臣宿将的供养政策,对于维持东汉初年政治局面的稳定,的确是行之有效的。

当然,刘秀对功臣的政策,并不是一味优容。他是两手都硬的坚定实践者,在关系到功臣权力分配的重大原则上,刘秀绝对没有任何动摇。他把剥夺功臣兵权、防止功臣参与朝政作为强化中央集权、巩固自己统治的当务之急来一一加以落实。在这一点上,他与后世赵匡胤"杯酒释兵权"的做法没有什么区别。这也正是他能够优渥功臣宿将的基本前提,反映了他高度的政治警觉性和驾驭全局的能力。这恰如叶适所言:"光武以绳墨待诸将,诸将亦能以绳墨从之,千里外如对面,无蹉跌者……高帝(刘邦)时不能及也。"⑨

刘秀对功臣权力的限制乃至剥夺,是从两个途径来进行的。首先,他通过及时向功臣敲警钟,鼓励功臣学儒家经典统一思想,认识君臣尊卑关系永恒性等方式,帮助功臣宿将在思想上筑起不掌兵权、不参政议政的堤坝,为限制并进而剥夺功臣宿将的实际权力营造出一种政治氛围,使其感到唯有如此,才是天经地义、合乎原则的。例如他一方面不吝封侯赏赐,一方面又下诏告诫功臣宿将:人心要知足,不要只顾一时的放纵快活,而忘记法纪刑罚。诸位将军功劳很大,享受富贵是应该的。但要想代代相传,就应当如临深渊,如履薄冰,战战兢兢,不可一日大意。这是勉励鞭策,也是对功臣不要干政的严肃警告。

东汉开国功臣,同西汉大为不同。清人赵翼说:"西汉开国,功臣多出于亡命无赖,至东汉中兴,则诸将帅皆有儒者气象,亦一时风会不同也。"⑩东汉的功臣宿将,如邓禹、冯异、贾复、王霸、耿纯、刘隆、景丹等人,大多数都受过儒学的熏陶,具有很高的文化素养,所以他们与刘秀亲密无间,志趣相投。正因为如此,他们就不像西汉初年的功臣那样不便于驾驭。这也正是刘秀能够以和平的方式剥夺功臣实权的原因之一。从这个意义上说,刘秀能够保全功臣,也有功臣自身素质高,知进退、懂处世的重要因素在起作用。

由于东汉功臣大多研习儒学,这就给刘秀控制和利用他们带来了很大的便利。例如,贾复知道刘秀"欲偃干戈,修文德,不欲功臣拥众京师,乃与高密侯邓禹并剽甲兵,敦儒学"⑪,因而受到了刘秀的赞许。可见刘秀积极倡导功臣读经,是试图通过这一方式,使功臣宿将明白"君君臣臣"的天意,懂得"神器不可妄窥"的道理。用俗话讲,便是"命中只有八合米,走尽天下不满升",从而自觉自愿放弃权力,更安于现状。其目的就是为了从思想上进一步束缚功臣,这的确是极其高明的一招。

其次,刘秀通过剥夺功臣的军权、不授功臣以实职等途径,来彻底消弭功臣干政、篡权的危险,确保自己统治的万无一失,铁打铜铸。

刘秀在进行全国统一战争时,为了适应战争的需要,曾设置过许多将军,这些官职基本上都是由功臣担当的。建武十三年(37),全国统一最终实现,刘秀根据战略形势的根本变化,遂决定开始罢左右将军官。这实际上是让功臣交出军权。刘秀不想学汉高祖,他的功臣也不想做韩信、彭越,双方一磨合,解除功臣的工作便得以顺利进行了。从该年起,除了少数特殊情况外,大部分功臣都陆续上交将军印绶,解除了兵权,其中包括邓禹、耿弇等宿将元勋。功臣既解除了兵权,那么以兵逼宫的威胁也就不复存在了。在这样的背景下,刘秀当然可以保全功臣,不必动刀子杀人多此一举了。

解除功臣兵权,对于刘秀消除功臣干政威胁还只是迈出第一步。接着,他又把不授功臣实际官职作为彻底解决功臣干政危险的关键步骤提上议事日程。他总的原则,是不任用功臣担任国家的重要官职,一般不许功臣参与政事。开始时尚有邓禹、李通、贾复三人为例外,曾参与商议国家大事,后来则连这三个例外也予以取消了。刘秀不任用功臣,其表面上冠冕堂皇的理由是"天下既定,思念欲完功臣爵土,不令以吏职为过,故皆以列侯就第"⑫,

所谓"读点好书充腹笥，省些闲事养精神"。但真正的意图，乃是为了防止功臣掌握的权力过重，从而影响到他自己的专制集权统治。这叫作"宜未雨而绸缪，毋临渴而掘井"。

综上所述，可见在处理功臣问题上，刘秀是封建社会中做得最好，后遗症最少的皇帝，他找到了一个两全其美的办法，一方面给功臣以高爵厚禄，供养起来；另一方面又不让他们拥有兵权，也不让他们干预政事，只许他们以尊荣的身份和地位享受豪华安逸的生活。前者是对功臣的保护，后者则是对功臣的限制。这两者相互结合、互为弥补，就达到了他的理想追求：既加强了中央集权，又使得功臣宿将们满意安心，从而开创了妥善安置开国功臣的先例，提供了正确解决皇权与将权矛盾的途径，同时，也为东汉王朝的全面迅速崛起创造了必要的条件。

从刘秀的政治实践看，不依赖于屠杀的手段以解决功臣问题是完全可以做到的。其中的关键，就是要求君主与功臣宿将都应具有起码的政治诚信，君主应承认和感激功臣的辅佐之功，以经济赎买的方式予以报答；功臣也应顺从和拥戴天命之所归，至少为避免苍生再罹兵燹之祸起见，从而放弃对权力的贪婪追求，功成身退，泯灭非分之想。"大德可回天，君子能安命"，即一方以财宝收回权力，一方以功勋挣得享受，如此便可以君臣相安，共保富贵了。

可见，这是一个"非不能也，是不为也"的问题。遗憾的是，人对权力的无限制崇拜与争夺，使得刘秀的高明做法总是曲高和寡。于是乎，历史上的功臣们遂不得不长叹，君主为什么只能同患难，而不能共富贵？而君主们也不得不犯愁，功臣为什么不功成身退，知足常乐？彼此相怨，遗恨无穷！

刘秀的宽宏大量与善于保全功臣固然是东汉王朝迅速崛起的重要原因，但除此之外，刘秀在选用人才、个人修养和制度建设上也同样予以了充分的关注,选择了正确的做法,收到了很好的效果,这在确保东汉王朝的崛起方面也发挥了突出的作用。

刘秀重用了大批文吏。他认为文吏们熟悉封建典章制度,懂得治理国家且情操高尚。建武六年、七年,刘秀连续两次下诏,命令各地官吏推举贤良,到京城参加选官考试。实行"征辟"制度,即下诏特征用某人为官,公卿和各地郡守也可自行辟用他人做幕僚。在诏书中,刘秀严格规定了选官的条件:第一,品德高尚,身世清白;第二,要有知识,是通经的博士;第三,熟悉各种法令,能熟练地依法办事;第四,具有魄力才干,遇事不惑,能独当一面。各地官吏在选择人才时,必须严格按照这四条标准,如有违者,必将依法治罪。

光武帝礼贤下士,求贤若渴,确实网罗了一大批品行端正、廉洁奉公的有用人才。如陈留人董宣,为官清正,执法严明,不畏权贵。有一次,刘秀的姐姐湖阳公主刘黄的家奴仗势杀人,董宣带领士兵,当着湖阳公主的面将这个家奴打死。湖阳公主气得浑身发抖,向刘秀哭诉。刘秀要杀董宣,董宣说:"陛下圣德,中兴汉朝,而现在竟纵容亲属家奴杀害平民百姓,如此何以治天下?臣不需鞭杀,请让我自杀!"说着把头向柱子撞去。光武帝被刚正不阿的董宣感动,于是不再治其罪。但为了给姐姐一个下台的面子,刘秀让人扶董宣给湖阳公主叩头谢罪。董宣硬是不从,刘秀命人按董宣的头,董宣两手按地,就是不肯俯首。刘秀非常感动,任命他为"强项令",赐钱三十万。

为了加强中央集权,光武帝在政治制度上采取了"虽置三公,事归台阁"的统治措施。光武帝采取了西汉时加强尚书台权力的措施。东汉初年,中央的最高官职是三公,即司徒、司空和太尉。司徒是由丞相改称的,管民政,权力比丞相小得多;司空是由御史大夫改称的,不再管监察,而是管重大水土工程;太尉则管军事。

三公职位虽高,却徒有虚名,并无实权。刘秀为了把权力集中到自己手中,设置了尚书台机构,并加强尚书的职权,扩大机构,增设官吏。尚书台设尚书令一人,尚书仆射一人,尚书六人,合称"八座"。他们直接听命于皇帝,分掌全国政事。尚书的官位不高,尚书令每年的俸禄只有一千石,副职尚书仆射和六名尚书,每年的俸禄也只有六百石,他们的地位和待遇远不能同每年俸禄为万石的三公相比,但实际权力却远在三公之上。可见,尚书台在东汉初年是最重要的行政决策机构。

光武帝除了通过尚书台独揽大权外,还在宫廷内设置中常侍、黄门侍郎、小黄门、中黄门等宦官职务,由他们负责传达皇帝的旨令和诏书,阅览尚书进呈的文书。光武帝认为这些宦官地位更低,他们不可能取得倾国大权,就更是保证了他的集权统治。

刘秀以柔术治国,宽民众而对官吏极严。东汉初年,他恢复了西汉时曾设置过的三套监察机构,甚至进一步予以加强。这三套监察机构是:御史台——有侍御史十五人,负责察举官吏违法事件,接受公卿、郡史奏事和解释法律条文;司隶校尉——有从事史十二人,主管察举中央百官犯法者和各部各郡违法官吏,他们既是京官,又是地方官,监察权力很大,"无所不纠,唯三公不察";州刺史——全国分十二州,每州设刺史一人,他们遵照皇帝命令,代表中央,乘坐驿车巡行全国各地。他们每年八月出巡,调查各地有无冤狱,同时考察各郡县官吏政绩,并根据政绩好坏,决定官员的升迁罢免。他们在年底或翌年初回到京城,向中央汇报。

刘秀对巡察制度非常重视,授予了监察机构很大的权力。朝中无论官员职位高低,一律严格按照法律办事。若有不遵守法律者,必会如实量刑定罪。曾任汝南太守的欧阳歙,世授《尚书》,八世皆为博士,德高望重,刘秀十分器重他,但在他度田不实、贪赃枉法的罪行被查出来之后,他立即被捕入狱。当时朝廷有上千名儒生守候在大殿门口,请求宽赦他,甚至有人情愿替他牺牲,但刘秀坚决对其绳之以法,予以处死。由于刘秀加强了监察制度,对违法官吏要求甚严,从而保证了皇帝的权力和意志能够得以实现,这对中央集权制的巩固,起到了非常重要的作用。

刘秀的明君风范,使刘氏汉家天下走向繁荣,实现了"光武中兴"。

注释:

①《读通鉴论》卷三。

②《后汉书》卷一,《光武帝纪》。

③《后汉书》卷八十三,《逸民列传》。

④《后汉书·邓禹列传》。

⑤《唐太宗李卫公问对》卷下。

⑥《习学记言序目》卷二十四,《后汉书一》。

⑦《后汉书·光武帝纪下》。

⑧同上。

⑨同⑥。

⑩《廿二史札记》卷四。

⑪《后汉书·贾复传》。

⑫《后汉书·贾复传》注引《东观汉记》。

悲壮的失败者

贵族优雅精神的绝唱
——宋襄公之死

在漫长无尽的历史长河中,有两类人称得上是悲剧角色。

一类是时代的开启者,即那些见微知著,站在滚滚历史潮流的最前列,比一般人先认准方向跨出一步的前驱者,就好像鲁迅先生所比喻的那样,是别人才刚刚端起枪进行瞄准,他却已经扣动扳机,把子弹先射了出去。他们的下场往往很悲惨,总是成为历史祭坛上的牺牲品。中国古代历史上的商鞅、吴起、王安石,近代历史上的谭嗣同、徐锡麟、秋瑾,就是这类人的代表。前浪死在沙滩上,诚然。

另一类则是时代的落伍者,即那些身子已进入了新的社会,可脑袋仍旧留在旧的世纪,似堂吉诃德那样,始终奉行和守卫着传统的思想意识、行为准则、价值取向,尽一切力量抵御时尚的冲击、新潮的洗礼的迂阔者。他们的结局同样不那么美妙,一生崎岖坎坷或身首异处姑且不说,更倒霉的是还往往做了后世众多聪明人(或自以为是聪明人)的笑柄,受嘲讽、遭奚落,千百年过去依然灰头土脸,翻不过身来。有虞氏、宋襄公、王莽、殷仲堪算得上是这类人的典型。

宋襄公在中国历史上是一个极为独特的存在,又极具象征意义。作为春秋时期宋国的君主,宋襄公虽然有幸挤入"春秋五霸"

的行列，可是，很不幸，他留给大家的印象，并不是多么"高大上"的丰功伟业，而仅仅是他人生中的一大败笔——不知天高地厚，居然拿鸡蛋砸石头，在泓水之战中同大佬级的楚国雄师打了一仗，结果大败亏输，惨不忍睹。换言之，宋襄公在历史上之所以能占上一席之地，多少混出点名气，没有其他的原因，就是因为他曾经扮演过一回丑角，闹出过一通笑话，心比天高，命比纸薄。

　　却说公元前 643 年，赫赫有名的"春秋五霸"之首齐桓公寿终正寝、易箦驾鹤了。他这一死可了不得，刹那间里里外外都没了辙、乱了套：齐国内部当即爆发五王夺嫡的大火并，你一刀我一剑，戈矛出真理，弓箭定是非，内讧迭起，杀得昏天黑地，不亦乐乎。称霸中原几十年的泱泱大国经过这么一折腾，形象变坏，国力转衰，皇皇霸业也随之成为明日黄花。

　　更要命的是，齐桓公之死还严重地震荡了天下局势，彻底地颠覆了当时的"国际"战略格局，使得中原诸侯陷入群龙无首的无序状态，成为一盘散沙。西方的秦国和北方的晋国虽然兵强马壮，实力可观，但由于正致力于整合内部和在黄河上游拓展势力，暂时还不能腾出手来，打逐鹿中原、问鼎天下的主意。这样一来，召陵之盟后一直被齐桓公按捺住脑袋的南方强国——楚国，便重新萌生野心，蠢蠢欲动，企图乘机挥师北进，入主中原，将霸权抢夺到自己的手里。

　　在中原列国的眼睛里，南方地区的楚国乃是一不开化的"蛮夷之邦"，如今它要大举北进，发号施令，按"内中国而外诸夏、内诸夏而外夷狄"原则衡量，这自然是天大的灾难，即所谓"南夷与北狄交，中国不绝若线"！对此，它们忐忑不安，愤愤不平，可又束手无策，徒呼奈何。在这样的背景之下，一贯自我标榜"礼义仁信"，自我感觉十分良好的宋襄公便要粉墨登场了。他的企图说白了也简单，就是想凭借宋为公国、爵位最尊的地位，以及曾经践行齐桓公临终嘱咐，统率诸侯之师平定齐国内乱的余威，潇洒亮相，招摇登场，出面领导中原诸侯抵抗楚国势力的北上，坐一坐齐桓公留下的那把霸主交椅，并进而伺机恢复殷商的故业。

良好的愿望是一回事，至于它能否实现则又是一回事。人生之所以会有忧患与困惑，在于人们违背自然之理，存在各种私心杂念，而有了私心杂念，则不免会妄作，由动而浊而浑。

的确，人性中的普遍弱点之一是容易自满，做井底之蛙，稍有成绩便忘乎所以，稍有水平便沾沾自喜，全然忘记了"山外有山，天外有天"这层道理。

事实上，当时宋襄公要想称霸，困难重重，希望渺茫，甚至可以说是水中月，镜中花。

这首先是宋国的综合实力远远不如楚国，而众所周知，实力乃是争霸的先决条件，所谓"胜兵若以镒称铢，败兵若以铢称镒"，只有先立于不败之地，方能够不失敌之败也。这一规律，古今中外概莫能外。

其次是宋国地处中原腹心，为四战之地，四面都是一马平川，无高山大河作天然屏障，打起仗来易攻难守，若是多线受敌，兵要地理环境十二分地不利。

其三是宋襄公本人水准不高，有心杀贼，无力回天。宋襄公虽有仁厚的名声，如早年愿让王位给庶兄，信守和践履齐桓公之托奉立齐孝公即位等等，但毕竟器局有限，能力薄弱。更何况在争霸的过程中还屡屡犯下政治、外交上的低级错误，譬如无辜诛杀鄫君、轻率攻打曹国等等，致使中原诸侯对宋国离心离德，渐行渐远。

所以说，宋襄公蛇吞大象、不自量力的做法，属于典型的"无实事求是之意，有哗众取宠之心"，只能置自己于非常被动的困境。当年，楚国对齐桓公是力不从心，无可奈何，但这时候对付宋襄公却是游刃有余,稳操胜券。所以,它处心积虑要教训宋襄公,让他搞清楚自己究竟是吃几两干饭的,之后一边歇着去;并借此杀鸡儆猴,给其他中原诸侯一个下马威。这种国家发展过程中核心利益的冲突,其结果便是导致了泓水之战的爆发。

宋襄公一心一意想圆自己的霸主美梦,然而毕竟国力有限。他拿不出别的像样高招,只能依样画葫芦,简单模仿当年齐桓公的做法,擎举起"仁义"这个法宝,拉扯开"礼信"这杆大旗,即所谓"以礼为固,以仁为胜"的标榜。为此,他多次登台作秀,召集诸侯举行盟会,借以制造声势,抬高自己的身价。遗憾的是,他玩弄的这套把戏,实在表演得相当拙劣,让人不敢恭维。不仅遭到诸多小国的冷遇,无人喝彩,无人捧场,更受到楚国君臣的算计,左支右绌、捉襟见肘、疲于奔命、进退维谷。

在周襄王十三年(前639)秋天举行的宋地盂邑(今河南睢县西北)盟会上,宋襄公对楚国的战略动向茫昧无知,又一口拒绝公子目夷(宋襄公之庶兄)提出的多带战车以防不测的合理建议,兴冲冲地轻车简从前往出席(不坐装甲车而乘坐凯迪拉克轿车),结果在盟会上与楚成王话不投机,就被不讲信义的楚成王手下的武装侍从生擒活捉了。

楚军押着沦为阶下囚的宋襄公乘势攻打宋国都城睢阳(今河南商丘一带),幸亏有公子目夷等人率领宋国军民殊死抵抗,才挫败了楚军速战速决的战略企图。楚成王后来也觉得留着宋襄公这个窝囊货并没有太大的价值,反而要管吃管喝增添自己的负担,于是就让鲁僖公做和事佬,出面居中调停,做个顺水人情,在同年冬天的亳地盟会上,将饱受屈辱的宋襄公释放回国。

宋襄公遭此一番奇耻大辱,真是七窍冒烟,气不打一处来。他既痛恨楚成王不守信义,出尔反尔;更愤慨其他诸侯国见风使舵,背宋附楚,落井下石。因此连夜里睡觉做梦他也想着要怎样寻找机会报仇雪恨。他自知宋国军力疲乏无力,根本不是楚国的对手,暂时不敢主动去摸这个烫手的山芋,而是先把一肚子闷气发泄在带头向楚国套近乎、卖姿色的郑国头上,决定兴师讨伐它,以显示一下自己的威风,捞回自己曾沦为楚军囚俘的面子。中国人自古最爱面子,对许多人来说,虚的面子比实的里子更为重要,宋襄公也不例外。

宋国大司马公孙固和宋襄公的异母兄长公子目夷都是头脑比较清醒的人。他们都懂得打狗要看主人面的道理,认为在当时微妙、复杂的"国际"形势面前,贸然出兵攻打郑国会引起无法控驭的"国际"纠纷,导致楚国出兵干涉,使得宋国走向真正失败的深渊。所以两人异口同声劝阻宋襄公,要头脑冷静,千万不可逞一时之快而一味蛮干。可是自视甚高、刚愎自用的宋襄公正处于亢奋迷糊状态呢,哪里听得进这一番金玉良言,反而振振有词地为自己的所作所为作诡辩,找歪理:假如老天爷尚不嫌弃我的话,殷商的故业是可以得到复兴的。

问题既然已经上纲上线,提到了原则的高度,若再反对便有了里通外国的嫌疑,只会自讨没趣,所以公孙固等人闭上了嘴巴,保持缄默。

"盲人骑瞎马,夜半临深池",宋襄公咬定青山不放松,一意孤行朝前走,联合卫、滕、许三小国之君,领着兵马去攻打郑国。郑文公闻报宋国兵马大举掩杀过来,心里倒也并不怎么惧怕,反正有强大的楚国做着自己的靠山,撑着自己的腰杆,宋襄公又能奈我何!于是,他派遣使节昼夜兼程奔赴楚国求讨救兵,果然请动了楚成王的大驾。楚国雄师浩浩荡荡向北开进,直扑宋国边境,援救落难中的郑国。宋襄公得到这个消息,一下子就愣住了,张开的嘴巴半天也没有合拢,缓过气来方意识到自己捅了马蜂窝,惹了大麻烦,只好急急忙忙从郑国前线撤出自己的部队。

周襄公十四年(前638)十月底,宋军主力返抵宋国本土。可是这时的楚军却不依不饶,仍然在郑国境内向宋国挺进的途中。面对楚军咄咄逼人的嚣张气焰,这一回宋襄公准备豁出去了,决心将楚军拒之于国门以外,以维护国家的最后尊严。为此,他屯驻主力于泓水(涡河的支流,经今河南商丘、柘城间东南流)以北,"以静待哗,以逸待劳,以近待远",等待楚军送上门来。

十一月初一日,得势不饶人、有劲不讲理的楚军开进到了泓水南岸,稍事休整,就开始涉水渡河。这时宋军早已布列好了阵势,长戟在手,弓箭上弦,可以随时主动出击,致人而不致于人。宋国大司马公孙固鉴于楚宋两军众寡悬殊,且宋军已占先机之利的实际情况,建议宋襄公放下君子的架子,做一回小人,把握战机,趁楚军渡河一半时予以打击。但是宋襄公却断然拒绝了:"哪里有这样的道理呀?当敌人正在过河时打过去,岂非乘人之危,还算得上是讲仁义的军队吗?"结果让楚军全部舒舒服服渡过泓水。

宋军端着君子的架子以礼相待,可楚军却一点儿也不含糊,渡河一毕便转入下一个程序,开始布列阵势,摩拳擦掌。这时,公孙固又奉劝宋襄公改弦更张,乘楚军列阵未毕之际发起攻击,以挽狂澜于既倒。这一下宋襄公便不耐烦了,连声责备公孙固:"你这个人真的太不讲道义了,真的太不君子! 人家队伍还没有排好,怎么可以打呢!"

一直等到楚军布阵完毕,一切准备就绪之后,宋襄公这才一本正经敲击战鼓,与楚军同时发起进攻。可是,这时候一切都已经晚了,楚国的兵马张牙舞爪,凶神恶煞,就像大水冲塌堤坝似的直涌过来。宋国讲仁义、道礼信的军队怎么也抵挡不住,望风披靡,节节败退。一阵激烈的厮杀下来,弱小的宋军丢盔弃甲、大败亏输。宋襄公本人的大腿也受了重伤,其精锐的禁卫军(门官)一个也不曾逃脱,悉数成了楚军的刀下之鬼。只是在公子目夷等人的拼死掩护之下,宋襄公才捡回一条小命,好不容易才突出重围,狼狈不堪地逃窜回都城。宋襄公一手挑起的泓水之战,就这样在滑稽的场景中画上了句号。

泓水之战后,宋国的众多大臣目睹丧师辱国的惨象,不免心理失衡,牢骚满腹,异口同声,纷纷埋怨宋襄公顾忌面子、爱惜羽毛,仁义至上、礼信为先而导致损兵折将。可是宋襄公本人却很不服气,还在那里振振有词,替自己的仁道精神、贵族雅量辩解,开脱责任:"用兵打仗嘛,其根本要义是追求仁义、申明礼信,所以,君子不伤害已经受了伤的敌人,不捕捉那些头发花白的中年老兵,不阻厄敌人于险隘使他们行动不便而取胜,不主动攻打那些还没有摆列好阵势的敌人。"

总而言之,一切都要讲究仁义礼信,一切都要做到文质彬彬,可见他本人对贵族精神的崇尚是多么坚定。到了第二年的夏天,宋襄公终因大腿伤势过重,带着满脑子仁义礼信的军礼原则和"不鼓不成列"之类的用兵教条去见他的先公先王了。他那争当诸侯霸主的勃勃雄心、干云豪气,也有如昙花一现,就此烟消云散了。

泓水之战的规模虽然不是很大,但是在中国古代战争发展史上却具有划时代的意义;宋襄公虽然算不得是一个炙手可热的风流人物,然而在新旧社会交替中却具有象征性的意义。它标志着商周以来的以"成列而鼓"为基本特色的礼义之兵行将退出历史舞台,新型的以"诡诈奇谲"为主导的作战方式正在全面崛起;也标志着崇尚贵族精神的宋襄公"君子"日子越来越不好过,而像孙武这类擅长欺诈伎俩的"小人"正日见红火,左右逢源。于是乎,宋襄公作为战争舞台上的完败者,让后世讥笑了数千年,甚至被现代一位伟人斥为"蠢猪式的仁义"。而提倡"兵者诡道",主张"兵以诈立,以利动,以分合为变"的孙武,则因其五战入郢大破楚军的业绩和"北威齐、晋,南服越人"的功勋,加上撰著兵学圣典《孙子兵法》的豪举而被尊奉为"百世兵家之师",扬名千秋,笑傲青史。

不过,如果抛开单纯功利得失的因素,从更深的层次考察,我们可以发现,那位倒霉蛋宋襄公并不是那么一无可取之处,甚至他也不乏闪光点,令人理解与敬重。

如果考虑到当时的时代背景,换一个角度来看待宋襄公在泓水之战中的所作所为,便可知他这么做,其实并非心血来潮,视战争如儿戏,而是他努力保持正人君子尊严的举动,恪守战争基本规则约束的选择。

所谓游戏有规则,道德有底线,在当时,这个规则就是"军礼",这个底线就是"仁义"。"以礼为固,以仁为胜",就是体现军礼文化基本要求的《司马法》所强调的:战争活动的基本宗旨是征伐以讨其不义;用兵打仗应该正而不诈,即在作战方式上"贵偏战而恶诈战"。大家都在战场上充当温文尔雅的君子,做到堂堂正正、光明磊落,不玩偷鸡摸狗、坑蒙拐骗等上不得台面的伎俩;战争的程度和范围应该受到必要的限制,"不加丧,不困凶",决不允许无节制地使用暴力;战争的善后要以"服而舍人"为目标,"既诛有罪,王及诸侯修正其国,举贤立明,正复厥职",让对方有继续操盘的空间。这种军礼传统,曾延续了数百年,这就是《汉书·艺文志·兵书略》所称的:"下及汤武受命,以师克乱而济百姓,动之以仁义,行之以礼让,《司马法》是其遗事也。"

但是,"三十年河东,三十年河西",世上没有一成不变的事物,军礼传统的命运亦复如此。随着整个社会条件的改变,军事领域的军礼原则开始面临严峻的挑战。光荣的礼乐精神在许多人眼里显得有些不合时宜,而优雅的贵族风度更被不少急功近利的人看作累赘,去之唯恐不及。宋襄公所处的时代,正是这种新旧格局递嬗的关键阶段,在礼义之兵老态龙钟,渐走下坡路之际,诡诈之兵却是呼之欲出，独擅胜场了。

宋襄公的悲剧是在这新旧遽变的大势面前，反应过于迟钝，脑筋太不开窍。换言之，他受礼乐文明熏陶太久，中毒太深，当别人纷纷识时务赶弄新潮的时候，他还要恪守心中的道义，维护贵族的尊严，以泱泱君子之风，与兵者诡道、兵不厌诈的潮流作殊死的抗衡。

宋襄公的行为是悲壮的，但他的结局只能是悲惨的，这叫作形势比人强。不过令人钦佩的是，他本人却并不对自己的所作所为有丝毫的后悔，而始终对自己的君子之风、贵族之德怀有自豪之情。在他看来，打败仗是小事，若是为了争一时之胜而使用卑鄙阴损的手段，那才是彻头彻尾的失败，才是真正面子与里子都输得精光了。所以，不行仁，最可悲；不守礼，毋宁死。为了这个崇高的理想，他走向了死亡，同时一道死去的，还有优雅的贵族精神，高尚的君子风尚。

宋襄公泓水之败以及随后的死亡，在中国历史上具有象征性的意义，而且深层次影响着中国人的思维特征与行为方式。成者王侯败者寇，成了人们衡量价值的基本尺度，所以，只要能够达到目的，就可以无所顾忌地不择一切手段。于是乎，道德失去底线，游戏没了规则，便成了司空见惯的现象。君子之风日去，小人之气日长。外国有优雅的骑士精神，有面对面的决斗，在中国有的只是"三十六计"式的暗算，而忘却了在绝对的功利之上还有一个绝对的道德。

这种风气的弥漫，原因自然很多，但宋襄公的命运及其影响则是其中不可忽略的因素。从这个意义上说，宋襄公之死就不仅仅是他个人的悲剧，而且也是中国历史上一切想做君子而不得之人的共同不幸！

宋襄公，他发出的是天鹅死前的绝望哀鸣！

靡不有初，鲜克有终
——晋献公的成与败

一部晋国史，在某种意义上就是一部春秋史。

在一堆晋国国君中，最赫赫有名的，自然非晋文公莫属。他在城濮之战中一举击败强盛一时的楚国，取威定霸，确立了晋国在中原地区的霸主地位，跻身于"春秋五霸"之列。这固然是晋文公本人主观努力、麾下三军将士效命的结果，但同时也是春秋以来晋国长期发展壮大的产物。在这个过程中，晋献公曾扮演了重要的角色。

晋献公的父亲是曲沃武公，此人洵非简单人物，他以小宗的身份，凭借武力的优势攻灭了翼地（今山西翼城东南）的晋国大宗晋缗侯，以庶夺嫡，成为晋国新的统治者，是为晋武公，其时公元前679年。晋武公登基"作威作福"才两年，就寿终正寝了，其子于公元前676年即位，是为晋献公。晋献公较之其父更有魄力和手腕，其文治武功为晋国的迅速崛起、跻身于春秋大国行列（原先晋国乃蕞尔小国，军队也只有一军，史称："今晋国之方，偏侯也。"）奠定了坚实的基础。不过，他晚年的糊涂与荒谬，却使得他最终未能完成晋国称霸中原、号令诸侯的宏伟大业。

从现存的《左传》《国语》《史记》等史料记载的情况看，晋献公绝非一位平庸的君主，而是一位颇有雄才大略的领袖。他有比较明确的国家战略发展方针,且深谋远虑。这一方针具体地说就是在政治上对内以血腥残忍的手段削弱同姓公族的势力,加大力度强化中央集权;对外则故作姿态,显示"尊王"的态度,以捞取优厚的政治资本。在军事上一方面积极扩充武器装备,增强军力;另一方面该出手时就出手,伺机吞并小国,打击戎狄势力,开拓疆土,进而争霸逐雄。在这一高明的战略方针指导下,晋国走上了迅速强盛的道路。

当时的周天子龟缩于洛邑一隅,早已风光不再,也不招诸侯国待见,可他毕竟还是名义上的天下共主,更是姬姓大宗,还有可资利用的剩余价值。晋献公知道这一点,所以即位伊始,就和虢公一道,风尘仆仆地前往成周朝觐周惠王,接受周天子的赏赐。为了与王室的关系更加密切,晋献公又伙同虢公、郑伯,一起为刚刚当上天子的周惠王操办隆重的婚礼,出资赞助周卿士原庄公到陈国,迎接陈国公主陈妫到成周和周惠王完婚。

场面上的事要做,实质性的事更得干。公元前 655 年,晋军攻灭虞国之后,晋献公表现得慷慨大方,"归其职贡于王",即把虞国的贡纳和赋税呈献给周惠王,解了周室缺钱少粮的燃眉之急。这些做法,与其父晋武公在位之时发兵攻打周室,杀死成周的夷邑大夫夷诡诸,逼走成周执政大臣周公忌父的行径不啻霄壤之别。晋献公就是通过这种姿态,轻轻松松赢得"尊王"的美誉,在一众诸侯国中树立了良好的形象,极大地提高了自己的声誉。

在大张旗鼓"尊王"的同时,晋献公还主张双管齐下,多头并进,不遗余力地巩固和强化中央专制集权。诛杀公族,就是这方面最重要的措施。所谓"公族",即是由历代国君的庶子所繁衍枝蔓而形成的宗族。旷日持久,他们人数膨胀,在国内政治舞台上具有举足轻重的地位,经常对君权构成严重的威胁。晋献公的前辈就是晋国公族的一支,曲沃桓公、庄伯、武公以小宗身份兼并大宗,最终攫取晋国政权的血腥历史,晋献公耳熟能详,有切身的感受。他当然不愿让同样的历史悲剧轮回到自己的身上,因此,他一直处心积虑、步步为营,致力于剪灭公族以加强君权的斗争。

为此,他采纳大夫士蒍的计谋,在诸公族之间蓄意制造矛盾,挑拨得他们互相倾轧、自相残杀。在公族势力遭到相当程度的削弱之后,晋献公于公元前 669 年在聚地(今山西绛县东南)筑城,让群公子居住。同年一个寒冷的冬天,晋献公亲自统领大军,出其不意地围攻聚邑,亮出屠刀,大开杀戒,尽屠群公子,使大权集中于国君之手,总算是结束了内患,安定了统治。当然,这一残忍的举措也带来了明显的后遗症,它导致春秋后期晋国公室卑弱衰微,异姓贵族势力乘机坐大,操纵国政,把持军权,最终走上"三家分晋"的不归之路。

在彻底解除了公族对君权的威胁这一后顾之忧后,晋献公开始大刀阔斧地展开对外的军事扩张。要对外开拓发展,首先必须拥有强大的军事实力。为此,晋献公我行我素,毫无顾忌地打破了先前周王室所规定的晋国只能拥有一军的数量限制,于公元前 661 年将一军增扩为两军,他本人亲领主力上军,而由太子申生统率下军。

在兵强马壮的基础上,晋献公动用军队主动向外出击,于同年先后灭掉耿(今山西河津东南)、霍(今山西霍县西南)、魏(今山西芮城东北)等诸多小国。次年,他再接再厉,又派遣太子申生率军讨伐东山皋落氏(今山西垣曲东南,系赤狄氏之一支),最终凯旋,"败狄于稷桑而反"。与此同时,晋献公还先后派兵攻灭了周围的骊戎诸多小国。

在初战告捷的有利形势下,晋献公又将进攻的矛头指向实力更为强盛的虢、虞两国。他虚心听从大夫荀息的建议,用向虞国假道攻伐虢国从而一石二鸟的计策,于公元前 658 年两度出兵攻打其南部近邻中最强盛的虢国,经过激烈的厮杀,终于将晋国的战旗插上了虢国国都的城墙,一举吞并了虢国。并且在班师回朝的途中,背信弃义,厚颜无耻地对虞国发动突然袭击,轻而易举地灭亡了虞国,取得了对外兼并扩张的重大胜利。

通过多年锲而不舍的经营,晋献公已使原来毫不起眼的晋国一跃成为一个人人忌惮的大国,据有河汾间之沃壤,以及今山西、陕西、河南之间三角地带之重要地域。整个国家幅员辽阔、地势险要、攻守可恃、战略主动,而且军事实力强大,君权高度集中,国势日益兴盛,已完全具备了东进中原、角逐霸权的基本实力。

晋献公智勇双全,干练老辣,在政治、军事上多有建树,然而他毕竟还不具备充当一代霸主的素质,尤其是在其晚年,他生活上奢华侈靡,沉湎于酒色,直接酿成晋国内部的多年动乱,使得晋国与中原霸主的宝座失之交臂。

骊姬之乱,就是晋献公人生中的最大败笔。公元前672年,晋国攻打骊戎,骊戎兵寡将微,节节败退,危在旦夕。为了解救国家危难,骊戎的国君剑走偏锋,祭起"美人计"的法宝,将两名美女敬献给晋献公。其中年龄稍长的那位叫作骊姬,她容貌出众,聪颖乖觉,又深富心计,善于察言观色、曲意逢迎,因此很快博得晋献公的欢心,大受恩宠。

在这之前,精力旺盛的晋献公曾先后娶纳贾君、齐姜、北狄狐家两姐妹等女子为妻妾。其中,齐姜被立为夫人,生育有一子一女。男孩即后来的太子申生,女儿即日后的秦穆公夫人,史称穆姬。北狄狐家姐妹中,姐姐生了公子重耳,妹妹生了公子夷吾。本来按周礼"立嫡不立长"的原则,只有夫人齐姜所生育的申生才是理所当然的君位继承者。然而,骊姬的出现改变了这一切。她嫁给晋献公之后,生有公子奚齐,随其陪嫁的妹妹则生下公子卓子。为了使自己的儿子奚齐在日后能继承君位,长期保住她自己的权势,她利用晋献公对她的宠信,千方百计、机关算尽,剪除和排斥了包括太子申生在内的诸位公子。而晋献公这时则已经完全昏头昏脑了,任凭骊姬胡作非为,遂使骊姬的阴谋一步步得逞:先是让晋献公废黜齐姜而改立自己为夫人;接着又用权谋促使晋献公派遣太子申生、重耳、夷吾等人外出镇守曲沃、蒲、二屈等地,远离晋国的政治中枢;随后又设毒计陷害太子申生,迫使他自缢身亡,并逼迫重耳和夷吾分别逃奔狄国与梁国,终于让自己的儿子奚齐当上了太子,费尽心机完成了废嫡立庶、把持晋国政治的基本步骤,即"尽逐群公子,乃立奚齐焉。始为令,国无公族矣"。

但是,骊姬的所作所为违背了传统的道德观念,而她在整个过程中又屡售奸计,损害了相当多的贵族的既得利益,因此,她人心尽失,招致人们的仇视与反对。晋献公生前,大家慑于他的淫威,敢怒而不敢言,不敢公然跳出来反对,可是,自然规律无法抗拒,老迈的晋献公总有撒手归西的一天。这一天终于来了,公元前651年,晋献公咽下最后一口气,骊姬失去了最大的靠山,就再也罩不住晋国的政治了。那些当年被边缘化的贵族集结在一起,亮出刀剑,一场政治大动乱终于爆发。祸起萧墙,血肉横飞,骊姬和她的心腹亲信顿时陷入了灭顶之灾。其继位为君的儿子奚齐、卓子先后丢掉脑袋,她本人也丧命于其政敌的屠刀之下。

动乱甫定,夷吾在血泊中登基,可此人实在是个扶不起的小人,不仅其才能不及其父晋献公,而且残暴荒淫却远超于他。而继他而立的晋怀公更是一蟹不如一蟹,晋国的争霸大业遂受到非常严重的挫折。导致这一切的原因,归根结底,就是晋献公晚年的昏庸无道。换言之,晋国在晋献公统治的时期本就可以建起名垂青史的皇皇霸业,正是由于晋献公未能在生前妥善处理好君位的接班问题而付诸东流。

这种局面的改变,一直要到重耳归国成为晋文公后才得以实现,可是这已是到公元前 636 年了,这一耽误,就是数十年的时间。

　　"靡不有初,鲜克有终",晋献公的作为,再一次证明了这的确是一种具有普遍性意义的历史现象。

有雄才而无大略
——秦穆公的战略短见

　　"春秋五霸"的名头十分响亮,可究竟是哪五位霸主呢?这个问题历来言人人殊,说法各异。其中比较通行的名单有两份:一是指齐桓公、宋襄公、晋文公、秦穆公和楚庄王;另一说是指齐桓公、晋文公、楚庄王、吴王夫差和越王勾践。而在这两说之中,似乎又以第一种说法为更多的人所认可。

　　虽说都是霸主,但是,这五人的分量,或是说,五人的霸业成就及影响却不可同日而语。齐桓公、晋文公和楚庄王可以算是一个档次,他们号称霸主,当属名副其实。而宋襄公被列为"五霸"之一却颇有些不伦不类。他的高雅贵族风度固然让人肃然起敬,可他的那份儿霸业,则难免叫人啼笑皆非。世俗是势利的,只以成败论英雄,泓水一仗,他大败亏输,出尽洋相,以至于成为千百载来够厚黑或不够厚黑之芸芸众生所挖苦嘲讽的对象。如果靠这种表演居然能跻身于"五霸"的行列,多少有些滑稽,有些荒诞,宋襄公若九泉有知,恐怕也会受宠若惊了。

　　至于秦穆公,则是一个异类。换句话说,他属于不尴不尬的角色。说他不济吧,他在当时的国际大舞台上却活跃得很,又是勤王,又是盟会,知名度、出镜率一点也不逊色于其他人,更何况他也曾"益国十二,开地千里,遂霸西戎"①,为秦国在春秋战国期间的雄起，作了非常扎实的铺垫，多少算是混出个"霸主"的模样。可如果真的把他算成是霸主，却似乎又不是这么一回事，毕竟他没有像齐桓公、晋文公、楚庄王那样，一本正经地充当过中原的霸主。他的事业一直局限于西北一隅，从来不曾达到过光辉的顶点，反而总是笼罩在晋国霸业的巨大阴影之下，只好在当时上演的争霸大战中，敲敲边鼓，跑跑龙套。总而言之，秦穆公在当时更像是搅局的角色，把他列为"春秋五霸"之一，或许比较勉强。

秦穆公之所以没有能成太大的气候，固然有种种客观因素的制约。在他出道的时候，齐、晋、楚已俨然蔚为大国，中原这块大蛋糕基本已被它们抢先分割完毕。秦国长期僻处西北一隅，中原诸侯"戎翟之"，由于秦国先天不足、后天失调，他想要入局并充当龙头老大，其中的困难之大可想而知。然而，这并不等于说秦穆公一点机会也没有。如果战略高明，战术对头，运筹于帷幄之中，决胜于千里之外，秦穆公还是可以有一番大的作为的。问题的症结，看来还是出在秦穆公自己的身上，是他战略眼光的短浅，战略举措的失当，直接导致了其雄心勃勃的争霸企图成了水中之月、镜中之花。

秦穆公在位前后共三十九年，平心而论，他为秦国的崛起与发展还是力所能及地做了不少的工作。他四处延揽人才，勇于打破常规，任用百里奚、蹇叔、由余、邳豹等一群贤能，扎扎实实发展经济，大刀阔斧扩充军备，今日东征，明天西讨，使得秦国的势力迅速扩展到渭水流域的大部分地区。总之，秦国在他的领导下，虽然不能跻身世界大国之列，但终究算得上成了地区强国。

人心不足蛇吞象，秦穆公也不例外。拥有了比较雄厚的资本，他自然要希冀百尺竿头，更进一步，去成就更大的功业。这功业就是带领秦国走出狭窄的西北地区，东进中原，称霸诸侯。尽管秦穆公也知道要做到这一点绝非一件容易的事，但他却不甘心就此淡泊寂寞,偏居西隅,被别国给边缘化。他相信事在人为,决心尽最大的努力,来使自己的夙愿变成现实。

可惜的是,人算不如天算,秦穆公的战略措施跟他的战略目标却是完全南辕北辙的。照着秦穆公自己的如意算盘,秦国东进战略步骤应该是:先想方设法同晋国搞好关系,再对晋国的政局施加影响,通过缔结婚姻、提供援助等手段,逐渐控制晋国;一旦在这方面得手之后,再大兵出崤函,从容图霸业,指点江山,号令天下。于是乎,他便趁着晋国内部发生骊姬之乱、政局动荡的机会,加大力度干预晋国内部的事务,操纵晋国国君的废立。先是派军队保驾护航,把晋惠公扶持上台,尔后又默许晋怀公继位,可是这两位受保护者都不尽如人意,位子刚刚坐稳,羽翼稍稍丰满,便神气活现起来,将秦穆公晾在一边。晋惠公更是忘恩负义,干脆撕破脸皮与秦穆公作对,出动军队与秦国在韩原干了一架,两国之间的气氛完全恶化,这一切使得秦穆公原先的计划统统泡汤。

与其将错就错,不如改弦更张,于是秦穆公决定中途换马,重新物色代理人。具体的做法,便是提供军事援助,进行武装干涉,帮助长期流亡在外的公子重耳返回晋国,从晋怀公的手中抢过政权,成为晋国民众的新主子,是为日后大名赫赫的晋文公;同时,秦穆公好人做到底,又把自己的女儿文嬴下嫁给晋文公,延续所谓的"秦晋之好",希望借助政治联姻的途径,笼络住晋文公,让他成为秦国争霸中原事业中的一颗过河卒子。秦穆公的想法很单纯,也很天真,你晋文公既然受了我的大恩大惠,加上大家又有这么一层翁婿关系,难道可以知恩不图报?常言道"投我以木桃,报之以琼瑶",你晋文公总得多多少少买我的面子,替我办点实事吧!

遗憾的是,秦穆公过于乐观了,简直可以说是白日做梦,异想天开。他忘了一个最基本的道理,在国家与国家之间的关系上,既没有永远的朋友,也没有永远的敌人,有的只是永远不变的利益。他自以为对晋文公有过恩惠,人家就得图报,对不起,只要牵涉到利益,世上恩将仇报、以怨报德的事情可多了去了;他自以为自己是晋文公的岳父大人,人家会顾及温情脉脉的面子,对不起,为了利益,父子反目、手足相残尚且司空见惯,更何况是没有血缘的翁婿关系!眼下秦国想要染指中原,争夺霸权,势必要越渡黄河,锐意东进,而晋国要独霸中原,号令诸侯,也势必要紧紧关上秦国东出的门户,将秦国的活动范围死死地框定在西北一隅。在这方面,两国之间的利害冲突是根本性的,是绝对无法调和的。用今天的话说,便是所谓的"结构性的深层次矛盾"。在这个时候,什么恩德,什么姻亲,一概无效,全都给抛到九霄云外去了。而且秦弱而晋强,秦小而晋大,一旦双方真的撕破脸皮,闹将折腾起来,处下风的肯定是秦国。秦穆公啊秦穆公,你聪明一世,懵懂一时,也太天真、太一厢情愿了,居然会设这样的死局,会出这样的臭牌,真让人怀疑你的智商存在问题。

事实也正是这样,晋文公爬上最高的宝座后,一门心思追求"取威定霸",丝毫没有让秦穆公昔日的恩情束缚住自己的手脚。当然,他也不主动和秦穆公公开叫板、撕破脸面,在不触及晋国根本利益的前提下,有时甚至不忘拉上秦穆公一把,让他跟着自己露露脸儿,抖抖威风。但在晋文公心中,双方的定位是明确无误的,即我晋国是当仁不让的主角,你秦国只能当插科打诨的配角,彼此之间是老大与伙计的关系,绝对不容颠倒。

这时候,秦穆公才发现,自己以前的筹码都下错了,所花费的心血都一风吹了。他三助晋君的努力,结果只是加速了晋文公成为诸侯霸主的进程;他多次参与盟会,多次投入军事行动(包括城濮之战中派兵增援晋国,一起教训楚国),也往往是名惠而实不至，全是在那儿傻乎乎地替晋国的霸业添砖加瓦呢！

假如秦穆公的战略失误只是走到这一步，还不算是输得精光，血本无归。至少可以同晋国维系表面上的一团和气，弄好了或许还能从晋国那里分得一杯羹。可是，事实是秦穆公接下来的做法更加匪夷所思，更加错得离谱。他居然利令智昏，孤注一掷，想用武力来达到外交、政治所没有实现的目的，日暮而途穷，倒行而逆施，决心霸王硬上弓了，真是软的不成便来硬的，巧取不成便改用豪夺。

晋文公在世时，秦穆公深知对手的厉害，是不敢轻举妄动的，即所谓"有贼心，无贼胆"。谁知天遂人愿，机缘凑巧，阎王爷让晋文公死在了秦穆公的前头。这一下，秦穆公便浑身上下来了精神，觉得可以玩一把世纪战略大豪赌了。于是，他蛮横决断地拒绝了大臣蹇叔的劝诫，决定趁着晋文公易箦之际，大起三军，越过晋国境土，去袭击郑国，企图占领地处天下之中的战略要地，以作为自己称霸中原的前进基地。他一厢情愿地认为，晋襄公（在名义上算是他的外孙）刚刚登基，正忙于稳定内部，无暇顾及秦国方面的军事行动。所以，他在没有向晋国借道的情况下（去借，人家也不肯借给你，何必白费口舌），派遣孟明视等三位大将，统率三百辆战车的兵力去偷袭郑国，圆自己的霸主之梦去了。

劳师袭远，兵家大忌；弃信背盟，庸人短视。结果自然可想而知，不但郑国没有给打下来，反而偷鸡不着蚀把米，在崤山一带被晋国的伏兵杀得大败，三百辆战车全部报销，孟明视、西乞术、白乙丙三位统帅一个都不曾走漏，悉数做了晋军的俘虏。而秦晋两国之间保持多年的传统友谊（尽管仅仅是表面上的），也随着崤函山谷中刀戟喊杀声的响起而烟消云散了。这真可谓是天作孽，犹可违；自作孽，不可活。

更为糟糕的是，秦穆公似乎有心理障碍，脾气古怪而又偏激固执,见了黄河仍不死心,撞了南墙仍死不回头。在他看来,姥爷让外孙这么给修理,实在太窝囊,太没面子,非得翻过盘来不可。于是为报崤山惨败之仇,他又一而再再而三地动用军队去找晋国的晦气,结果是越输越惨,在彭衙之战中又被晋军杀得一败涂地,惨不忍睹,使秦军成了名副其实的"报赐"之师,距离充当中原霸主的目标乃是越来越远,越来越遥不可及了。尽管他后来转而同楚国结盟,企图通过南北夹击,将晋国从中原霸主的宝座上给拉下来,来一个新桃换旧符。但是他这么做,除了让楚国渔翁得利之外,对自己实现光荣的霸主梦想,真是半点儿帮助也没有,干的还是替别人火中取栗的傻事。到头来,依旧是个跑龙套的角儿,一点长进都见不着。秦穆公战略眼光之差劲,实在是难以让人恭维。

有雄才而无大略,秦穆公终究算不得是真正意义上的霸主,让他混迹于"春秋五霸"之列,似乎也太抬举了他。

注释:

①《史记·秦本纪》。

创业容易守业难
——晋襄公的无奈

公元前 628 年，雄才大略、取威定霸的一代霸主晋文公撒手人寰、寿终正寝，其子公子欢继位，成为新一任的晋国国君，是为晋襄公。

晋文公曾经在外流亡十九年之久，两鬓斑白方才登基，当其去世时年事想必已高，因此，继位时的晋襄公亦当在盛年，不能简单地说他属于"生于深宫之中，长于妇人之手"一类。然而，大树底下不长草，与其父晋文公相比，晋襄公自然显得平庸普通，相形失色。

这也是一代雄主之后接班人的共同特征，如扶苏较之于嬴政，汉惠帝较之于汉高祖，刘禅较之于刘备，唐高宗较之于唐太宗，建文帝较之于明太祖，都黯然失色，即：气概偏于内敛，性格偏于懦弱，能力偏于平庸，事业偏于平淡。这从好处说，是能够做到萧规曹随，平稳过渡，波澜不惊，内外安堵，妥善守成；但就不足而言，也是非常明显的，即谨小慎微，保守僵化，开拓乏力，进取有限，受人操控，左支右绌。如果其在战略决策上再犯迷糊，乖谬出错，则后果就会更严重，必定会给社稷利益造成无法挽回的损失，给国家命运带来不可估量的危险。

很不幸，晋襄公身上恰恰集中了守成之主的种种弱点，而这些软肋又为日后晋国战略选择的失误乃至整个晋国政局的混乱埋下了伏笔。

晋襄公的弱点，首先是性格比较懦弱，这导致他在大臣面前缺乏足够的霸气，不能拥有一国之君的绝对权威。晋文公逝世后，他的那些股肱之臣，如先轸、栾枝、赵衰、胥臣等，大部分犹健在于世，晋襄公不敢弃之不用，只好照单全收，让他们继续担任新朝的高官重卿。他们关系近，资历老，战功大，地位尊，势力广，都是晋国政坛上举足轻重的人物。在他们的眼睛里，晋襄公的分量自然远远不如当年的晋文公，甚至觉得晋国之所以能够一跃而成为天下的霸主，乃是自己当年辅佐晋文公亲历沙场、浴血奋战的结果，而晋襄公只不过是坐享其成而已。所以，他们倚老卖老，居功自傲，只希望晋襄公垂拱而治，对晋襄公的命令，合于自己心愿的，就听从；不感冒的，就软磨硬泡、阳奉阴违。他们甚至经常要晋襄公按照自己的意思来办事，且态度十分生硬，手法非常粗糙，真是我行我素，肆无忌惮。

殽之战便是先轸的强硬推动，逼得晋襄公只好同意开战。当时的战前会议上，先轸一开始就定了主战的基调："秦违蹇叔，而以贪勤民，天奉我也。奉不可失，敌不可纵，纵敌患生，违天不祥。必伐秦师！"[①]一个"必"字，让先轸狂妄自大、蛮横强悍、刚愎自用、予取予求的形象牢牢地留在了历史上。尽管另一位重臣栾枝持不同意见，主张放过秦军，认为晋文公曾经受过秦穆公的恩惠，如今袭击并不对晋国构成直接威胁的秦军，将会没脸面对刚刚去世的晋文公。然而，先轸毫不给人商量的余地，振振有词地说什么"秦不哀吾丧，而伐吾同姓（秦军在袭郑未遂的情况下，退兵过程中顺道伐灭了滑国，而滑与晋为同姓）"，乃是无礼放肆的行为，必须痛加惩罚，并强调"一日纵敌，数世之患也"[②]，用政治正确来堵住持不同意见者之口，且视晋襄公为无物。而晋襄公也无可奈何，只能乖乖地顺从先轸的意志，同意在崤函一带伏击秦军。而他之所以听从先轸的要求而不采纳栾枝的意见，很显然，是因为先轸的资历和官职都要高于栾枝，不得不如此。

先轸在殽之战中大破秦军，杀得秦军全军覆没，"匹马只轮不返"，俘获秦军孟明视、西乞术、白乙丙三帅之后，整个人踌躇满志，趾高气扬。可是，节外生枝，这被俘的三帅，让晋文公的遗孀文嬴夫人（也是晋襄公的嫡母）在中间一掺和，晋襄公居然加以释放了。先轸在上朝时听说这个消息，勃然大怒，竟不顾起码的君臣之礼，在晋襄公跟前大发雷霆："武夫力而拘诸原，妇人暂而免诸国。堕军实而长寇仇，亡无日矣！"③先轸他越骂越生气，居然"不顾而唾"，愤然对着晋襄公吐痰。而晋襄公却只能忍着，不敢有任何责怪。

由此可见，那些重臣真的没拿晋襄公当一回事，这个国君当得实在有些窝囊。好在先轸本人血液里尚有贵族的精神，事后也觉得自己过分，在接下来的箕之战中以自杀性的冲锋陷没敌阵，了结生命。不过，这并不能抹去晋襄公在重臣面前软弱无能的烙印。

晋襄公的平庸，也表现为他缺乏坚毅的性格，耳根子特别软，遇事心中没有主见，随声附和，人云亦云，碰到矛盾便绕道走，稍遇困难即打退堂鼓。于是乎，他就非常容易为其他人所控制，导致施政理事经常是朝令夕改，出尔反尔。这样一来，他的权威自然很难树立起来，他的形象当然不能不是平凡普通，为他人所轻忽。

《孙子兵法》有云："道者，令民与上同意，可与之死，可与之生，而不畏危也。"作为决策者，要治国安邦，一定要让自己处于政治上的中心地位，在政治上起主导的作用，即是让下属、臣子乃至民众认同、支持、拥护、配合自己的决策，言必信，行必果，令行禁止,雷厉风行;而不宜随波逐流、应声附和,去迎合、奉承下属的想法,否则,就是放弃自己的责任,行姑息之政。要知道,不同的阶级、不同的阶层、不同的个体,其利益诉求各不相同,你期望满足所有人的意愿,最后你会发现所有的人都对你不满,所谓捉襟见肘,顾此失彼。

可是晋襄公疲沓软弱的个性,让他完全放弃了君主那个生杀予夺的权柄,思无熟虑,策无一贯,经常轻率地做出一些出尔反尔、自相矛盾的决定,让臣下和民众看得眼花缭乱,匪夷所思。例如释放孟明视等秦军三帅的决定作出,乃是听了母亲文嬴的一番劝说,随意就送上顺水人情。可当听了先轸的一顿斥责后,他又马上改变主意,收回成命,派人去追赶缉拿(尽管没能如愿抓回)。

公元前 622 年,流年不利,晋国政坛不少重量级人物,如中军将先且居、中军佐赵衰、上军将栾枝、上军佐胥臣等先后死去,种种噩耗纷至沓来。这种大面积的重臣损失,大伤晋国政治的元气,几乎导致国政停摆。

次年,情况稍稍稳定,晋襄公就开始进行政坛的重组工作。他有自己的盘算,即压缩军队,将五军精简为传统的三军,同时多起用家族历史辉煌,但当时已被边缘化的老臣集团,而稍稍压抑那些锋芒毕露、咄咄逼人的新贵势力。据此,他搞出一份自己的口袋名单,要点是由士縠任中军将,梁益耳任中军佐,箕郑父任上军将,先都任上军佐。可这么一来,那些原来已占据晋国政治舞台中心的新贵不干了,他们的代表人物狐射姑(狐偃之子)、赵盾(赵衰之子)、先克(先且居之子、先轸之孙)、栾盾(栾枝之子)、胥甲(胥臣之子)就闹腾起来。先克跳将出来代表新贵势力发言,大声疾呼:"狐、赵之功不可忘!"

面对新贵势力的反弹,晋襄公没辙了,其缺乏主见、缺乏坚毅的性格弱点马上暴露无遗。他很快从既定的立场上缩了回去,改变了原先的方案,形成一个妥协:让狐射姑、赵衰、先克等三位新贵入六卿之列,同时再将老臣集团的箕郑父、先蔑、荀林父也任为六卿,新旧各三,以作暂时的平衡。这种妥协,其实导致新、旧两派都不满意,老臣集团失去最重要的中军帅之职,恼怒是可以想见的,而新贵集团中栾盾、胥甲未能入六卿之列,同样心情郁闷,愤愤不平。晋襄公这番是老鼠钻了风箱——两头受气。

更糟糕的是,事情并未到此消停。得势的新贵势力内部,也是矛盾重重。就在同一年,晋襄公在夷地举行大蒐礼,检阅部队,训练士卒,恢复三军旧制。可在三军将佐任命上,晋襄公再一次朝令夕改,乱搞一气,他本来是根据诸卿宗族地位高低与对晋国贡献大小,而任命狐偃之子狐射姑为中军帅、赵衰之子赵盾为中军佐,这应该说是一个相对较为稳妥,能平衡诸位卿大夫关系的决定。可是,当担任太傅要职的阳处父(他曾为赵衰的属下)一加反对,晋襄公就又马上改变了主意,将赵盾、狐射姑两人的位置给调换了,改由赵盾出任中军帅,同时执掌国政,而狐射姑则莫名其妙地被降为了中军佐。

很显然,这种没有定力、缺乏主见、朝令夕改的个性特征、行事风格是身为决策者的大忌。在别人眼里,这就意味着决策者优柔寡断、缺乏担当,是平庸低能,是软弱无力。的确,政治需要妥协,但妥协的前提是不能放弃原则;处事需要变通,但变通的条件是不能率性随便;做人需要厚道,但厚道的界限是不能堕入窝囊。在许多情况下,身为一国之君,更应该乾纲独断,师心自用,有的决定即使不怎么合适,也要咬紧牙关挺住,一意孤行搞下去,要改,也是要过一段时间,切不可当场推翻,自我否定,以致让人笑话,被人看轻。

晋襄公似乎并未抓住“君人南面之术”的精髓,动辄否定前议,另起炉灶,时间一久,大家就自然而然地将他看成是没有主见、败事有余的庸主一个。总之,晋襄公的宽厚、随和也许无人否认,但这种常人的美德,落在一国之君的身上,却往往会成为自己伸展拳脚的累赘,实则弊大于利,后患无穷。

作为一国之君,晋襄公身系晋国的安危,其性格特征与一切作为,都直接关系着晋国的历史命运之盛衰荣辱。不可否认,他的包容与宽厚,有其积极的一面,即基本上或暂时地稳定了晋国的政局,避免了晋文公死后晋国内部出现颠覆性的动荡,使晋国的霸业在较长时间里得以延续,维系不坠。这一点,与当年郑庄公小霸、齐桓公首霸都及身而止的情况是明显不同的。对此,晋襄公应该说是不无贡献的。

具体地说,他在登基的第二年,就淋漓尽致地打了三仗。殽之战杀得秦军一败涂地,片甲不留;箕之战,给强悍的狄人以迎头痛击;泜水之役,给蠢蠢欲动的楚人以严厉的警告,重挫了对手的气焰。接下来的戚之战、彭衙之战等作战行动,也进一步打击了挑战的对手,巩固了晋国的霸主地位。《左传·文公四年》记载了公元前 626 年的夏天,"曹伯如晋会正"。杜预注"会政"曰:"会受贡赋之政也。《传》言襄公能继文之业,而诸侯服从。"在晋襄公手里,晋国仍是首屈一指的中原霸主,后人由是而将晋文公与晋襄公视为晋国历史上的一个整体,称道其为"文襄之世",尊之为晋国霸业辉煌的象征,这不是毫无道理的,也是可以充分理解的。但是,更需要指出的是:就晋襄公的性格及其作为而言,维系和推进晋国的霸业,只是表面性的现象,是治标而不是治本,而从深层次来考察,其所造成的破坏,所带来的危害,才是本质性的,关键性的。

任何事物都是利弊相杂,利中有害,害中寓利,无单纯之利,亦无单纯之害。《老子》言"祸兮,福之所倚;福兮,祸之所伏",讲的正是这个道理。高明的决策者,理应做到见利思害,见害思利。

其中，驾驭利害的最大智慧，是分清是眼前之利，抑或长远之利？是枝节之利，抑或核心之利？是表层之利，抑或本质之利？是局部之利，抑或全局之利？应当做到抓大放小，治本为上，立足于求长远之利、核心之利、本质之利、全局之利，而努力避免汲汲纠缠于追逐眼前之利、枝节之利、表层之利、局部之利。

用这个原则来衡量晋襄公的所作所为，我们就能发现他的战略失误、举措不当给晋国的长远发展所造成的危害是极其深重、无法挽回的。其中最严重的有两件事情。

首先是殽之战。

晋国与秦国是长期的战略合作伙伴，秦晋之好，既是其互为婚姻的写照，也是双方战略结盟的象征，成为盟国之间相互信任、相互支持、共襄大业的代名词。当然，由于国家核心利益的不同乃至冲突，早在晋文公统治后期，两国的关系已开始变得微妙，甚至产生裂痕。公元前 630 年，秦、晋合围郑国都城的关键时刻，秦穆公听从郑国说客烛之武的一番言辞，与郑国私下议和，然后解除了对郑国都城的包围，率军扬长而去，将晋文公晾在一边，遂使伐郑之役虎头蛇尾、功亏一篑。晋文公当然恼火，但他从战略全局着眼，并不愿秦、晋关系就此破裂，因此，他强压下心头的怒火，断然拒绝了手下将领欲寻秦国晦气的请求，维系了秦晋之好的大局。

然而，晋襄公的见识就太差劲了，与其父根本不在一个档次之上。在重臣先轸的极力鼓动、强势主导之下，他居然轻启战端，在殽地设伏，聚歼秦军，"匹马只轮不返"。其实，这一仗本来是可以不打的，秦军的错误，只是没有向晋国借道而已，其本身并没有直接与晋国为敌，灭掉的只是一个小小的滑国。晋国若是从双方战略同盟关系的大局考虑，大可睁一眼闭一眼，事后再向秦国提交一份外交抗议就是了。可晋襄公偏偏信从先轸的蛊惑，居然大打出手,逞一时之气。这很显然是极其轻率的行为,是取小利而忘大义的蠢举。

战争的结果,自然是一点悬念也没有,晋军高歌凯旋,秦师大败亏输。可这么一来,晋国的总体争霸战略方针就招致了严重的干扰,其争霸战略刚开始努力就遭遇了致命的挫折。因为就晋国而言,楚国才是它称霸中原的最大障碍,才是自己实施战略打击的主要目标。所以,从晋国争霸战略全局看,殽之战的发生及其后果,乃是失大于得。这一仗虽然挫败了秦国东进争霸的企图,使秦国的军事实力遭到巨大的损失,但是却完全破坏了秦、晋两国之间的传统友谊。致使秦国转而同楚国结盟,并且一直不依不饶,长期同晋国为敌,先后挑起报仇雪恨式的一系列战事,如彭衙之战、王官之役等等。

如此一来,晋国便不得不陷入两线作战、侧面受敌的不利态势、被动地位,处处受到掣肘,在战略上丧失了主动权,无法集中全部的力量与主要的敌人楚国进行周旋与战略决战。相反,其劲敌楚国则得以乘机拓展疆域,增强实力,甚至发展到问鼎中原的地步,春秋时期整个战略格局为此发生了巨大的改变。

从这个意义上讲,晋国也与秦国一样,是殽之战的大输家,而最大的赢者,毫无疑问,乃是楚国。之所以会有这样的挫败,归根结底,还是晋襄公缺乏定见、附和先轸的结果。对此,晋襄公应当承担起自己该负的那份责任。

其次,是重用赵盾。

如前所述,晋襄公重组三军时,是以狐射姑为中军帅的,赵盾只担任中军佐,即副司令。可是,老资格的重臣阳处父的一番说辞,"不如使仁者佐贤者,赵盾贤,射姑仁",让耳根子软的晋襄公轻率地收回成命,改变决定,将赵盾与狐射姑的职务,轻易地掉了个儿。赵盾本来就继承了其父亲赵衰的执政大夫一职,如今又拥有了军中的最大实权,成了朝中与军中无可争议的一把手,集军政大权于一身,权势显赫,不可一世。这应该是晋襄公人事决策上的最大败笔。

明智的君主,总是很注意不让所有的权力集中在某一个大臣的手中,避免出现大臣尾大不掉,威胁到君主的绝对统治地位的局面,而致力于分散权力,让大臣们互相制约与掣肘,自己则高高在上,进行平衡,从而有效操控,上下其手,左右逢源。原先,狐射姑主军,赵盾领政,是个很好的平衡权力之策,可惜就这么随意放弃了。

从史书记载来看,赵盾本人是颇有才干的,"于是乎始为国政,制事典,正法罪,辟刑狱,董逋逃,由质要,治旧洿,本秩礼,续常职,出滞淹"①。这些措施对于发展晋国社会,维系其中原霸主地位具有一定的积极意义。但是,赵盾又是一个老谋深算、志不在小的野心家。他的大权独揽,明显带来两个严重的后遗症。

一是激化了贵族之间的矛盾。在晋国郤、先、狐、赵、栾、胥等强宗大族中,赵氏实不为最显赫者。长期以来,赵氏的地位都在郤、先、狐诸氏之下。如今赵氏在政治上暴发,把持了晋国的军政大权,这自然要引起其他大族的不满,酿成政局的动荡,这中间尤其以被剥夺了中军帅之职的狐氏集团的对抗情绪最为激烈。等晋襄公一死,这个矛盾就全面爆发,双方兵戎相见,杀得昏天黑地。这场厮杀屠戮以狐氏集团覆灭,狐射姑流亡狄国,赵盾笑到最后而告终。可这么一来,就更没有其他力量能制衡赵盾的权势了。

二是让晋君的地位日益虚位化。赵盾有能力,也有野心,这对晋国国君构成了巨大的威胁。晋襄公在世,赵盾还有所收敛,不敢过于放肆。可等晋襄公一死,赵盾的权臣嘴脸便暴露无遗,开始我行我素,专横跋扈,视继位的晋灵公如无物。如扈之盟,赵盾专盟齐、宋、卫、郑、许、曹六国之君,开春秋时期大夫主盟之先河;又如晋、秦河曲之战,赵穿违犯军律而未受到惩处。这些事例,都表明赵盾权势炙手可热。这样就导致君臣矛盾日益激化,最终以一场血腥的宫廷政变、晋灵公被弑而收场。从此,以赵氏为代表的强卿大族势力遂不可抑制,成为晋国政治的实际操控者。晋成公即位,在晋国建立公族制度,赵氏顺理成章地成为公族大夫。这标志着异姓大夫代为公族,晋公室趋于衰弱没落,已是不可逆转的大势。

从这个意义上说,赵盾的任用,埋下了日后以赵氏为主导的"三家分晋"事件的祸根,而其"始作俑者",恰恰正是晋襄公他本人。"天作孽,犹可违;自作孽,不可活",这才是对晋襄公一生为维系晋国霸业所做努力的最大反讽,也是他政治人生中的百般无奈与最大悲剧!

注释:

①《左传·僖公三十二年》。
②《左传·僖公三十三年》。
③同上。
④《左传·文公六年》。

抓一手好牌却最终亏输

——善始却无法善终的晋厉公

在人生的道路上,遭遇逆境并不可怕,拥有顺境才充满危险。逆境中,人往往能谨小慎微,做到乾夕惕若,战战兢兢,如履薄冰,保持清醒的头脑,瞻前顾后,步步为营,从而走出困局,柳暗花明;相反,在顺境中,则常常会让胜利冲昏头脑,自我感觉过于良好,从而骄傲自满,忘乎所以,得意忘形,趾高气扬,结果就很可能在阴沟里翻船,一着不慎,全盘皆输。《礼记·曲礼》开宗明义就是"敖不可长,欲不可从,志不可满,乐不可极",《诗经》亦云"靡不有初,鲜克有终",讲的都是这个道理。

春秋中期晋厉公的人生成败,就是这方面的一个典型。

公元前581年,曾经为晋国复兴大业做出过重大贡献的晋景公去世,其子州蒲继位登基,是为晋厉公。这位晋厉公,并非碌碌无为的平庸之主,至少在其执政的初期不是这样。他即位初年,就毫不动摇地继续执行其父晋景公制定的区别主次缓急,各个击破对手,重树晋国霸权的战略方针,且有所创新,有所开拓,史书上对他的评价"功烈多,服者众也"[①],乃是实至名归,洵无虚饰。

一、重创秦军，解除侧后威胁，掌握对楚争霸的主动权

晋国在重夺霸主地位的过程中，最主要的对手无疑是楚国。但是，晋厉公的高明之处在于，他并没有率先去寻楚国的晦气，一上来就演一场晋楚强强对撞的大戏，而是将晋国的进攻矛头首先指向了秦国。这应该被称为"先剪羽翼，再捣腹心"的高招。

自从晋襄公在位期间爆发的崤之战以来，秦晋同盟彻底解体，秦国似牛皮糖似的，始终不停地对晋国进行骚扰，成为笼罩在晋国头上挥之不去的阴影。秦国总体实力远不逮晋，它对晋国的军事攻击与外交顶牛，并不能给晋国带来颠覆性的灾难，但是，秦国的所作所为，对晋国而言，完全能起到一种"成事不足，败事有余"的效果。具体地说，它对晋国的侧后构成了严重的威胁，使晋国无法集中力量去和楚国相抗衡，处于两线作战的被动境地，极大地干扰了晋国战略方针的顺利落实。因此，在解决主要对手楚国之前，晋国有必要先打击秦国，为日后顺利进行晋楚两国之间的战略决战扫除各种障碍，创造有利的条件。

晋厉公对秦国的策略，乃是多管齐下，打出一连串的组合拳，环环相扣，层层推进，始终把握着行动上的主动权，稳妥积极，按部就班，从而顺利地达到了其预期的战略目标。

这首先是虚情假意地向秦国表达愿意和谈的意愿，放下身段，做出追求和平友好的政治、外交姿态，占领道德上、外交上、政治上的制高点，使自己以一个无辜者、欲议和而不能得的形象出现在世人眼前，将日后有可能发生的战争之责任，强按在对方的头上，在国际关系上争取更多的同情，博得更大的利益。为此，晋厉公于公元前580年约请秦桓公在令狐（今山西临猗南）相会，洽谈两国修好事宜。其实，这完全是在演戏，他一开始就知道事情

根本没有希望，因为秦晋两国长期为敌，两国之间的利益冲突完全没有调和的余地，双方缺乏和平所需的起码的信任与基础，要想通过一次盟会来构建和平，纯属异想天开、缘木求鱼。但他就是要这样做，明知不可为而为之。目的就是为了影响舆论，赢得支持。果不其然，秦国方面就轻易地上当了，秦桓公对盟会丝毫不守信用，一回国就背盟。更有甚者，他还变本加厉，居然挑头与晋为敌，相约楚国和狄族共同伐晋。秦国一味强硬的蛮干，使自己的外交形象完全破坏，恰恰为晋厉公的反击提供了把柄。

其次，是想方设法拆散秦楚之间的战略同盟，使秦国陷入孤立无援的困境，为晋国在军事上收拾秦国提供有力的保障。当时的楚国，正受制于侧后正日益强大的吴国的骚扰与牵制，自顾不暇，力不从心，根本不想和晋国正面为敌，所以楚共王不但毫不犹豫地拒绝了秦国的合作攻晋建议，而且还把这一情况转告了晋国。晋厉公顺水推舟，为了使楚国在秦晋冲突中置身局外，保持中立，他加快了拆散秦楚联盟的步伐，积极谋求改善同楚国的关系。公元前 579 年，在宋国华元的斡旋下，晋楚两国各派代表在宋国都城西门外会盟，约定："凡晋楚无相加戎，好恶同之，同恤灾危，备救凶患。若有害楚，则晋伐之。在晋，楚亦如之。交贽往来，道路无壅，谋其不协，而讨不庭。"② 至此，晋楚正式和好。尽管这仅仅是表面的和暂时的，但它毕竟达到了拆散秦楚联盟的目的，使晋厉公可以集中力量专心对付秦国了。

可是，秦国对晋厉公方面的战略动态茫昧无知，对自己不利的战略处境毫无觉察，居然率先挑起了秦晋之间的战事。公元前 579 年秋，秦桓公约狄人攻打晋国，晋厉公断然反击，大败狄人。秦国的这一挑衅行为非但没有给晋国带来实际损失，反而为晋军伐秦提供了借口。

其三，派遣吕相出使秦国，发表绝秦宣言，向天下昭告秦国的罪状，发动舆论宣传攻势，为晋师伐秦寻找合理性与合法性。公元前 578 年，晋厉公决定与秦开战，一决雌雄。战前，晋厉公派遣大夫吕相赴秦，宣布与秦国绝交。在与秦绝交的讨伐宣言中，晋国方面历数双方关系变迁情况，表明历代晋国国君为维护秦晋之好所做的不懈努力，以及历代秦国国君的背信弃义。晋在开战前夕发表这份绝交书，一是在于诓骗楚国，使其误认为晋伐秦之举不过是清算秦晋两国的旧恨宿怨，从而巧妙地掩盖晋伐秦实为其对楚战略之一环的真相。二是在于博取诸侯同情，认为晋欲谋和而秦无诚意，晋用兵乃是迫不得已，从而赢得诸侯对晋伐秦军事行动的理解与支持。应该说，晋的这番舆论攻势是取得了相当的成功的。

其四，把握战机，集中兵力，迅捷进攻，给秦军以摧毁性的打击，顺利实现清除侧后威胁的战略目标。在为伐秦做好充分的舆论准备之后，晋厉公亲自率领晋国四军，并联合鲁、齐、宋、卫、郑、曹、邾、滕等八国部队征伐秦国。晋国这一次作战的意图非常明确，即集结起绝对优势的兵力，在尽可能短的时间里，彻底击破秦军，使之不复成为晋国的西方之患，而后再转而全力对付楚国。换言之，晋厉公的作战指导乃是集中兵力，尽敌为上，速战速决，一举而克。作战方针确定后，晋联军立即展开行动，以迅雷不及掩耳之势直趋麻隧（今陕西泾阳西北），进逼秦军而阵，并随即发动突击。秦军在兵力上处于劣势，又背泾水而阵，进退失据，陷入被动。在晋军猛烈的攻击下，秦军惨遭败绩，其在泾水以东的部队悉数就歼，秦将成差及不更女父等人被俘。秦桓公收拾残部，退却到今咸阳一带。晋厉公挥师乘胜追击，渡过泾水进抵侯丽（今陕西泾阳西）。至此，晋国痛击秦师的作战目的业已达到，遂胜利班师，麻隧之战终于以晋联军全面胜利而画上了句号。麻隧之战使秦国遭到一次极为沉重的失败，其精锐主力几乎损失殆尽,实力严重削弱,数世不振,在相当长的一段时间内无法再对晋国构成大的军事威胁,晋国从此可以集中力量与楚国争夺中原霸权了。

二、鄢陵奏捷,大破楚师,晋国再度称霸中原

晋国在取得麻隧之战胜利后,即进入了争霸事业的最佳战略发展际遇期。这时,长期以来威胁晋国西部,牵制晋国力量的秦国元气大伤,无力东顾了。相反,齐晋同盟正处于相对巩固的阶段;公元前 576 年,戚地(今河南濮阳北)会盟后,鲁、卫、郑、宋、曹、邾等大多数中原中小诸侯皆臣服于晋国;南方的吴国日趋强盛,它和晋国携手,与楚为敌,对楚的侧后构成严重的威胁,所谓"今三强服矣,敌楚而已"。到了此时,晋国只需要等待有利的时机出现,即可与楚一战,以进一步确立自己在中原地区的霸权。

围绕着对郑国的争夺,晋厉公打击楚国、再振霸业的时机终于来临了。

郑国处于晋楚争霸的中心地带,对晋、楚均采取骑墙的政策,或叛晋附楚,或背楚投晋。公元前 576 年,它又脱离晋国的控制,而投入楚国的阵营,并在公元前 575 年,兴师去攻打晋的主要盟国宋国。郑国的所作所为,直接违犯了一年前诸侯在钟离(今安徽凤阳附近)之会上的盟约,而且还为楚国势力的北上提供了便利条件,作为诸侯盟主的晋国,自然要做出相当激烈的反应。伐郑的矛头真正指向是楚国,它带来的结果一定是晋、楚两强正式摊牌,必有一战。

在晋国御前战略决策会议上,晋厉公否定了范文子的温和主张,而支持了中军帅栾书的强硬立场,下令启动大军,以栾书为统帅,并联合齐、鲁、宋、卫等国一道出兵浩浩荡荡杀向郑国,时在周

简王十一年(前575)四月。五月,晋军渡过黄河,然后向鄢陵(今河南鄢陵西南)方向开进,至鄢陵城北二十里处驻营,以待齐、鲁、宋、卫诸军前来会师。从主动权的争取上,晋厉公这是得了先手之利,即出动军队比较及时,先敌预定战场,"先据战地以待敌",以逸待劳,以整击乱,赢得了相当的主动。

郑成公闻报晋军杀到,急忙派遣使者向楚国告急。楚共王召集群臣商议对策,最后,楚共王采纳了司马子反的主战意见,于是亲率楚军,以司马子反为中军帅,迅速北上援救郑国,在与郑军会合后,开赴鄢陵。同年六月下旬,楚、晋双方主力在鄢陵相遭遇。一场战略性大会战就此揭开了帷幕。

晋厉公的杰出作战指挥艺术,在鄢陵之战中得到了淋漓尽致的体现。

这首先是他能够在作战方针的讨论与决定过程中,集思广益,择善而从,采取了最合理最有效的应对之策。

当时,晋国的盟军齐、鲁、宋、卫之师尚在开赴鄢陵的途中。针对这一情况,楚军统帅部作出决策:趁齐、鲁等国军队未到达战场之前,先集中优势兵力击破晋军。为此,楚军于古代用兵所忌的晦日六月二十九日,趁晋军不备,利用晨雾作掩护,突然迫近晋军营垒布阵,以期同晋军速战速决。

晋军此时见盟国援兵尚未抵达,兵力上略处劣势,加之营垒前方有泥沼,楚军逼近而阵,己方兵车无法出营列阵,处于不利的地位。如何来应对这样的局面,晋军上层产生了分歧。中军帅栾书主张固守待援,伺机破敌。但新军佐郤至等人则反对"固垒而待之"的做法,强调指出楚军有六大弱点:一是"二卿相恶",楚军中军帅子反与左军帅子重关系恶劣。二是"王卒以旧",楚王的亲兵暮气沉沉,缺乏斗志。三是"郑陈而不整",郑军列阵不整齐。四是"蛮军而不陈",随楚出征的蛮军不懂阵法,乃乌合之众。五是"陈不违晦",布阵于无月光之夜,太不吉利。六是"在陈而嚣,合而加嚣",楚军阵中士卒喧哗,秩序混乱。一句话,貌似强大的楚军,其实就是一只纸老虎而已。因此,郤至积极地向晋厉公建言,主张利用楚军的弱点,先发制人,主动进攻楚师。

晋厉公虚怀若谷,十分欣赏郤至的见解,于是就毅然决然地改变先前固守待援、后发制人的作战计划,决心趋利避害,立即与楚联军展开决战。随即在营垒中填平井灶,扩大列阵的空间,调动上、中、下军及新军布列攻战阵势。

其次,是他能够在会战前夕认真相敌,料敌察机,制定较适宜的作战方案。

晋、楚双方在决战前夕都进行了战场侦察活动。晋军方面,晋厉公在楚旧臣苗贲皇的陪伴下,登上高台观察楚军的阵势。苗贲皇熟悉楚军内情,这时向晋厉公提出建议:"楚之良,在其中军王族而已。请分良以击其左右,而三军萃于王卒,必大败之。"③意思是说,楚军的精锐是在中军的王族部队,晋军据此应该先以精锐分击楚的左右军,得手后,再合军集中攻击楚中军,这样一定能大败楚军。晋厉公欣然采纳了这一建议,及时改变原有阵势,即由中军帅、佐各率精锐一部加强左右两翼,确定了首先击破楚军中战斗力较弱的左、右军,尔后围歼其中军的作战方案。

其三,在会战过程中,晋厉公既能根据楚军的阵势与地形特点,灵活机动地实施指挥,又能当机立断,先发制人,并及时调整部署,克敌制胜,从而一举击败楚郑联军,达到称霸中原的战略目的。

晋军部署既定,即在营内开辟通道,迅速出营,绕营前泥沼两侧向楚军发起猛攻。战场形势瞬息万变,在实际战斗中,率先进行较量的,是晋、楚双方的中军主力。楚共王见晋厉公所在的晋中军兵力较薄弱,即率领楚中军发起进攻。但晋中军在晋厉公的直接统领下,展开顽强的抗击,顶住了压力,还射伤了楚共王的眼睛。

楚共王中箭负伤的消息很快就传遍楚军,造成人心浮动。晋军乘势猛攻楚的左、右军。楚军以及协助其作战的蛮军、郑军抵挡不住,被逼压到不便通行的地形上,进而陷入被动,阵势大乱,纷纷向颍水南岸方向败退。双方从中午一直厮杀到夜幕降临,楚军损失惨重,公子茷也成了晋军的战俘。楚共王见战事并无胜利的把握,不得不鸣金收兵。本来,楚共王还想在次日再厮杀一场,挽回一点颜面。但侦知晋军正在厉兵秣马的消息后,他的再拼杀勇气就丧失了一半,等他再知道中军帅子反饮酒喝醉、无法起床的消息后,更是心灰意懒,万事皆休,徒然喟叹:"天败楚也夫!"于是带上残兵败将,被迫宵遁。

次日,晋军在晋厉公的统率下,胜利进占楚军的营地,在那里休整三天后,班师凯旋,鄢陵之战至此终于以晋军的胜利而落幕了。

三、急于求成,欲速不达,在君臣恶斗中身败名裂

鄢陵之战的胜利,使得晋国在争霸中原的斗争中,又一次对楚国形成明显的优势。晋厉公再接再厉,加紧了对继续依附于楚的郑国的打击。公元前575年,晋厉公召集鲁、齐、卫、宋、邾等国在沙随(今河南宁陵北)举行会盟,又和周王室卿士尹武公一起率诸侯联军伐郑。次年,晋厉公统率诸侯联军再次伐郑,周天子派遣卿士尹武公、单襄公参加,替晋厉公的决策背书,以表示王室的支持。伐郑之后,晋厉公在柯陵(今河南临颍北)召集诸侯会盟。同年冬天,晋厉公又一次统领诸侯军伐郑。

晋厉公这些伐郑的军事行动,充分体现了他作为中原霸主的

显著特色。第一，每次征伐郑国，都是以召集诸侯、组成联军的方式来进行的。第二，晋厉公的每次伐郑之举，都得到名义上的天下共主——周天子的明确赞同、坚定支持。第三，楚国虽然为郑之盟国，但慑于诸侯联军的强大兵威，不敢轻举妄动，与晋国作全面的对抗。这一切均表明，在鄢陵之战后，晋国的霸业再一次进入了极盛的阶段。

然而，物极必反，理有固宜；盛极而衰，势所必然。当晋厉公的功业达到辉煌顶点的时候，就是晋国衰运萌芽之始，也正是晋厉公本人踏上黑暗不归之路的开端。

长期以来，晋国统治集团内部关系复杂，各种矛盾丛生，并经常激化而引起残酷的争斗。往往是你死我活，刀刀见血；尔虞我诈，玉石俱焚；君臣冲突，此起彼伏；强宗倾轧，无休无止。在强敌环伺、外患严重的情况下，这些尖锐剧烈的内部矛盾有时还能暂时地被掩盖起来。但是，一旦强敌被击破，外患被消除，那么，原先所潜伏的国内政治矛盾与冲突便会重上台面，迅速激化，诱发恶斗，导致内讧。孟子有云："无敌国外患者，国恒亡。"这真是一条颠扑不破的至理名言！

晋国的这种内在重大政治危机，也为晋国一些有识之士所认识。如范文子，他见到晋军从鄢陵战场上凯旋，不但没有感到高兴，反而是忧心忡忡，惶惶不可终日，认为内乱迫在眉睫，甚至希望自己能早一点撒手人寰，得以幸免于难。

形势的发展果真证实了范文子的预感。而在这中间，晋厉公的所作所为又是最为关键的因素。他在取得鄢陵之战大捷后，踌躇满志，忘乎所以，认为自己是天纵之圣，无所不能，可以我行我素，肆无忌惮。他痛恨那些强卿大族的骄横霸道，决心予以迎头痛击。班师回都后，他即开始转变工作重心，将主要精力用于解决国内问题上，致力于削弱诸卿的权力，以巩固公室，强化君权。

按理说，他的初衷是合理的，也是必要的。但是，他在处理此事的方式方法上却大有问题，导致矛盾激化，局势失控，一发而不可收拾，南辕北辙，适得其反。具体地说，晋厉公在处理国内政治、解决君臣矛盾上的重大失误，集中体现在三个方面：

一是用人不当，不足以成事。史载"晋厉公侈，多外嬖。反自鄢陵，欲尽去群大夫，而立其左右"④，与强卿大夫斗争，关键是自己方面要有足够多的干练之才，能替自己冲锋陷阵，克敌制胜。可晋厉公只信任自己身边极少数的几个宠幸佞臣，将他们引为心腹，委以重任，希望依靠他们去抗衡和打击强卿大族。为此，他起用了胥童、夷阳五、长鱼矫诸宠臣。可这些人资历浅、人品差、能力弱，各方面均不足以服众，实在不堪担当大任。换言之，他们根本不是那些老谋深算的卿大夫的对手。想依靠他们打压诸卿、重振君权，不啻缘木求鱼、一厢情愿。因此，晋厉公最后的失败从一开始就是命中注定了的。

二是手段过于强硬，大开杀戒，全面激化冲突。在晋国复杂的环境中，解决君臣矛盾关系，是需要有大智慧的。事缓则圆，要力求稳妥，步步为营，最好是用温水煮青蛙的方式来对付政敌，而不应该急于求成，大刀阔斧，腥风血雨，否则，就会引起强烈的反弹，欲速则不达，导致冲突严重升级，局面完全失控。晋厉公一出手，就是一味强硬，而不知道政治成功的最大秘诀就是善于妥协，把握分寸。

鲁成公十七年（前574）十二月，晋厉公认为时机成熟，决定对强卿大族实施毁灭性的打击。其嬖臣胥童充当了急先锋，他积极建议晋厉公先拿郤氏开刀祭旗："必先三郤。族大，多怨。去大族，不逼；敌多怨，有庸。"晋厉公利令智昏，居然欣然采纳了这个杀气腾腾的意见，悍然举起屠刀，砍向郤氏家族。将三郤——郤锜、郤犨、郤至一举加以诛戮，整个晋国政坛瞬间淹没于血泊之中。这种一意孤行、大肆屠戮的做法,自然搞得晋国上下人人自危,从而酝酿起更大更血腥的风暴。毫无疑问,晋厉公用这样的断然手段,来处置国内的强卿擅权问题,属于抱薪救火,火上浇油,后果当然可想而知。

三是关键时刻犹豫动摇,患得患失,半途而废,养虎遗患,导致前功尽弃,一败涂地。在诛杀"三郤"之后,胥童等人又"以甲劫栾书、中行偃于朝",希望趁着诛灭郤氏之势,进而剪除栾、中行等大族。这虽然显得很残酷,很血腥,但毕竟不失为巩固君权,稳定局面之下策。可就在这性命攸关的决定性时刻,晋厉公却莫名其妙地犹豫了起来,说是自己不愿意看到再流更多的血,不忍心扩大诛杀的范围,悲天悯人的情绪一上来,他居然下命令开释了栾书等人,搞了一场半截子的革命。

可是,晋厉公显然是错了。他打击强卿势力,加强中央集权,触犯的是强卿大族的既得利益、核心利益。解决矛盾,上策是用政治手法摆平,最好不要大动干戈。可是,如果已经开了杀戒,那么,就开弓没有回头箭,也只好强硬到底,必须一不做二不休,硬起心肠将对手斩尽杀绝,以绝后患。最忌的便是浅尝辄止,半途而废。可是,现在晋厉公心一软,居然行妇人之仁,放过栾、中行二氏,这显然是养虎遗患的做法,殊为不当,势必激起更大的内乱。

历史的演进果然是如此,栾书、中行偃捡回小命后,即行反扑,遂纠集力量全面反攻倒算。先是杀死胥童,除去晋厉公的左膀右臂。然后在公元前573年,磨刀霍霍向君主,弑杀了晋厉公。

一代雄主晋厉公最后竟然落得如此的下场,应该说,乃是人们始料所不及的。但是,偶然之中有必然,归根结底,是晋厉公他有勇气和能力挑战逆境,但却没有睿智与胸襟面对顺境。他的悲剧命运,有如上演了一出抓一手好牌却最后亏输的历史大戏,让人唏嘘不已,更教人深长思之、永远反省。

注释:

①《国语·晋语七》。
②《左传·成公十二年》。
③《左传·成公十六年》。
④《左传·成公十七年》。

令人唏嘘不已的正剧
——晋悼公复霸

在春秋晋国历史上，晋悼公与他的复霸事业，是值得大书特书的一页。

公元前574年，取得鄢陵之战大捷之后的晋厉公，忘乎所以，汲汲于强化君权，结果造成公室与诸多强卿大宗之间矛盾的激化，导致双方兵戎相见，整个晋国政局陷入一片血泊之中。次年，晋厉公本人被栾氏、中行氏所弑，为这场残酷血腥的内部动乱暂时写下一个逗号。栾书、中行偃等人弑杀晋厉公之后，便派人前往洛邑，迎接居住于王畿的晋襄公曾孙公子周返国继承君位。

公子周时年只有十四岁，但他聪慧早熟，有胆有识，果敢深沉。他清楚地知道自己以公室支庶孽子的身份继承大统，完全就是形影相吊，势单力薄，处境险恶叵测，根本无法驾驭那些骄横跋扈的强宗大族，稍有不慎，便会和晋厉公一样，落得个身首异处的悲惨下场。为此，他一开始就注意调整各种关系，树立自己的权威，在返晋途经清原（今山西稷山东南）时，他对前来迎驾的晋国卿大夫们说了一番话。他首先对诸大夫拥立自己为君一事表示感谢，接着话锋一转，申明自己能荣登大位，乃是天意所归，神灵所佑，要求诸大夫届时需无保留地听从自己的命令。

这一番软硬兼施、刚柔相济的话，给了那些平素骄横惯了的卿大夫一记闷棍,他们内心产生很大的震动,不得不异口同声地表态:"群臣之愿也,敢不唯命是听。"君臣双方遂缔结盟誓。不日,公子周在卿大夫的簇拥下,进入晋都绛城,朝于武宫(晋武公之庙),正式继位为君,是为晋悼公。

晋悼公是在晋国国内强宗大族桀骜不驯,晋、楚争霸依旧处于战略胶着、相持不下的背景下仓促即位的。这就决定了晋悼公的复霸努力必然是全方位的,即包括整顿内政、发展实力、联合各国、打击楚国等各个方面。

第一,限制、平衡、利用卿族势力,改善内政,稳定政局。

晋悼公即位伊始,立即诛杀了夷阳五、长鱼矫等扰乱晋国政局的七名嬖臣。一方面,他是想借此显示自己作为国君拥有生杀予夺的至高无上权威;另一方面,也因夷阳五等人系当年晋厉公提拔重用的近臣,如今除去,正好表明悼公自己要与晋厉公划清界限,依靠和支持卿族的态度和稳定政局的愿望,以稳住栾、中行等大族,赢得他们的拥戴。

当然,晋悼公也深以晋国公室萎靡不振、卿权太重,以致影响晋争霸战略全局的局势为忧虑。因此,他在力所能及的条件下对卿权加以必要的限制。

其主要的手段有二:一是适当削弱卿族手上的军政大权,改革军队内部的统御体制,不让诸卿平时直接统率军队,改为由军尉治军,具体负责军队的训练、教育诸事宜。这就是所谓的"卿无共御,立军尉以摄之"。二是利用诸卿内部之间的矛盾,巧妙地加以平衡和操纵。和当年晋厉公咄咄逼人、大刀阔斧压制强卿大宗的做法明显不同,晋悼公一般不和卿族针锋相对、剑拔弩张,他即位后不追究栾书、中行偃等人弑杀晋厉公事件,就是明证。在绝大多数情况下,他尽量使卿族之间的势力维持微妙的平衡状态,使其互相牵制、彼此消耗,以免卿族威胁君权。

为此,他精心地调整了文武卿相的人选,尤其重视恢复某些没落的卿族的地位,形成和权势炙手可热的卿族的抗衡力量。如任命魏氏的魏相和魏颉、赵氏的赵武、范氏的士鲂等人为卿,魏绛为中军司马,士渥为太傅,韩无忌为公族大夫。这样,就分散了栾氏、中行氏手中的权力。其效果是显著的,在他在位期间,晋国的政局相对较为稳定,做到了"四军无阙,八卿和睦"①,当与这种使卿族势力均势平衡的策略有一定的关系。

在稳定政局的基础上,晋悼公改良政治,发展经济,缓和社会矛盾,争取民心归附,为重振晋国的大国雄风做了坚持不懈的努力。其具体措施,在《国语》《左传》等史书中多有记载。其要点有:"施舍,己责,逮鳏寡,振废滞,匡乏困,救灾患,禁淫慝,薄赋敛,宥罪戾,节器用,时用民"②,"定百事,立百官;育门子,选贤良;兴旧族,出滞赏;毕故刑,赦囚系;宥间罪,荐积德;逮鳏寡,振废淹;养老幼,恤孤疾"③。这些措施在实行数年之后,收到了明显的效果。史载晋国"举不失职,官不易方,爵不逾德,师不陵正,旅不逼师,民无谤言,所以复霸也"④。从这个意义上讲,历代史家称晋悼公为晋文公之后春秋时期最有作为的晋国君主,是有一定道理的。

第二,加强对宋、郑等国的争夺与控制。

在政局趋于稳定、国力迅速提升的基础上,晋悼公开始加强对外争夺霸权活动的力度,并以此作为其复霸事业的中心。晋悼公对外争霸的主要方向,仍同其前任一样,是展开对郑、宋等中原腹心国家的争夺与控制。其中就宋国来说,主要是加强对它的控制;而就郑国而言,重点是强化对它的争夺。晋悼公的绝大部分战略措施与军事行动,都是围绕着这一基本目标制定和实施的。

晋悼公即位那一年,楚国趁着晋国忙于整顿内政、无暇外顾之际,兴风作浪,联合郑国进犯宋国,攻占了宋国的要邑彭城(今江苏徐州），以此在晋国战略防线上打入了一个楔子，以直接威胁宋国，并进而牵制晋国的行动。宋国是晋国联络齐、鲁、吴、邾、曹、卫等国的通道，其得失与否，对晋国的霸业影响至为重大。因此，晋对宋的局势十分关心，念兹在兹。公元前573年秋天，宋派兵进围彭城。同年冬天，楚派遣大军援救彭城并攻伐宋国。宋国的执政大臣华元赴晋国告急求助，晋国中军主帅韩厥认为"成霸安强，自宋始矣"。晋悼公于是亲征救宋，迫使楚军撤退。次年，晋悼公又牵头统领鲁、卫、晋多国联军攻克彭城。通过这次军事行动，晋国达到了保护和控制宋国的战略目的，为下一步进图郑国铺平了道路。

鄢陵之战后，楚国仍拥有相当可观的实力，由于郑国依旧死心塌地抱楚国的大腿，因而楚国还是能够控制住许、陈、蔡、江诸国。所以，晋悼公要复霸，抑制甚至进而将楚国势力驱逐出中原地区，在不同楚国作战略决战的前提下，只能把争夺郑国的归属列为主要的战略目标。

基于这样的考虑，晋悼公即位伊始，就展开了与楚国争夺郑国归属的长期斗争。公元前572年，晋国凭借平定宋国动乱的余威，由中军主将韩厥统率齐、鲁、晋、曹、邾多国联军进攻郑国，击败郑军，并乘胜进攻楚国、陈国的一些要地，楚军畏晋之强，不战而退，晋悼公小试牛刀，便打出了自己的威风。次年六月，坚决与晋国为敌的郑成公寿终正寝，晋悼公趁此良机，会同宋、卫之师攻伐郑国。当时郑国内部分裂为亲楚、亲晋两派，但当政的是亲楚派公子驷，他依然坚持附楚，抗拒晋、宋、卫联军。同年冬天，晋国会同齐、鲁、宋、卫、曹、邾、滕、薛多国联军占领虎牢，筑虎牢城以制郑。楚国此时刚好有公子申与子重、子辛争权内乱事件发生，自顾不暇，无力援救郑国。当时形格势禁，郑国至此不得不背楚从晋。

晋悼公筑虎牢城以制郑这一着棋,是非常高明的战略举措。虎牢在温县之南,地势险峻,战略地位十分重要,晋军控制它之后,可以以逸待劳,对郑国的侧背构成严重的威胁,一旦攻打郑国,即可朝发而夕至。在这种情势面前,郑国不能不对晋国俯首称臣。而晋国在另一方面又可以进一步图谋陈、蔡,使整个中原的形势发生有利于自己的变化。所以,当公元前570年晋悼公与齐、鲁、卫、郑、宋、莒、邾诸国会于鸡泽(今河南永年西南)时,楚的铁杆小伙计陈国也主动前来参加,投靠输诚。这表明晋国争霸中原的形势一片大好,晋国保宋图郑的战略目标已初步实现,晋悼公复霸事业的关键一步已经迈出。

第三,采取"和戎"策略,有效地解除后顾之忧。

晋国的北部散杂居住着不少戎狄部族,他们的力量虽然不是十分强大,但却可以扮演搅局者的角色,经常骚扰晋国的边地,给晋国的侧后造成一定的威胁,可谓"成事不足,败事有余"。晋国为了摆脱多面受敌、两线作战的窘境,以期能够集中力量与楚国争霸,长期以来对北方戎狄部族实施军事打击和政治招抚相结合的策略,并收到了较为显著的成效。这一基本国策也为晋悼公所继承执行,魏绛"和戎"之策的提出和成功,就是这方面的重大进展。

公元前569年,北方戎狄的无终(在今山西太原一带)等部族,见到晋国国力蒸蒸日上、日益强盛,而自己的难兄难弟,如白狄、赤狄等部几乎全为晋国所剿灭。它不想落得同样悲惨的下场,于是就派遣使臣孟东携带虎豹皮等厚礼来到晋国,表示愿意率领诸戎对晋国纳贡求和。

对诸戎的诚意,晋悼公一开始时心存疑虑,认为"戎狄无亲而贪,不如伐之"⑤。大夫魏绛则认为这样简单化处理的做法并不妥当,他强调指出:"诸侯新服,陈新来和,将观于我。我德,则睦;

101

否，则携贰。劳师于戎，而楚伐陈，必弗能救，是弃陈也。诸华必叛。戎，禽兽也。获戎失华，无乃不可乎！"⑥魏绛从对楚争霸的战略全局出发，主张北和诸戎。

他进而具体分析了采取安抚办法跟戎狄交好关系的五大好处："和戎有五利焉：戎狄荐居，贵货易土，土可贾焉，一也。边鄙不耸，民狎其野，稼人成功，二也。戎狄事晋，四邻振动，诸侯威怀，三也。以德绥戎，师徒不勤，甲兵不顿，四也。鉴于后羿，而用德度，远至迩安，五也。"⑦由此可见，"和戎"的举措，既可以促成戎狄事奉晋国，解除晋国的后顾之忧，使得晋国免于腹背受敌；同时，又可以使诸侯们畏威怀德，巩固联盟关系，以对付主要的敌人楚国，可见，这是具有积极的战略意义的。

晋悼公襟怀坦荡，从善如流，他完全采纳了魏绛和戎的建言献策，委派魏绛作为晋国的全权代表，和无终等戎狄部族缔结盟约，"盟诸戎，修民事，田以时"⑧。这一战略方针的实现，扩大了晋国的疆域，稳固了晋国的战略大后方，使晋国得以腾出全部的力量浩荡南下，与楚国争夺中原地区的霸权。这乃是晋悼公复霸事业上又一个具有标志性意义的进展。

晋悼公通过整顿内政，从事对外军事行动以及北和诸戎等政治、军事、外交方面的措施，奠定了晋国复霸的坚实基础。在这种背景下，他开始倾全国之力同楚国争夺中原霸权，其主要标志，就是发动"三驾之役"，疲楚误楚，争取得到郑国的长期归附。为此，他采取了三方面的具体措施：第一，在国内赈济贫困，调动各方面的参战积极性，厉行节约，充分发掘战争的潜力。第二，多次举行诸侯盟会，制造声势，先声夺人，对楚国施加强大的政治、外交、军事上的压力。第三，也是最为重要的一点，是"三分四军"以疲楚。即把晋国的上军、中军、下军、新军及诸侯的军队分组成三个战役集团，轮流出征、轮番作战，以调动和疲惫楚军，牢牢控制战争的主动权，"致人而不致于人"。

一切就绪之后，晋悼公遂自公元前 563 年起，用近两年的时间，正式实施"三分四军"、轮番击楚的"三驾之役"。

在整个"三驾之役"的过程中，晋军灵活机动，进退自如，始终掌握着军事行动上的主动权，而楚军则是彻底陷入被动，穷于应付，疲于奔命，左支右绌，劳而无功。国力为之损耗，战略上计无所出，尽处下风。处在晋楚争霸夹缝中的郑国，不得不作出完全投靠晋国的抉择。

公元前 562 年冬季，郑国正式全面倒向晋国，晋悼公遂与郑、鲁、卫、齐、宋等诸侯会盟于郑地萧鱼（今河南原阳东），正式订立盟约。由晋悼公为盟主的萧鱼大会，成为城濮之战后践土之盟以来，以晋国为盟主的又一次盛大的盟会。郑国从此附晋二十余年而不再复叛，中原大局再度稳定。至此，晋悼公的"三驾之役"达到了预期的战略目标。

而"三驾之役"的胜利和萧鱼大会的举行，标志着楚国已无力北上与晋国作全面的抗衡，所谓三驾而楚"不能与晋争"⑤；标志着晋国既定的保宋、服郑等一系列战略目标的全盘实现；标志着晋悼公一生复霸大业达到鼎盛。

而他之所以能够实现夙愿，在于他战略步骤的设计和实施上的适宜恰当，即先内后外，先计后战，循序渐进，日积月累；在于他的战略措施的高明，即主攻方向明确，手段运用巧妙，进退尺度妥当，实施途径可行。从这个意义上讲，晋悼公不愧为春秋晋国历史上不世出的英主明君，在整个中国历史进程中也有其一席之地。

遗憾的是，正当晋悼公霸业如火如荼之际，年仅三十岁的晋悼公于公元前 558 年遽然去世了。他的英年早逝，无论是对晋国内政的演变，还是对整个中原战略局势的发展，都产生了相当重大而深远的影响。具体地说,随着晋悼公的去世,晋国内部君臣之间的平衡又渐被打破,强卿大族之间的倾轧争夺日趋激烈,内部纷乱迫使晋国无力专注于对外控制诸侯,维持霸权,并导致齐晋武装冲突的发生。而楚国势力在一定程度上又有所复苏,从而使历代晋国君臣经艰苦卓绝努力所缔造的皇皇霸业走向动摇和瓦解。

　　人算不如天算。晋悼公他一生所认真上演的,都是正剧;可是,当他的人生大幕落下时,人们惊讶地看到,这竟然是一幕让人唏嘘不已的悲剧。这就是宿命! 这就是历史!

注释:
①《左传·襄公八年》。
②《左传·成公十八年》。
③《国语·晋语七》。
④同②。
⑤《左传·襄公四年》。
⑥同上。
⑦同上。
⑧同上。
⑨《左传·襄公九年》。

捡了芝麻，丢了西瓜
——魏惠王战略方向选择的失误

　　战略方向，按现代军事学理论的释义，是指对战争全局有重要影响的作战方向。它是指向战略目标，有一定的纵深和宽度，包括地面及相关空域、海域、太空交织的多维空间。通常是根据敌对双方的军事、政治、经济、自然地理、群众条件等因素的对比和相互关系以及所要完成的战略任务而确定的。这中间，主要战略方向是指对战争全局影响最大或具有决定性意义的方向，是敌我双方矛盾斗争的焦点，战略力量集中使用的重点和从事战略指导的关键。因此，战略方向尤其是主要战略方向的选择正确与否，直接影响着战争的进程和结局。

　　中国历史上那些处于崛起过程中的势力或国家，在其事业起步阶段，所面临的战略形势往往是十分混沌的，不但错综复杂而且充满着各种各样的变数。他所要对付的敌手通常不是一个，而是多个，这时候如何正确区分主要对手和次要对手，确定优先所要打击的对象，对于战略决策者而言，无疑是非常严峻的考验。因为，在多个武装势力并峙对立的局面下，用兵的最大忌讳便是四面出击，多线作战，平均使用力量，眉毛胡子一把抓，西瓜芝麻随地捡，导致"无所不备，则无所不寡"①的被动，它的严重后果往往是会葬送自己事业发展的前程，使自己在中原逐鹿的残酷斗争中左支右绌,顾此失彼,丧失主动权,从而早早出局,成为命运的失败者。

在这方面,战国时期的魏惠王在战略主攻方向的选择上发生了严重失误,导致魏国霸权的中衰,早早地在战国七雄兼并统一的战争中黯然出局,这就是很有警示意义的一个反面例子。

公元前453年,韩、魏、赵三家分晋,揭开了战国历史的帷幕。在当时的七雄之中,魏文侯高瞻远瞩,居安思危,第一个实行大规模的改革,礼贤卜子夏、田子方、段干木等名流贤达,重用吴起、李悝、西门豹等才俊能士,行"地力之教",施"平籴之法",创"武卒之制",建《法经》之治,励精图治,富国强兵。他充当三晋老大,联合韩、赵诸国,先后西伐秦,攻占秦之河西地区;南击楚,夺取楚国诸多战略要地;东攻齐,入齐长城;北征中山,一度占有其地。这一系列的战略活动使得魏国在当时率先崛起,傲视群雄,称霸中原。继起的魏武侯萧规曹随,保证了魏国的霸业得以平稳维持并有所发展。等到魏惠王即位时,魏国已是战国七雄中的头号强国,在这种情况下,如果其战略决策正确,奋其祖其父之余烈,稳妥而积极地推进行之有效的内外政策,俟以时日,未尝不能成为统一天下的承担者。

然而,魏惠王(即梁惠王)好大喜功的心态以及随之而来的战略主攻方向抉择上的失误,最终使魏国的大好战略形势发生逆转,其进一步发展并进而统一天下的机遇彻底丧失。

从战国兵要地理考察,魏国北邻赵,西接秦,南连楚、韩,东毗齐、宋,其地四通八达,多面受敌,无险要可供守御,处于四战之地的战略内线地位,这决定了魏国的中原霸权有着一定程度上的内在脆弱性。所以,魏惠王上台后最应该做的,是如何凭借已有的实力地位,恰当正确地选择战略主攻方向,避免四面出击,到处树敌。就当时的实际情况看,他的正确选择,无疑应该为东守而西攻,即据有河西之地,趁秦国退守洛水的有利形势向西发展,夺占泾、渭,控制崤、函,争取战略上的主动,造就魏国进可攻、退可守的有利战略态势,为日后兼并列强,统一天下创造条件。

遗憾的是,魏惠王本人是个彻头彻尾的战略短视者,他所追求的只是表面上的风光,贪图的只是虚幻意义的荣耀。在他看来,秦国"僻在雍州,不与中国诸侯之会盟,夷翟遇之",完全不配当自己的对手,胜之不武,服之无名,激发不起自己的兴趣。相反,控制三晋,压服齐、楚,才是皇皇伟业,才是号令天下、颜面上有光彩的象征。在这种自高自大的心理的驱使下,他轻率地作出了战略方向东移的选择,西守而东攻。为此,他干脆把都城从安邑(今山西夏县西北)搬迁到了大梁(今河南开封),自以为居天下之中,便理所当然地成了天下的领袖、群雄的共主。意识深处的霸主心态越是强烈,表现在行动上的乖张轻妄也就越是极端。它使得魏惠王在当时的军事外交上变本加厉、一意孤行地推行"单边主义",动辄对其他诸侯国诉诸武力,用戈戟而不是用樽俎来发言,飞扬跋扈,肆无忌惮。这样一来,长期形成的魏、韩、赵三晋联合阵线破裂了,与齐、楚等大国的关系恶化了,至于与秦国的矛盾也丝毫未因迁都大梁而有所缓解。一句话,魏惠王终于因自己的好大喜功,锋芒毕露,四面出击,战略方向选择错误而陷入了战略上的极大被动。

尤为可悲的是,魏惠王始终不曾意识到自己处境的危殆,反而沾沾自喜,继续在那里营造"慕虚名而取实祸"的"形象工程"。而他的对手恰好利用这一点,推波助澜,兴风作浪,诱使他在失败的道路上死不旋踵地走下去。自视甚高实际头脑简单、智商情商皆低下的魏惠王果然中计,懵懵懂懂地进入了人家预设的圈套。

这方面的典型事例是魏惠王接受商鞅的献策,释秦而攻宋,自称为王。商鞅入秦主政之后,敏锐地看到秦魏争霸中互为死敌的本质,认为魏是秦的"腹心之疾",是秦国在统一斗争道路上第一个要克服的对手,"非魏并秦,秦即并魏",于是处心积虑借刀杀人,以图削弱乃至摧毁魏国的实力地位。为此,他出使魏国,实施祸水东引、坐收渔利之策。一到魏国,他便当面给魏惠王戴高帽子,灌迷魂汤:"大王之功大矣,令行于天下矣。"②爱面子的魏惠王当然听得满心舒坦,整个身子飘飘然起来。

商鞅见招数奏效,进而居心叵测地建议魏惠王"先行王服,然后围齐、楚"③,即鼓动魏惠王公开称王,然后联合秦国,用兵齐、楚。"王"是当时的最高称号,地位在诸侯之上,魏惠王对这个名号早已朝思暮想、垂涎已久,只是担心他国的抵制与反对才不敢仓促行事。现在既然得到秦国的"鼎力支持",那也就不必再半抱琵琶,讲什么客气了。于是乎,魏惠王兴致勃勃地按照周天子的礼制准备舆服仪仗,修筑宫殿,在周显王二十五年(前344)正式加冕称王。同时以霸主的身份召集诸侯会盟,把场面撑得大大的:宋、卫、邹、鲁诸国国君应邀与会,秦国也派遣使节到会捧场。这时候的魏惠王真的是挣足了面子,摆够了威风。俗话说,枪打出头鸟,出头的椽子先烂。殊不知魏惠王这种利令智昏、忘乎所以的举动,恰恰使自己成为众矢之的,陷于孤立的困境,到头来为一时面子上的光鲜付出惨重的代价,"于是齐、楚怒,诸侯奔齐,齐人伐魏,杀其太子,覆其十万之军"④。以桂陵、马陵之战为标志,魏国的霸权宣告终结,由魏来统一天下的可能性被彻底地排除。

《老子》说:"知人者智,自知者明。胜人者有力,自胜者强。"⑤魏惠王的可悲,正在于他既不知人,更不自知,好高骛远,忘乎所以,稍有资本便要炫耀,一旦得势便要摆谱,在战略主攻方向的选择上犯了无可弥补的大错。更让人可叹的是,他至死也不曾悟出自己之所以倒霉、魏国之所以中衰的原因,而只知道一味抱怨命运的不济,怪罪天道的不公。这从他和孟子的谈话中反映得非常清楚:"晋国,天下莫强焉,叟之所知也。及寡人之身,东败于齐,长子死焉;西丧地于秦七百里,南辱于楚,寡人耻之。"⑥从这里可以看出,魏惠王一点也没有自我批评的精神,根本不曾反省那明摆着的事实,魏国的中衰,根源在于战略主攻方向选择上的错误。魏惠王不虚心、不自重到了这种地步,魏国国势的下坠,魏国命运的乖舛,也的的确确是"流水落花春去也"了。

魏惠王因战略方向选择错误而导致全盘皆输的史例,应该说是从反面证实了正确选择战略方向对于夺取战争最终胜利的重要意义。因此,历史上任何一位成功的战略指导者,他之所以能够从众多竞争者中脱颖而出,笑到最后,尽管有种种因素和机缘,但是正确判断战略形势,选择合适的战略方向,则是他军事战略实施启动时具有决定性意义的一个步骤,直接关系着他未来的政治命运与战略前途,即所谓"不畏浮云遮蔽眼,只缘身在最高层"。

注释:

①《孙子·虚实篇》。

②《战国策·齐策五》。

③同上。

④同上。

⑤《老子·三十三章》。

⑥《孟子·梁惠王上》。

识时务者为俊杰
——苻坚的悲剧命运

对时机的准确判断和把握是战略决策的基本前提。常言道"识时务者为俊杰",可见,是否识时务是判别统一大略决策水平的试金石。

这个"时",就是历史发展的趋势、方向与规律,人们可以认识它、顺应它,却不能违背它、硬拗它,对于不同的时势只能采取不同的策略,否则,只能是事与愿违,正如《经法·亡论》所说的"所伐而当,其福五之;所伐不当,其祸十之"。所谓"审时",就是要认清时机;所谓"度势",就是要把握历史运动规律,把握历史的进程与发展趋势。因此,对于统一大业实施者来讲,首先应该把统一作为最终目标来加以追求,要考虑到历史的发展有一个过程,时机的成熟也有一个过程,并不是说追求统一就应该马上付诸具体的军事行动,决不能只看到自己表面的强大而忽视了各种不利于统一的条件,决不能一厢情愿、任由着自己的想法和性子胡来。

统一战略决策者因昧于时势而惨遭失败的例子比比皆是,这方面最具代表性的例子可首推前秦皇帝苻坚于公元 383 年发动的平晋之役。在这场战争中,苻坚顾盼自雄,刚愎自用,拒绝苻融等绝大多数大臣反对向南方用兵的正确建议,仓促挥师南下,倾全国之力攻打东晋,结果在淝水(今属安徽)地区遭到以北府兵为主体的东晋劲旅的顽强抗击,惨遭失败,使得战前苻坚所表达的"投鞭于江,足断其流"的万丈雄心成为痴人梦呓,千古笑柄。而苻坚好不容易才统一起来的北方中原地区,也因前秦军队的淝水大败而重新陷入分裂的局面。

苻坚的失败,首先是战略指导上的失误,主观武断,轻易开战,且水军薄弱,战线过长,未能在局部上真正形成优势,洛涧遭遇战小挫即动摇斗志,淝水决战时又轻易移动军阵,导致自乱阵脚,为敌所乘。另外,骄傲自大,昧于对晋军实力与动态的了解、掌握,再加上内部慕容垂等异己势力扯后腿、玩花样,出工不出力,也使得作战失败成为无法扭转的趋势。

当然,苻坚失败最根本的原因是在大战略上出现了失误,即违背了其最重要的辅弼股肱大臣王猛临终前一再叮嘱的"不以晋为图"的诤言,操之过急,急于求成,在天下统一的主客观条件尚不具备的情况下,便倾全国之力仓促发动统一战争,结果只能为自己的昧于时势付出沉痛的代价。

前秦在北方地区的崛起是骤然而至的。苻坚在收用汉人谋士王猛为相,治理国政后,"国富兵强,战无不克,秦国大治"。在此基础上,他先后剪灭了南燕、仇池杨氏、前凉、代国等诸多割据政权,统一了中国的北方地区,"平燕定蜀,擒代吞凉,跨三分之二,居九州之七"。接着,苻坚就图谋顺势南下,吞灭东晋,实现统一。

应该说,苻坚本人是具有大局观、事业心的杰出领袖之一,他对国家统一的向往是至诚的,这都无可非议。自西晋末年以来,各少数部族在中原地区前仆后继,轮番登场,在中国北方地区这个民族大熔炉中,胡汉交融,共同学习与互补成为极为普遍的现象。中华传统政治文化大一统的思想观念逐渐为少数民族所认同、所接受。苻坚本人就深受儒学的影响,他以天下为怀,企求统一,正是"天下一家"文化理念长期浸润与熏陶的自然反映。所以尽管他的统一方略并不能得到大多数臣属的支持,他最后还是作出决断:决不把消灭敌人的担子留给子孙后代,成为国家的一大忧患。可见,苻坚以天下一统为怀,并不是一种矫饰,其间包含着对历史必然性与合理性的理解,充满着强烈的历史使命感与崇高的历史正义性。

然而,苻坚统一天下的努力最终以失败收场,以悲剧落幕,问题就出在他未能真正做到知彼知己,审时度势,在统一天下时机的把握上发生严重的偏差,犯下致命的错误。因为前秦虽在较短的时间里统一了北方地区,但靠的是强大的军事力量,以武力征服的手段,其内部的民族矛盾依然存在并且相当紧绷与尖锐,那些刚刚归附的民族多怀二心,前秦的统治秩序远未稳固。所以,对苻坚来说,巩固北方的统一尚需要有一个较长的时间过程,只有在内部整合巩固的基础上,才可以将统一天下的事业提到议事日程,方可谋求用兵南方,吞灭东晋。

就南方而言,晋室南渡后,一直面临着生死存亡的问题,同时,它虽偏安一隅,但却仍以中原正统自居,有北伐中原,重建全国政权的理想。谢安执政后,进用贤才,团结大臣,"群臣辑睦,内外同心","百姓乐业,谷帛殷阜"。因中原战乱流寓到南方的民众,除有故国之思外,还有保卫新家园以求安定的愿望,并未对东晋政权失望。这就是当时的现实,也就是所谓的"时势",所以王猛临终前"不以晋为图"的告诫是切中肯綮的。其实对苻坚来说,正确的战略抉择是,在一定的时间里与东晋保持友善的睦邻关系,赢得和平,赢得时间,专心于内部问题的解决,为日后一统天下积蓄力量,耐心等待历史机遇,待各方面条件成熟后,再挥师南下,实现统一。

显而易见,当时时势的根本特征,是南北统一的历史条件尚未成熟,这既包括当时北方和南方的经济条件,均难支撑起一个全国性的政权,也包括历史上传统的"南船北马"问题未遑在较短的时间内加以解决,在仓促发动统一战争的情况下,北方的骑兵在南方水泽地带势必难逞其长,相反,这反而会成为制约北方军队战争力量正常投入与发挥的最短的那一块木板。正如田余庆先生所说:"从政治、军事两个方面看来,淝水之战中的前秦显是远逊于灭吴之战中的西晋,而淝水之战中的东晋却又强于灭吴之战中的孙吴。由于两次战争条件的不同,晋灭吴之战瓜熟蒂落、水到渠成,而苻坚淝水之战则否。淝水之战前,北方的统治秩序远未稳定下来,氏族贵族中权利的分配尚未基本完成;被统治民族激烈对抗氏族统治的形势尚未消失。"①

所有的这一切,都表明了北方的民族融合并未发展到相当的水平,北方尚没有积蓄起统一南方的充足力量,北方统一南方的条件远远未臻成熟。在这种背景下,苻坚迷信自己在军队数量上的优势,以为有了九十七万之众的大军就可以纵横驰骋、所向无敌,以石击卵,予取予求,企图将统一天下的宏伟大业"毕其功于一役",这就是十足的昧于时势,虚幻想象了。其结果当然只能是风声鹤唳,草木皆兵,丧师辱国,一败涂地!

美国著名战略学家柯林斯在其《大战略》一书中指出:大战略是综合运用国家全部力量的一门艺术和科学,如果认为单凭武力就能打赢战争,那是愚蠢的,如果没有政治、经济、社会、文化、心理等因素与军事的有机结合,战争便不可能取胜。而大战略成功的先决条件,就是要善于分析敌情,判断形势,衡量利弊,把握时机。苻坚在统一天下大战略制定和实施上的碰壁,留下千古遗恨,恰好从反面进一步证明了把握与利用正确战略时机的重要性,而其深刻的教训,同样能给人们以无穷的启示。

注释:

①《东晋门阀制度》,第238页。

事必躬亲未必优
——隋文帝的政治格局

在多如过江之鲫的中国古代皇帝中,隋文帝杨坚肯定不是庸君,更不是昏君、暴君,而是称得上明君的人物。

他精明强干,能经过多年的苦心经营,以北周外戚的身份,从周静帝宇文衍手中夺取北周的政权,登基称帝,建元开皇,开创了中国历史上一个新的朝代——隋王朝。

他天纵英武,顺应大一统的历史潮流,周密筹划,精心准备,当机立断,果断起兵,发动大规模的平陈之役,千军齐发,所向披靡,以秋风扫落叶之势,"楼台张丽华,门外韩擒虎",一举剪灭盘踞在江南一隅的南陈王朝,"在期一举,永清吴越",实现了国家的统一,揭开中国历史上崭新的一页。

他知人善任,深知治国安邦,须臾不能离开能臣干吏辅佐的道理,"是以建治之术,贵得贤而同心"①。他信任与重用高颎、苏威、虞庆则、杨雄、杨素、杨俊、贺若弼、韩擒虎、李德林、薛道衡等大批文武大臣,开诚布公,集思广益,为"开皇之治"的形成,奠定了坚实的基础。

他锐意进取,厉行改革,除旧布新,健全法制。其即位伊始,就推行了一系列的政治改革,将以关陇为本位的政权,与山东地区的政治社会文化体系相融合,以保存有汉魏传统文化内涵与特

114

色的河北高齐体制来变更、改造西魏以来的关陇旧制,废除酷刑,推行新律,精简机构,整顿吏治,制礼作乐,征求图书,尊崇三教,并用儒法,使隋朝的政治秩序很快得以建立,隋朝的政治生活迅速走向正常,史称隋文帝"革命数年,天下称平"[②],当为公允之说,洵非虚饰之辞。

他关心民生,爱惜民力,重本倡农,发展经济。隋文帝在位期间,实行大力发展农业、繁荣经济的基本国策,改良并认真落实均田令,调动广大农民的生产积极性,组织人力大修水利,增加收成,广置粮仓,开设义仓,保障农民的生活条件,同时整顿户籍,建输籍之法,依样定户,抑制豪强,节制赋役,以减轻民众的负担,适度鼓励工商业,激活经济。在短短的十几年后,他的这些作为使隋朝的经济面貌焕然一新,库藏皆满,国力称盛。

他勤政匪懈,俭朴自律,不尚奢华,不慕虚名。隋文帝杨坚堪称是历代帝王中勤勉于国政的典范,甚至可以说是十足的"工作狂"。史载其"每日临朝,日昃不倦",那种干劲,简直让人惊讶诧异,"日旰忘食,夜分未寝"。可看出他对国家治理上的殚精竭虑,全力以赴。更值得肯定的是,隋文帝谦虚谨慎,贵有自知之明。贺若弼拍其马屁,将当年为平陈而进献的策略谋算冠上"御授"的名目,称曰《御授平陈七策》,进呈隋文帝,隋文帝却毫不动心,将之原物奉还:"公欲发扬我名,我不求名,公宜自载家传。"[③]众大臣溜须拍马,恭维隋文帝德配天地,再造太平盛世,鼓动他封禅泰山,树碑立传,连那个亡国后苟延残喘的陈后主陈叔宝,也献诗效忠,进言封禅:"日月光天德,山川壮帝居。太平无以报,愿上东封书。"可隋文帝头脑很清醒,明确表示:"岂可命一将军,除一小国,遽尔注意,便谓太平,以薄德而封名山,用虚言而干上帝,非朕攸闻。而今以后,言及封禅,宜即禁绝。"[④]后来虽然还是拗不过大臣们的一再劝告,去了一趟泰山,但只是用了"东狩"的名义,毕竟始终没有冠上"封禅"的旗号。身处权力巅峰的皇帝,能够做到这一步,的确也是难能可贵的。

正因为隋文帝身上有诸多优点,一生有不少贡献,故后世的史臣对他的评价从总体上讲,还是比较肯定的,"躬节俭,平徭赋,仓廪实,法令行,君子咸乐其生,小人各安其业,强无陵弱,众不暴寡,人物殷阜,朝野欢娱,二十年间,天下无事,区宇之内晏如也,考之前王,足以参踪盛烈"⑤,堪称一代良主。应该说,这个评价,大致并不离谱。

做皇帝能到这般地步,当然是非常不简单、非常不容易,乃至非常了不起的。但是,这距离"圣明",恐怕还有一段路。这个差距,就是缺乏真正的睿智,缺乏超越的境界,一句话,是政治的格局不够恢宏,政治的气度尚有软肋。我的朋友袁刚教授在《隋炀帝传》一书中,言称隋文帝"天性沉猜,行察察之政,尚够不上儒家理想中的圣王",可谓是一针见血,切中肯綮。

皇帝作为最高统治者,总揽政治全局,把握施政方向,理应顾好高层建筑,抓纲举目,抓大放小,而不宜事必躬亲,苛刻细节,事无巨细,亲力亲为,眉毛胡子一把抓,西瓜芝麻随地捡,否则就是有三头六臂,浑身解数,也必然会陷入捉襟见肘,顾此失彼,左支右绌,应接不暇,疲于奔命的窘境,从而无法做到应付裕如,纲举目张。所谓面面俱到,等于面面不到;什么都是重点,那就意味着什么都不是重点。当年秦始皇每日以处理公文三十石为程而导致秦政苛酷细察的结果,诸葛亮日理万机落得积劳成疾、抱憾而亡的下场,就是这方面的历史教训。

从这个意义上说,隋文帝勤政励治、夙夜匪懈是优点的同时,也是一种明显的不足,过于勤奋,大包大揽,模糊重点,忽略关键,结果就是锱铢必较,买椟还珠。只汲汲于事务性的细节,而轻忽了战略性的大体。

这一点,后来的唐太宗曾予以尖锐而又准确的评说。据《贞观政要》记载,唐太宗曾向大臣萧瑀询问:"隋文帝何如主也?"萧瑀回答道:"克己复礼,勤劳思政。每一坐朝,或至日昃。五品已上,引坐论事。宿卫之士,传餐而食。虽性非仁明,亦是励精之主。"不纵欲,长时间工作,深入基层,吃工作快餐充饥,在常人眼里,那是统治者的美德。然而,唐太宗却颇不以为然,大摇其头,发表自己的独到见解:"公知其一,未知其二。此人性至察而心不明。夫心暗则照有不通,至察则多疑于物,又欺孤儿寡妇以得天下,恒恐群臣内怀不服,不肯信任百司,每事皆自决断,虽则劳神苦形,未能尽合于理。朝臣既知其意,亦不敢直言,宰相以下惟承顺而已!"唐太宗对隋文帝躬亲庶务之弊端的针砭,可谓是击中要害,道出了境界低仄、格局狭窄是隋文帝作为皇帝的明显弱点。

正因为隋文帝政治格局过于狭隘,其个性上"至察则多疑于物",故他在骨子里往往很难真正信任臣僚,对臣僚时刻加以提防,生怕人家对自己有所隐瞒和欺骗。于是,他就忍不住经常暗中派遣亲信到地方上探究情况、侦察动态,以了解吏治得失。更可怕的是,他还热衷于暗设圈套,挖下深坑,引诱官吏见利忘义,主动上钩。例如他经常派人向一些官吏行贿,发现有受贿者,必加严惩,处以极刑,无所宽贷。这纯粹是下三烂的招数,毋怪乎,后来的封建史臣也非常看不惯隋文帝的所作所为,斥责其"无宽仁之度,有刻薄之资"⑥。

这样的政治格局,这样的施政风格,当然无法调动臣下的积极性,为躲避无妄之灾,大家都觉得干事容易出问题,不干活反而安然无恙,所以就合情合理地选择置身事外,束手旁观,事不关己,高高挂起了,史称隋文帝"好为小数,不达大体,故忠臣义士莫得尽心竭辞"⑦。这不能不是隋代政治的莫大悲哀了。

隋文帝不信任官吏,当然也不会放心民众。他的狭隘政治格局,不但让各级官吏如履薄冰,如坐针毡,杯弓蛇影,无以聊生,也让普通民众肝肠寸断,有如惊弓之鸟,整天生活在恐惧不安之中。他虽然关心民众的生活,但是从内心深处是非常惧怕民众啸聚山林,犯上作乱的。为防止出事和动乱,他严禁民间私藏大刀长槊一类的兵器(好在还没有像元朝那样禁藏菜刀),下诏令规定:"收天下兵器,敢有私造者坐之。"⑧连大一点的船只都要加以没收,理由很可笑也很荒唐,就是大船装载人员多,可能被用来藏匿奸党:"天下船长三丈,谓其既大,必能藏匿奸党,并令没入官。"民众在这样的政治氛围里生存,当然是举手投足处处提心吊胆,讲话发言时时战战兢兢了。

要在社会上搞"维稳",自然要假借酷吏之力。隋文帝懂得这层道理,因此放手任用酷吏,对他们多方关照,优渥有加。当时,有个大名鼎鼎的酷吏,名叫燕荣,时任青州刺史。这位燕荣在任上,曾招募一些身强力壮的大汉,担任伍佰,相当于当代的警察或城管。凡是有人路过青州(今山东益都)地界,这些人必加查问,稍不如意,就鞭挞路人,且下手极重,创多见骨。效果还挺明显,使得"奸盗屏迹,境内肃然"。其他州县的人闻风丧胆,凡是行经青州地界时,都是"畏若寇仇,不敢休息",生怕惹祸上身,丢命致残。可是,就是这样一个丧心病狂的酷吏,隋文帝竟是视为至宝,"甚善之",当燕荣入京朝觐时,隋文帝对他特加劳勉,专门赐宴于内殿,并下令王公贵族写诗作赋歌颂这位酷吏。⑨隋文帝这种做派,自然也是其政治格局狭隘的正常反映。

隋文帝的节俭,在中国历史上是出了名的。作为皇帝,能做到俭朴节约,当然要远比荒淫奢侈来得好。但是,任何事情都不能一概而论,节俭虽是美德,但也不宜将它强调、夸张到极端的地步。俗话说"真理过了一步,便成了谬误",节俭的道理也是如此。它必须讲究个度,过了这个度,就会走向反面,起相反的效果,即

118

所谓过犹不及,即如德国著名诗人海涅所称的那样:"播下的是龙种,可收获的却是跳蚤。"

隋文帝励精图治,在短短十几年的时间里,使经济得到复原并走向繁荣。可是他在本人节俭的同时,也舍不得让老百姓过上较为富足舒服的日子,紧紧地守着国家的财富,死活不让肥水外流。所以,老百姓的生活并没有得到很好的改善,还是过着紧巴巴的苦日子,没有能分享国家经济发展与繁荣所带来的成果。甚至在民众遭遇灾荒,生活难以为继时,也不愿赈灾抚恤。

《贞观政要》中所记载的唐太宗有关隋文帝过度节俭的批评,就打出了隋文帝的原形。"隋开皇十四年大旱,人多饥乏。是时仓库盈溢,竟不许赈给,乃令百姓逐粮。隋文帝不怜百姓而惜仓库,比至末年,计天下储积,得供五六十年。炀帝恃此富饶,所以奢华无道,遂致灭亡。炀帝失国,亦此之由。"在唐太宗看来,隋文帝的节俭,有时到了不合人情的地步,说到底,这是隋文帝不爱惜百姓的自然而然的产物,可其多年聚集的财富,只是助长了炀帝的奢华。这真是"后嗣若贤,自能保其天下;如其不肖,多积仓库,徒益其奢侈,危亡之本也"。

明清之际的王夫之申论说:"隋文帝之俭,非俭也,吝也,不共其德而徒厚其财也。富有四海,求盈不厌,侈其多藏,重毒天下,为恶之大而已矣。"⑩更是进一步剥去了隋文帝头上的节俭光环。而隋文帝之所以会将"节俭"这种可贵的美德异化为吝啬和贪婪,走到了反面,归根结底,依旧是他政治格局过于狭隘的必然产物。

因为隋文帝是至高无上的皇帝,所以他的政治格局也直接关系着隋朝的政局发展,决定着隋朝的国祚绵延。很显然,他的政治格局影响了他的视野、他的识见,从而也影响到他的判断、他的决策。其实,在歌舞升平、国泰民安的表象背后,潜伏着严重的危机,隐藏着致命的问题。

当隋文帝东狩祭祀泰山之后，一般人都以为天下从此将达致太平，但是真正有大智慧的人却是忧心忡忡，认为变乱不可避免，"主上忌刻而苛酷，太子卑弱，诸王擅权，天下虽安，方忧危乱"，"主上本无功德，以诈取天下，诸子皆骄奢不仁，必自相诛夷，今虽承平，其亡可翘足待"⑪。必须承认，这些分析与判断是正确而高明的，充满着睿智，是毋庸置疑的真知灼见。

隋王朝短短三十余年即走向崩溃，走向覆亡，根子的确是在隋文帝的身上，是他政治格局的局促与褊狭，导致了这一趋势的不可逆转，恰如史臣之所言："迹其衰怠之源，稽其乱亡之兆，起自高祖，成于炀帝，所由来远矣，非一朝一夕。其不祀忽诸，未为不幸也。"⑫

注释：

①《春秋繁露·立元神》。

②《资治通鉴》卷一七五。

③《隋书》卷五十二，《贺若弼传》。

④《隋书》卷二，《高祖纪下》。

⑤同上。

⑥《隋书》卷二，《高祖纪下》"史臣曰"。

⑦同上。

⑧同④。

⑨《隋书》卷七十四，《燕荣传》。

⑩《读通鉴论》卷十九。

⑪《资治通鉴》卷一七九。

⑫同④。

运去英雄不自由
——不走运的马谡

　　马谡在历史上算不上是大人物,可是知名度却很高,一部《三国演义》的小说,一出《空城计》的戏曲,使得他以纸上谈兵、胶柱鼓瑟的形象定格在历史的银幕上,植根在人们的心目中,整个儿眼高手低、夸夸其谈的滑稽角色,就和当年那位一手葬送赵国四十五万大军的纨绔子弟赵括一个模样。俗话说"时来天地皆同力,运去英雄不自由",马谡可真够倒霉的。

　　其实,马谡虽说不是什么英雄,可至少也是一位了不起的人才。史称他"才器过人,好论军计"①,这绝不是不着边际的胡吹瞎捧。诸葛亮刚刚接手蜀汉的军政大权,当时猇亭之战惨败的消极影响尚未消除,内部复杂的人事关系也未曾理顺,就遇上了南中地区大闹武装叛乱,自然是焦头烂额、急火攻心,其中的滋味可想而知。这时候,是马谡的二十一字真经——"夫用兵之道,攻心为上,攻城为下;心战为上,兵战为下"——使得诸葛亮茅塞顿开,对孟获七擒七纵,终于点化顽石、收服其心,顺利平定南中地区,而且没有一丝半毫的后遗症:"故终亮之世,南方不敢复反。"从根本上稳固了蜀汉政权的战略大后方,为日后六出祁山、北伐中原创造了充分的有利条件。仅凭这一条,马谡已是功在社稷、勋高天下了。这一点,是后代修史者也不敢否定的,如奉曹魏为正统的习凿齿,就称道马谡为俊杰。他认为诸葛亮因街亭之败而杀马谡,是大大的错误,说街亭之败,责任主要不在马谡,而在诸葛亮本身,是他私心偏爱、任人唯亲,才"不量才节任,随器付业",结果让马谡因缺乏经验(我看,主要还是运气)而付出惨痛的代价。

　　不过,街亭之败毕竟是马谡人生中的一大败笔,说来说去,还是马谡不够走运:三十九岁第一次荣膺大任,独当一面,担当蜀军首出祁山之役的先锋,便遇上了最强劲的对手,号称曹魏"五虎大将"之一的张郃,如同当年赵括不幸地去和战神白起对垒似的。姜是老的辣,张郃出道太早,走过的桥比马谡走过的路还长,吃过的盐比马谡吃过的米还多,既老谋深算,诡计多端,又骁勇善战,指挥若定,这番光景马谡何曾见识过?只能棋逊一着,缩手缩脚,这一仗马谡胜算的概率实在是微乎其微!

　　更为糟糕的是,马谡读过《孙子兵法》,岂止是读过,简直是读得滚瓜烂熟、倒背如流。兵法上所教的战术原则,马谡是小葱拌豆腐——一清二楚。所以,当面临与劲敌一决生死的紧要关头时,他便免不了心动手痒,跃跃欲试,总想尽平生之所学,同对手周旋一番。这本来是属于习惯性思维的驱使,心理学上叫作下意识的反应,合乎逻辑,无可厚非,可这么一来也注定了马谡的霉运当头,灾星高照。

　　一朝权在手,便把令来行,现在马谡终于凡事由自己来拍板定夺了。他的招数说白了其实也挺简单,就是把主力部队统统集中起来,开进到街亭一侧的山头上安营扎寨,以逸待劳,就等着敌人送上门来挨揍。马谡的想法比较单纯,兵法上不是说"凭高视下,势如劈竹"吗,不是说"陷之死地而后生,投之亡地而后存"吗,好得很,咱们便依样画葫芦就是了,到时候居高临下,呼啸进攻,杀他张郃一个片甲不回,一了百了。

　　兵法是死的,可人是活的。战场形势瞬息万变,兵法运用自然也应当是不拘一格。高明的指挥员之所以高明,就在于他能根据敌我军情的不同,灵活机动,出奇制胜。马谡毕竟是初出茅庐,少不更事,对自己的军事素养过于自信,对敌手的作战能力又过于轻视,以至"守一定之书,以应无穷之敌"②。这样,岂不是正中了张郃将军的下怀。换言之,如果马谡他不玩兵法也许还输得不至于太难看,一旦正儿八经地玩起兵法来,那一定会输到脱裤子的地步。

这一仗当然是打得稀松平常,一点悬念也没有。曹魏大军蜂拥而至,张郃挥舞帅旗,一声令下,三下五去二,便把马谡屯兵的土山给围成铁桶一般,水泄不通,再把水源一切断,这一下,马谡便什么招都玩完了,不但没有出现他所预期的"凭高视下,势如劈竹"的场面,反而是自己一方阵脚大乱,溃不成军。张郃于是乎轻松愉快地占领了战略要地街亭。诸葛亮进无所据,无可奈何,只好"退军还汉中",他惨淡经营许多年才好不容易搞起来的第一次北伐,就这样虎头蛇尾、无疾而终了。当然,等着马谡本人的,也不会是好果子,他失魂落魄、灰头土脸地逃回大营,便让诸葛亮给砍了脑壳,正了军法,也算是对打败仗作出一个交代。

不过,这么一来,马谡在历史上便永远不得咸鱼翻身。而更不幸的是,马谡还成了一个箭靶子,代天底下所有的读书人受过。中国自古以来便有反智的传统,用老子的话讲,便是"绝学无忧"。大伙儿表面上口口声声尊重知识,尊重人才,但骨子里对知识究竟有多少看重,却是需要打上一个大大的问号的。所以,汉武帝奉劝霍去病好好学兵法,霍去病却大摇其头,不以为然,"顾其方略耳",学那些劳什子兵法做什么!(毕竟是武将,粗人一个,直来直去,实话实说)。对读书人,大家心里其实并不感冒,所谓"十有九人堪白眼,百无一用是书生",就是实际情况的写照。否则读书人的地位也不至于一度(元朝)降低至娼妓之下,九儒十丐,与沿

123

街乞讨的叫花子不相伯仲。

平日里，文弱书生不招谁惹谁，别人也找不出什么茬子，只好忍着满心的厌恶，站在一边冷眼旁观，等着瞧笑话呢，"常将冷眼看螃蟹，看你横行得几时"；只要你一朝有什么闪失，那么你尽管放心吧，我担保什么样的石头都会朝着井里扔，一直把你砸扁压烂为止，还要再踩上一只脚，让你永生永世不得翻身。

马谡很可怜，浑浑噩噩，稀里糊涂便一失足摔到这口黑咕隆咚的大井里去了。他在街亭这么一败，害得自己赔上了小命不说，牵累了天下读书人跟着他一起倒霉才是大问题！这下子，诸位看客可算是逮着读书人的狐狸尾巴了：马谡他不是熟读兵书吗？不是好论军计吗？不是知识渊博、学富五车，大有"如欲平治天下，舍我其谁"的架势气概吗？可你瞧瞧，真让他去办点实事，不就全露怯了，这下非砸了锅不可。志大才疏，言不及义，满腹经纶，花拳绣腿，都是那些读书人的通病，光有理论顶个屁用，关键是要能实干，会办事。所以，读书人应当守自己的本分，去做专家学者，而不该这山望着那山高，幻想指点江山、挥斥方遒，去充当什么领导，免得邯郸学步，到最后只好爬着回去。可见，马谡的落魄，的确害得天下读书人丢人现眼，见人就矮上半截，负荷了深重的原罪感，连长时间说话都缺了中气。

可是，再往深处想一想，似乎又觉得事情有些不大对劲。兵书读得多而最终误了大事的，历史上好像并不太多见，你掐着指头数了又数，不也只能举出赵括、马谡等寥寥几个吗。相反的情况是，知识越多越聪明，好像更在理：读兵书多而成就大事者不乏其人，读书人统兵御敌而建功立业者也比比皆是。袁崇焕不是正儿八经的文进士出身吗，可就是他当年把宁远保卫战打得有声有色，让不可一世的后金八旗雄师栽了跟斗，叫苦不迭！曾国藩、左宗棠、李鸿章不也是原汁原味的读书人吗，可又有谁敢说，他们的军事指挥能力欠火候,否则,怎么能挽狂澜于既倒,把占有东南半壁江山的太平天国给灭了,从而使风雨飘摇中的清王朝得以暂时逃过一劫,继续苟延残喘! 即便是赳赳武夫出身的吕蒙,还不是听了孙权的劝告,折节好文,潜心问学,熟读兵书,方才"学问开益,筹略奇至"的,在日后收复荆州的战争中,白衣渡江,出其不意,攻其无备,杀得号称"万人敌"的关羽没有半点脾气,只好乖乖地束手就擒!

所以,如果你拿出赵括、马谡的例子,来证明读书人迂腐疏阔,不堪大用;那么,我就可引用袁崇焕、曾国藩的故事,来证明读书人担当统帅才是理想的选择。这场笔墨官司是永远也扯不清楚的。我不讳言,读书人当中是有像马谡这样做事教条的人,但是他们只是异数,只是极其个别的特例。拿少之又少的个案来给读书人画脸谱、定角色,那是地地道道的以偏概全,根本经不起任何推敲。时至今日,这种习惯性思维是得改一改了。不然,读书人没有活动手脚的空间,自早到晚枯坐在书斋当中,与青灯黄卷为伍,向故纸堆讨生活,缺乏站到前台操盘演示的机会,这恐怕不能不说是属于一种人才资源的浪费。而日积月累,长此以往,即使原本有本事的读书人,也会"却将万字平戎策,换得东家种树书",优哉游哉打发日子,渐磨圭角入中年,变成光滑滑、圆溜溜的皮球,到那个时候,他们可真的是名副其实的纸上谈兵、百无一用了!

注释:
①《三国志·蜀书·马良传附马谡传》。
②《何博士备论·霍去病论》。

做人不低调的危险
——贺若弼英雄末路

　　中国古代最有智慧的思想家老子对人生进退得失有透彻的参悟。他告诫人们要懂得"祸兮，福之所倚；福兮，祸之所伏"的道理，凡事要有分寸，要明白认清和高明把握适当的度，既不要不及，又不能太过，以免乐极生悲，走向反面，留下"亢龙有悔"的遗憾。

　　然而，对于大多数功臣宿将来说，他们很难真正理解老子"贵柔守雌"、"知白守黑"的妙谛，无法进入"故唯不争，故无尤"的人生理想境界。事业的成功，地位的变化，他人的恭维，后辈的仰慕，往往使他们飘飘然起来，让胜利冲昏了头脑，不知收敛，忘乎所以，为所欲为。结果写下了人生的败笔，由辉煌走向毁灭，由光荣走向绝望，功名成就反而成了自己脖子上的绞索。

　　历史上君主与功臣宿将间的关系多以矛盾对抗始，以你死我活残杀终，上演着永无止境的兔死狗烹或鸠占鹊巢式的悲剧。其中固然有君主集权专制、猜忌残忍的重要原因，但是，从功臣宿将这一面说，也有其放纵自己、肆意妄为、咎由自取的个人因素。他们或居功自傲，率性胡为，造成骄纵不可制约、危害国家与君主利益的严重后果；或不甘寂寞，四处伸手，处是非之地而毫不觉悟，陷入争权夺利、干预朝廷政治的泥潭，引起天子的极大不满，以致牵动天子的杀机；或伐能邀宠，互相倾轧，争名于朝，逐利于市，见

126

荣誉而上，见利益而夺，惹得同僚侧目，导致天子反感。所有的这一切，都严重激化了君臣之间的对立，导致了杀身之祸的降临。皇帝是独夫，但一般都不是笨伯，为制止功臣宿将的骄纵妄为，也为自己统治的安危存亡计，他都要把打击的矛头直接指向那些自命不凡、不可一世的功臣宿将，都要给他们以应有的教训。从这个意义上说，对于诛戮功臣一事，皇帝本人固然难辞其咎，但作为受害者一方的功臣宿将，也不无自己身上的问题。这才是比较公允的认识。

在功臣宿将的眼里，他为朝廷所立下的战功，是他日后取富贵、享荣华的筹码，自己既然已向朝廷投之以桃，朝廷也不能让自己白白辛苦而应该报之以李，"衣食之外，别无君臣"，双方之间互为利用，等值交换。战功越大，酬劳亦越大，否则就是破坏了政治游戏规则，大家都不舒坦，糟糕至极。

由于朝廷通常以功勋大小来定酬劳高低，它关系到自己荣誉、地位、利禄等种种实际利益，所以它不能不牵动绝大多数功臣勋将的神经，使得他们沉不住气，在分享胜利果实的日子里，锱铢必较，寸利必争，昔日的战友转眼成了可憎的仇敌，心智俱失，情感亢进，彼此大打出手，闹得个不亦乐乎。这正应了老子的那段名言："五色令人目盲，五音令人耳聋，五味令人口爽，驰骋畋猎令人心发狂，难得之货令人行妨。""名与身孰亲，身与货孰多，得与亡孰病。甚爱必大费，多藏必厚亡。"

而身为皇帝者，也充分利用功臣宿将争名逐利的心态，对桀骜不驯的功臣大将加以控御。在他的眼里，功臣宿将有时不过是一群争抢骨头的狗，丢一块骨头就可教其互相撕咬搏斗："王见大王之狗，卧者卧，起者起，行者行，止者止，毋相与斗者；投之一骨，轻起相牙者，何则？有争意也。"于是历史上便有不少"两桃杀三士"之类的故事发生，而功臣宿将也多不争气，无法做到"不在五行中，跳出三界外"，往往为一块没有多少肉的骨头争得你死我活，不可开交。《史记·叔孙通列传》所载"群臣饮酒争功，醉或妄呼，拔剑击柱"，《旧唐书·房玄龄传》所录"（公卿勋臣）咸自矜其功，或攘袂指天，以手画地"种种，就是"功狗"们丢开矜持，蜂拥而上，龇牙咧嘴，争抢肉骨头的丑态百出之形象写照。

当然，这类功臣宿将争功逐名的举止发展到一定程度，就会越过天子所能容忍的界线。天子为了保全朝廷的尊严，维持政权的安定，特别是强化自己的权威，对功臣宿将倚功卖能的做法一定会加以限制，不让它走到极端，有时甚至会严加打击，大开杀戒。由此可见，功臣宿将见荣誉不能谦让，遇利益争执攘夺，居功伐能，骄傲自得，罔顾国家利益，漠视君主权威，个人私欲恶性膨胀，对权力财富的胃口越开越大，是导致天子对他们产生反感敌意，甚至不惜动用武力清除剪灭的原因之一。

隋朝大将军贺若弼与另一位宿将韩擒虎矜能争功，骄横跋扈，以致闹出纠纷，最终失去天子的欢心，日后更因口舌取祸而杀身殒命，便是这方面一个比较典型的例子。

杨坚以北周皇帝的岳丈之身份，从孤儿寡母手中夺得锦绣江山，建立隋朝，是为隋文帝。他登基后勤政爱民，励精图治，发展生产，扩充军备，遂使国力迅速增强，具备了统一全国的基本条件。

一切准备就绪后，隋文帝杨坚于开皇九年（589）正月下达诏令，南下征伐江南的陈国，实施灭陈统一全国的战略决策。隋军水陆兵员五十余人，在晋王杨广（也就是日后那位名声不甚佳的隋炀帝）的总指挥下，同时从长江上、中、下游分八路攻陈。当时隋吴州总管（相当于今天的军区司令员）贺若弼、庐州总管韩擒虎奉命统率所部参加这场重要的战略决战，分别担任八路大军中各一路的指挥，分兵合势，"并敌一向，千里杀将"，兵锋直取陈国的都城建康（今江苏南京市）。

战斗进行得非常顺利,贺若弼率部在钟山(即紫金山)一带牵制和击溃了陈军的主力,"(陈军)兵交而走,诸将支离,阵犹未合,骑卒溃散",并生擒了陈军猛将萧摩诃。而韩擒虎则亲率精锐骑兵五百人乘隙蹈虚,直捣建康城,一举擒拿了陈国那位专爱听"后庭花"的宝贝皇帝——陈叔宝。腐朽不堪的陈国统治就此宣告灭亡,从而结束了中国数百年的南北大分裂局面,中华民族大融合就此进入崭新的阶段。贺若弼、韩擒虎(也包括那位杨广先生)都为此做出了自己重大的贡献。

无怪乎捷报飞传到隋文帝那里后,他要特地专门下诏对贺、韩两人的战功褒奖有加了:"此二公者,深谋大略,东南逋寇,朕本委之,静地恤民,悉如朕意。九州不一,已数百年,以名臣之功,成太平之业,天下盛事,何用过此:闻以欣然,实深庆快,平定江表,二人之力也。"① 又称道:"申国威于万里,宣朝化于一隅,使东南之民俱出汤火,数百年寇旬日廓清,专是公之功也。高名塞于宇宙,盛业光于天壤,遂听前古,罕间其匹。班师凯入,诚知非远;相思之甚,寸阴若岁。"② 真可谓说尽了天下最最动听的言辞,对此二人推崇备至了!

然而,面对攻灭陈国这一不世之功,贺若弼和韩擒虎都头脑发昏,忘乎所以起来。为了独揽平陈的头功,他们一进建康城便闹了一场不大不小的纠纷。贺若弼比韩擒虎晚一步进城,一想到此事他就心理不平衡,气塞胸腔;明明是自己浴血奋战,才从正面击败陈军主力,可头功却被韩擒虎抢去,这口气如何咽得下去。于是他开始失去理智,妒意大发,当众与韩擒虎干上了。"(贺若弼)既而耻功在韩擒虎后,与擒虎相诟,挺刃而出。"③ 两人几乎兵戎相见,自相火并。

由于贺若弼的发迹是出于重臣高颎的举荐(高颎曾在杨坚跟前称誉贺若弼是"朝臣之内,文武才干,无若贺若弼者"),而平陈大元帅杨广又素与高颎有隙，所以杨广在这场风波中，态度上的倾向性非常明显，即有意识地袒护支持韩擒虎而贬抑打击贺若弼，在杨坚那里参上一本，说贺若弼擅自行动，先期决战，违背军令，建议将其削职为吏。虽然这一建议为杨坚所拒绝，但杨广掺和到这场纠纷之中，更使得贺、韩之间的矛盾冲突变得复杂化。

隋军班师回到京城长安之后，贺若弼与韩擒虎之间的争功风波不但没有平息，反而进一步闹到了隋文帝杨坚的御座跟前，争得脸红脖子粗，不亦乐乎。贺若弼振振有词地说：我在蒋山（即紫金山）一带殊死作战，大败陈军的精锐，生擒敌方的骁将，震扬威武，于是平定陈国，韩擒虎这厮没有像模像样地打过一仗，岂能够同我相比！就这样，他企图贬低韩擒虎的战功，将平陈之功一股脑儿揽到自己的身上。

韩擒虎也不是个善茬，他凭着有杨广的撑腰毫不示弱，同样在隋文帝面前矜夸己功：皇上命令我和贺若弼同时进军，合力攻打敌人国都。可贺若弼罔顾君命，竟然提前行动，轻率地与敌人交锋，结果导致我军将士死伤惨重。而我则是仅用轻骑五百，兵不血刃，直取金陵，收降敌方大将任蛮奴，生擒活捉伪皇帝陈叔宝，攻占敌人的巢穴，彻底灭亡了陈国。贺若弼到傍晚才赶到城下，是我打开城门放他进城的。像这样的人，只配治罪受罚，哪里有资格同我来相比！两人你一言，我一语，越吵越凶，若不是皇上本人在场，有所顾忌，几乎就要拳脚相向了。

隋文帝对贺若弼、韩擒虎两人的争功行为，表面上采取了不予深究、打圆场、和稀泥的办法，称道他俩的功劳一般大："二将俱为上勋。"均给予很高的赏赐，大加勉励，封贺若弼为上柱国，并进爵宋国公，同时赐以数不清的珍玩；对韩擒虎的赏赐也比照同一标准执行。其实其内心深处对贺、韩两人的表现却深感失望和不满。从他对高颎的褒扬之举中可以看出这一点。他曾让高颎与贺若弼论平陈之事,高颎回答说:"贺若弼先献十策,后于蒋山苦战破贼。臣文吏耳,焉敢与大将军论功?"隋文帝听了后哈哈大笑,"嘉其有让"。这实际上是从另一个角度,批评了贺若弼与韩擒虎矜能争功的过错。

虽然贺若弼得到重赏,但应当说他所失去的远要比得到的来得多。这首先是他失去了隋文帝的信任,更主要的是,他失去了实际上的军权,可谓是明升而暗降。在这次争功风波之后,杨坚的印象中,贺若弼不但是一个不听话不服管的大将,而且还有谋反的倾向,而皇帝一旦有了这种印象,那么该人的前途也就基本葬送了,很大程度上,甚至于他的性命也岌岌可危,"譬如朝露,去日苦多"了。

所以贺若弼虽然生活在荣华富贵之中,却再也得不到皇帝的重用,在几个地方当了几任父母官后就被迫退休了。他居住的地方就是他当年立过战功的江陵,然而就是这种小事,在杨坚眼中也不能容忍,说:"贺若弼当官时挑选的地方都是战略要地,就连他的退休之地也选择了容易滋事的江陵,可见此人的骨子里反心不死。"真是欲加之罪,何患无辞。

遗憾的是贺若弼虽然用兵如神,但在政治上却是一个十足的智力低能儿,还在那里梦想东山再起呢!更糟糕的是,他还管不住自己的嘴巴,张口伤人,惹来许多麻烦,正应了"祸从口出"这句老话。譬如他眼见得高颎、杨素等人一步一个台阶高升,而自己却被赋闲在那里,禁不住怒火中烧,四处说杨素、高颎无什么才能,至多不过是个饭桶罢了。自然会有人打小报告把他的话传给杨坚听,杨坚当然恼火,马上将贺若弼召来,责问他:"朕任命高颎、杨素为宰相,你却每每说他们是饭桶,这是何居心?"贺若弼勉强回答说:"高颎,是我的老朋友了。杨素,是我的小舅子。我不过随便说说他们罢了。"虽说好歹应付过去了,贺若弼也算是到鬼门关前转了一遭,只是杨坚念他昔日劳苦功高,才动了恻隐之心,权且留下他的人头。

等到隋炀帝杨广登基之后，贺若弼也就彻底玩完了。道理很简单，"人情似纸番番薄，世事如棋局局新"，第二代君主通常对前代功臣就有戒心，贬抑打击无所不用其极，更何况他早年就和贺若弼有过节，这时既然当了皇帝，自然要找机会同贺若弼算总账。可惜，贺若弼身临绝境犹不知道及时抽身，依旧我行我素，信口开河，乱发议论。杨广可不是杨坚，他是不会容忍其他人对自己说长道短的，尤其是像贺若弼这类有资本摆谱、威名素著而又不大听话的宿将，他必定要摘下贺若弼颈上的人头，让其永远闭上嘴巴。所以当贺若弼在炀帝西征问题上言论不慎的毛病再犯时，杨广就毫不犹豫地将贺若弼推上刑场，让其付出生命的代价。

贺若弼作为一代名将，在灭陈统一南北之战中立有赫赫战功。可是在胜利之后，却与人争功，毫不谦让，这就失去了大将应有的风度，沦为妇姑勃豀一流了。灭陈之后，他之所以未得到隋文帝的重用，而在炀帝统治期间更因口舌取祸，"矜伐不已"而丧生殒命，这其中固然有封建帝王"飞鸟尽，良弓藏；狡兔死，走狗烹"的统治权术在起作用，但其个人修养上的明显欠缺，恐怕也是一个不可忽视的原因。

"今人不见古时月，今月曾经照古人"，对于历史上众多因军功而闹待遇、争地位、捞实惠的功臣宿将来讲，贺若弼的遭遇，永远是一面清澈光亮的镜子。它提醒人们：做人，尤其是做官，千万要低调、再低调！

注释：
①《隋书·韩擒虎贺若弼传》。
②同上。
③《资治通鉴》卷一七七。

132

孤忠悬白日，遗恨寄中原
——岳飞为什么不得不死

"留得大名垂日月，精光千古照中原。"这一诗句所歌颂的，是我国南宋时期伟大的抗金名将岳飞。

岳飞这个名字，在我国可谓家喻户晓，妇孺皆知。他出身于一个贫苦的农民家庭，自幼便受到良好的爱国主义传统教育，立志于"精忠报国"的崇高理想追求。在金兵南下侵略，中原生灵涂炭的动荡年代里，岳飞愤然投军从戎，忘我杀敌，从二十岁起便奋战在抗击金兵入侵的战场上，出生入死，东征西讨，身经百战，屡建奇功。在战争烽火的锤炼中，他逐步由一名普通士兵成长为一位统兵十万、独当一面的杰出将帅，成为支撑南宋半壁江山的中流砥柱。公元1140年，他发出"犁庭扫穴、痛饮黄龙"的铮铮誓言，统率岳家军反攻中原。在作战中，他因情用兵，临机制胜，灵活机动，不拘常法，"阵而后战，兵法之常，运用之妙，存乎一心"。相继取得了郾城、颖昌大捷，重创金兀术率领的金军主力，横扫中原，收复大片失地。打得曾嚣张一时的金兵鬼哭狼嚎、肝胆俱裂，绝望地发出"撼山易，撼岳家军难"的哀鸣。

由此可见，岳飞对于当时偏安一隅的南宋朝廷来说，是一位不折不扣的大功臣。正是靠了他的力挽狂澜，南宋朝廷才转危为安，避免了为金兵所灭亡的命运，宋高宗赵构才能在临安（今浙江杭州）城中坐稳龙庭，过上"山外青山楼外楼，西湖歌舞几时休"的神仙般的日子。然而"暖风熏得游人醉，直把杭州作汴州"，宋高宗及其手下秦桧等奸佞之流，对岳飞的丰功伟绩不但不感恩戴德，反而对岳飞本人蓄意陷害，无情打击。正当岳飞连战连捷，跃马横戈准备继续北进直捣金朝老巢黄龙府时，他们竟然一日连下十二道金牌，强令岳飞班师回朝，致使其苦心经营十年的反攻大计，毁于一旦。随后又罢去岳飞的兵权，积极罗织罪名，诬陷岳飞"谋反"。绍兴十一年（1141）十二月，更以"莫须有"的罪名，将岳飞及他的儿子岳云、战将张宪等人残忍杀害，制造了骇人听闻的风波亭千古奇冤。当时岳飞年仅三十九岁，壮志未酬便衔冤赍恨而亡。

岳飞之死是十足的冤案。他以功招祸、因忠罹难的不幸遭遇委实让人痛心疾首，扼腕浩叹。这样的奇冤在历史上或许并不多见，因为功臣遭皇帝屠戮，问题虽主要出在皇帝的身上，但是功臣宿将自身也多少有把柄可供人家利用，如居功自傲，如骄横不法等等。而岳飞的冤案则完全不同，它纯粹是宋高宗、秦桧等人单方面的为非作歹，这种际遇恐怕只有明末袁崇焕被冤杀事件差可比拟。无怪乎后人要对岳飞寄予无限的同情，并对残害他的刽子手赵构、秦桧严加声讨、痛予鞭挞了："青山有幸埋忠骨，白铁无辜铸佞臣"，"人从宋后羞名桧，我到坟前愧姓秦"。

岳飞被冤杀的原因，一般都认为是他力主抗金，反对投降议和的立场，同顽固坚持妥协投降路线的南宋最高统治集团产生了尖锐的矛盾，因此被赵构、秦桧之流视为眼中钉、肉中刺，必欲去之而后快。为了满足金朝方面"必杀飞，始可和"的蛮横要求，赵构、秦桧遂冒天下之大不韪，将屠刀砍向功业卓著、赤胆忠心的岳飞。这个说法固然很有道理，但似乎并不全面。岳飞的悲剧，除了上述原因之外，另一个深层次因素，是他无意中卷入了朝廷内部的复杂关系,出于公心仗义执言而触犯了赵构本人的利益,从而使其对岳飞产生猜忌、嫉恨,种下冤杀功臣的祸根。

明代文人文徵明曾作有一首《满江红》词,对岳飞被杀的原因大胆表示了自己独到的见解。认为杀害岳飞的主凶是赵构而非秦桧,"笑区区一桧亦何能,逢其欲"。指出赵构杀岳飞是为了防止北伐胜利,徽、钦两宗回朝,致使自己不能再居皇位局面的发生:"徽、钦既返,此身何属?"应该说,文徵明的看法是很正确的。岳飞之遭猜忌,最终沉冤风波亭,其原因之一,是他力主北伐,战胜金兵,迎接徽、钦两宗回朝,而且他还在公开场合把自己的这个主张宣布出来,这不能不引起赵构的极大忌恨,非杀掉岳飞不可了。

宋代自宋高祖赵匡胤利用军队发动"陈桥驿兵变"开国以来,鉴于前代功臣宿将擅权,以致江山易手的教训,一直把防范武将专权干政作为国家的既定方针。岳飞作为统率一支雄师的方面大员,自然会成为赵构防范的主要对象。如果岳飞功劳不那么大,才干不那么高,就像刘光世、张俊之流庸庸碌碌,无所作为,则朝廷尚可以有几分放心;或者假如岳飞性格不那么刚直,正义感不那么强烈,对朝廷事务噤口不言,漠不关心,就像后期韩世忠那样明哲保身,得过且过,朝廷亦至少不会如此快地启动杀机。然而岳飞偏偏是一个血性汉子,"做事斩钉截铁,为人光风霁月",对自己认准正确的事情非发言不可,这就直接触犯了赵构不可明白告人的私衷,其大祸临头也就无法避免了。

应该说,岳飞秉公议事、仗义执言的性格是一以贯之的。早在他还是一个下级军官时,就因这方面的原因而遭受过打击。宋高宗赵构初即位,年仅二十四岁、身为下级军官的岳飞就不顾位卑言轻之嫌而上书赵构,反对南逃,力主北上抗金。但奏书却触怒了赵构和朝中妥协派大臣,羞恼之余,他们给岳飞扣上了"小臣越职,非所宜言"的罪名,革去了岳飞的职务。

可是江山易改,本性难移,岳飞秉公言事的个性并未随着岁月的流逝而改变,遇有他认为正确的意见,他仍然要坦率表达,这样一来,赵构对他的猜忌便越来越重,悲剧的发生也就难以避免了。因为岳飞这时已不再是无足轻重的普通军官,而是手握重兵、威震天下的方面大员了。他的一举一动都会触动赵构的神经,使其产生其他的联想,变得心绪不宁,寝食难安,这从专制君主一方来讲,也是正常的反应。

这中间有一件事尤其让赵构大为反感,使他内心深处断定岳飞为反侧之子,有不臣之心。当时赵构因无自己的子嗣而立太祖后裔赵昚(即后来的宋孝宗)为太子。金人方面为了挑动南宋朝廷内部的矛盾,表示要送钦宗之子赵靖回临安,企图在南宋皇位继承问题上制造风波,挑拨离间,煽动不和。岳飞对赵昚的人品能力有所了解,认为他是一位合格的皇位接班人,所以主张维持赵昚的继承人地位,拒迎赵靖。为了表达自己的这个主张,他决定给赵构上奏章,详细阐说赵昚应继续担任储君的种种原因,提醒赵构千万不要中了金人阴险的离间之计。这时,一个名叫薛弼的大臣建议他放弃这种做法。薛弼向岳飞指出,朝廷对武将存有戒心,身为武将者应当循规蹈矩,谨守为臣的职分,不在其位,不谋其政,老老实实,恭顺听命。虽说岳飞你是出于公心提自己的看法,但客观上却会使朝廷对你产生猜忌,所以还是不去捅这个马蜂窝为好,要懂得"是非只为多开口,烦恼皆因强出头"的道理!然而岳飞认为自己完全是出于公心言事,是为朝廷的前途着想,尽忠尽职,并无不可,于是仍坚持在上朝时提出自己的观点。

事情的发展果然不出薛弼所料。当岳飞对赵构谈及拒迎赵靖,仍立赵昚为太子的意见时,赵构的脸色顿时阴沉下来,他忍住怒气听完岳飞的奏章后,当即给岳飞以严重警告:"你的意见虽说是出于忠心，但武臣不得干预朝政，乃是祖宗定制，今后决不允许你再在这类问题上发表意见。"说完便拂袖离去。事后赵构又让薛弼转达他对岳飞的警告，不得妄议朝政。同时数次派遣宰相赵鼎向岳飞传达类似的训诫。大概从这个时候起，宋高宗赵构对岳飞的猜忌之心便急剧膨胀起来，你岳飞拥兵十万，尾大不掉，又居然违背朝廷祖制，对朝政说三道四，乱发议论，这究竟是想干什么？越思忖越是觉得事情蹊跷，疑窦丛生，于是就认定岳飞头上长有反骨，绝对不可信任。这样的误解日复一日地加深，到最后终于通过"和战争论"事件的渠道全面爆发出来，制造千古冤狱残杀功臣岳飞。

显而易见，岳飞之死的另一层原因，是他出于公心对朝廷的具体政务发表了自己的意见，无意中触犯了皇帝的大忌，使得皇帝对他加深猜疑，最终亮出屠刀，制造冤案。

岳飞之死的又一个深层次原因，在于封建政治的扼杀人才机制。中国历史上许多功臣勋将遭诬陷，遭迫害，有一个重要的因素不可忽视，即一些人品龌龊、性情邪恶的官员出于各种阴暗心理、卑劣动机，秉承专制君主的旨意，在那里兴风作浪，借刀杀人。他们或捕风捉影，制造事端；或栽赃诬陷，挑拨离间；或血口喷人，狠使绊子；或落井下石，墙倒众人推。总之，是无所不用其极，其狠毒令人发指，其肮脏让人作呕。岳飞的同僚张俊，就是这类跳梁小丑中的典型代表。

提到张俊，我们不得不先从岳飞坟前的四座铁铸跪像说起，游览过杭州的人恐怕都多少知道在美丽的西子湖畔的岳武穆庙里，著名将领岳飞坟前铸有四尊跪着的铁像，供万人唾骂、古今诅咒。这四座跪像的主人公就是残害岳飞的元凶。他们以自己的无耻凶残而遭到自宋以来一切有正义感的人们的唾弃，被永远钉在历史的耻辱柱上。可见历史终究是公正的，公道自在人心，英雄为人所缅怀,而奸佞则为人所憎恨。

在这四座跪像中,秦桧是残杀岳飞的主谋之一,秦桧之妻心肠歹毒不亚其夫,正是她一句"放虎容易缚虎难",促使秦桧最终下定决心向岳飞开刀。万俟卨是岳飞冤案的直接"主审官",为虎作伥,在残害岳飞一案中赤膊上阵,充当急先锋,罪不可恕。他们三人受声讨、遭唾骂是很自然的。可是,第四个跪像的主人公则教人产生另外的感觉,既蔑视憎恨又惋惜遗憾:原本是人为何甘愿做鬼!

这人不是别人,就是当时名声显赫、地位尊崇,也曾立过战功的大将张俊。这位张俊长年在军中服务,也在抗金军事活动中跃马横戈,没有功劳有苦劳,也一步步成为了统兵数万、独当一面的方面大员,与韩世忠、刘光世、岳飞一起并称为南宋初年"中兴四大名将"。

然而,就是这位多少也可以称为南宋朝廷功臣的张俊将军,却丝毫不念与岳飞的袍泽之谊,丧尽天良,在陷害、残杀大功臣岳飞的丑恶事件中,充当打手,助纣为虐,以致身败名裂,被铸成铁像跪在岳飞墓前受后人唾骂抨击,遗臭万年,永世不得翻身。真可谓"丹心早为红颜改,青史难宽白发人"!

从史实记载来看,张俊在岳飞冤狱中的确扮演了一个极其不光彩、令人作呕的角色。是他秉承赵构、秦桧的旨意,有意自解兵权,出任虚职枢密使,从而以旅进旅退的政治姿态,胁迫岳飞解除兵权,出任无实权的枢密副使,使其痛饮黄龙、收复中原的凌云壮志付诸东流。是他编造了岳飞在淮西战役中违抗圣旨、逗留不进的弥天大谎,使赵构、秦桧找到借口,罢免了岳飞的枢密副使之职。是他处心积虑要把岳家军彻底摧毁,要置岳飞于死地,而暗中在岳飞的部将中物色能告发岳飞的奸人,抬出贪昧良心、认贼作父的副统制王俊、都统制王贵充当首告,帮助其炮制《告首状》,

诬告岳飞最倚重的部将张宪要领兵到襄阳谋反,并把岳飞牵涉其中。也是他故意昧着良心判定王俊《告首状》中所述一切属实,亲自冲到前台,赤膊上阵"亲行鞠炼",逼张宪自诬"欲劫诸军为乱",并亲自伪造所谓的张宪口供,将张宪、岳云一同押解到杭州的大理狱中,接着又向岳飞本人伸出魔掌,将捏造的案情上达天听,终于酿成惨绝人寰的冤狱悲剧。

正因为张俊秉承赵构、秦桧的罪恶旨意,鞍前马后地来回奔波,做了大量基础性的前期工作,一手策划了所谓"岳飞伙同其子岳云、部将张宪阴谋叛逆"案件,赵构、秦桧才能顺水推舟,制造出英雄蒙难、千古同悲的"风波亭奇冤"。由此可见,张俊是赵构、秦桧迫害忠臣、自毁长城的罪恶行径中的主要帮凶,说他是岳飞冤案的始作俑者并不为过! 他遭到人们的憎恨唾弃,被押上历史审判台示众,乃是咎由自取,理所当然。

张俊诬陷迫害岳飞,这固然有他品质卑劣的因素,但真正的病根还是应该到中国传统政治中去寻找。中国传统政治中有一个很大的弊端,就是提倡普遍平庸,反对个别冒尖,所谓"木秀于林,风必摧之;堆出于岸,流必湍之;行高于人,众必非之",指的正是这种现象。在中国古代政治生活中,存在着普遍的劣胜优败的淘汰机制。你才华出众,功业过人,就反衬出其他人的平庸与无能,他们因而会感到不舒服,觉得没面子,心理一失衡,于是就对成功者滋生出极大的敌意,恨不得把他拉回到平庸之中,甚至要想方设法打击他,毁灭他。这样一来,嫉贤妒能、损人利己等种种做法便大行于世了。从此,小人得志猖狂,英雄进退维谷,亦成为正常表现,代有相传,不绝如缕。换言之,中国古代的"人才",往往是揣摩人、对付人之才,而非做事建功之才。而中国传统政治之所以萎靡不振,固然因其弊端众多,但很大程度上,也是因为"人才"过剩而"事才"短缺。

从这个角度考察张俊陷害岳飞的行为,其初衷和动机或许也比较能够理解了。张俊资历比岳飞老,地位比岳飞高,可是军事才能却远逊于岳飞,战功也无法和岳飞比拟,这样,他的威望自然一天天不如岳飞,长此以往,可能会导致自己与岳飞的官爵地位互换位置。眼见岳飞芝麻开花节节高,风风火火闯九州,自己却老牛破车,光彩不再,"暮去朝来颜色故,门前冷落车马稀",成了"迟暮的美人",这如何不教人妒火中烧,气愤填膺?真真是可忍,孰不可忍。要使自己摆脱这种尴尬的境地,维系住自己既得的利益,最佳的出路便是把竞争对手打下去,从根本上消除这方面的威胁。而打击竞争对手的主要途径,则莫优于借助朝廷的力量,利用天子的喜怒哀乐。量小非君子,无毒不丈夫,只要能达到目的,就无妨不择手段。我同你岳飞不比军功,不比人格,专比谁脸皮厚,谁心肠黑,你岳飞如今神气,我就让你神气不起来,看看究竟是你有能耐,还是我有道法。于是乎,他心甘情愿地充当了赵构、秦桧等人的帮凶,成了十足的奸佞。

　　岳飞一方面直言不讳,使得宋高宗赵构萌发内心深处的凛凛杀机;另一方面功盖天下,害得庸将张俊之徒颜面尽失,无地自容。如此这般,尽管岳飞其心天日昭昭,但又焉能逃脱"风波亭之狱",留得性命!

政治牺牲品
——戚继光的宦海沉浮

先哲捍宗邦，民族光荣垂万世；

后生驱劲敌，愚忱惨淡继前贤。

——冯玉祥将军于1934年撰写的山东蓬莱戚继光祠对联

明朝，是中国历史上一个比较窝囊的王朝，那些皇帝，不是流氓无赖，就是白痴浑蛋，尤其是到了嘉靖、万历之后，更是无可奈何花落去，没有半点振作的模样。总而言之一句话，明代中后期政治黑暗之程度在中国历史上是罕见的，而与之相伴生的就是结党营私、党同伐异，各种党派间尔虞我诈、倾轧不已，阉党、浙党、闽党、齐党、东林党冲突迭生，生死相搏；红丸案、移宫案、梃击案纷至沓来，冤冤相报。这种险恶的政治环境使得不少功臣名将举步维艰，动辄得咎，稍有不慎陷足于其中，则往往会葬送自己的政治前程，使自己成为某一政治人物或政治势力的牺牲品。

当时爱国名将、抗倭英雄戚继光的遭遇，就比较典型地反映了这一现象，也让后人明白了一个偌大的大明帝国，居然让数万满洲八旗一举剪灭、扫入历史的缘由之所在。

戚继光(1528—1587)，出身于将门之家，十七岁承袭祖职，先后任过参将、副总兵、总兵等军职。从公元1555年，他怀着"封侯非我意,但愿海波平"的崇高理想投身于东南沿海的抗倭斗争。为了适应抗击倭寇作战的需要,戚继光从浙江义乌招募勇敢的农民和剽悍的矿工,采用营、官、哨、队四级编制方法编成新型军队。经过戚继光的严格训练,这支新军队伍很快成为军事劲旅,在抗倭的作战中骁勇善战、所向披靡、战功卓著、名闻天下,人称"戚家军"。

这支戚家军曾先后同倭寇作战八十余次,取得了著名的台州大捷、平海卫大捷等胜利,与俞大猷等名将一起,一举荡平了浙江、福建、广东等地的倭寇,为保卫东南沿海民众的生命财产安全立下了不朽的功勋。戚继光堪称抗倭民族英雄,杰出的军事家。

尔后戚继光奉命调到北方前线,镇守蓟州,承担起守卫京城重畿的重任,"在镇十六年,边备修饬,蓟门宴然",有效地捍卫了京师重地的安全。在长期的战争实践中,他还创立了鸳鸯阵等阵法,革新战术,训练劲旅。所谓的"鸳鸯阵",乃是戚继光在抗倭战争中独创的一种阵法,此阵法以十一人为一队,居首一人为队长,旁二人夹长盾,又次二从持狼笔,复次四从夹长矛、长枪,再次二人夹短兵。阵法可随机应变,变纵队为横队即称两仪阵,两仪阵又可变为三才阵。这种新型阵法,曾在抗击倭寇的作战中大显神威,所向披靡。

戚继光还撰有兵学名著《纪效新书》和《练兵实纪》,为中国古代军事学术的发展做出了极其重大的贡献。众所周知,"先计后战"是中国军事文化的重要传统。古代兵家都普遍强调"先计"的重要性,戚继光就主张要打"算定战",坚决反对打"舍命战"和"糊涂战"。而《纪效新书》正是戚继光基于"打算定战"的宗旨,所撰的以军事训练为主的著名兵书。全书十八卷,卷首一卷,有明刻本和清代以来的抄本和刻本多种,另有万历年间成书的十四卷本,内容与十八卷本有所不同。戚继光自己对该书的宗旨作了阐释:"夫曰'纪效',明非口耳空言;曰'新书',所以明其出于法而不泥于法,合时措之宜也。"全书分总序和正文两部分,既是戚继光本人抗倭实战经验的总结,又反映了在一定的火器发展阶段上的军队训练和作战情况,体现了时代的特点,有重大的军事价值,素为后世所重。

戚继光能够在军事领域有杰出的建树,除了时代的机遇和个人的努力之外,在很大程度上也受惠于谭纶、张居正等朝廷要员的赏识和器重。他们对戚继光来说实有识人之明、知遇之恩。应该说,这种器重是合理恰当的,是慧眼识珠、知人善任。

其中张居正对戚继光的器重,主要是在戚继光担任蓟州总兵期间。他用人不疑,力排众议,果毅决断,雷厉风行,将那些与戚继光作对的当地文官迁调出蓟州,使戚继光免受各种掣肘,可以放开手脚大干,一展宏图。他还向戚继光的军队提供优厚的财政补给,使其拥有购买军马、制造火器与战车的雄厚财力。他处处维护戚继光,使其军事才能得以充分的发挥。士为知己者死,女为悦己者容。戚继光也对张居正的赏识深怀感激,经常奔走于其门下,以示效忠输诚,并馈送这位中枢辅臣以十分贵重的礼物来联络维系感情,甚至还有用重金购买美女以供张居正享用的传闻。显而易见,他属于张居正圈子里的人。

张居正身任首辅期间,大权独揽,敢作敢为,大刀阔斧地厉行改革。这种政治风格和处事方式,曾得罪了不少朝中权贵,他们对其恨之入骨,一直试图报复,因此当他逝世后不久,这些宵小之徒就开始攻击、诬陷张居正,诅咒他"贪滥僭奢,招权树党,忘亲欺君,蔽主殃民",说他架空皇上,算计同僚,是一个不忠不孝、祸国殃民、五毒俱全的"罪人"。昏庸的万历皇帝不辨是非,认可了这些家伙的意见,开始对张居正进行全面的清算,剥夺其太师的头衔,没收其家产,取消其子进士翰林的身份。

戚继光曾受张居正的器重,双方关系密切,交往频繁,是众人有目共睹、朝野皆知的。在那些必欲彻底搞倒、搞臭张居正的人眼里,戚继光属于张居正的同党,也是须加以打击迫害的对象,于是在清算前首辅所谓"罪行"的同时,他们亦不约而同地将矛头指向戚继光。他们诬陷其部下"西裨将""阴布蜚语京师,倾少保而自代",甚至说戚继光给张居正的信件有"谋逆"的嫌疑:"虽夜中开门递进,意欲何为?""莫非反状乎"。真可谓落井下石,墙倒众人推,欲加之罪,何患无辞!

　　万历帝最憎恨臣下对自己不忠,最讨厌臣下背着自己结党营私,故他听了这些蛊惑挑拨的言辞后,也对戚继光产生了反感和忌恨,遂下令将戚继光调离京师重地,去当无所事事的广东总兵。这次人事变动,对于一心报效国家,以保卫北部疆域安宁为己任的戚继光来说,无疑是一个沉重的打击。

　　但是,对于戚继光来说,厄运才刚刚开了一个头。随着朝廷中权贵们清算张居正之风越刮越烈,亦即当时朝廷政治中的"去张居正化"掀起狂澜。在这种情况下,作为张居正圈子里人的戚继光,处境也变得越来越艰难。时任兵部给事中的张希皋见风使舵,落井下石,趁机上奏章弹劾戚继光,来一个釜底抽薪,斩草除根,朝廷遂于万历十二年(1584)十一月正式下诏罢免戚继光广东总兵的职务,以右军都督金事刘凤祥代之。

　　就这样,一代名将功臣戚继光因与上司张居正的亲密关系而被罢官免职了,从此彻底丧失了在战场上跃马横戈、奋勇杀敌、报效国家的机会。在郁悒情绪的折磨打击下,再加上家庭生活中夫妻反目等变故,戚继光变得苍老憔悴,很快衰弱下去,过了三年物质清贫、精神痛苦的孤独生活后,终于一病不起,"鸡三号,将星殒矣"!一位曾在军事上做出过重大建树、有大功于朝廷的元戎宿将,就这样为当时黑暗的政治所吞噬了。

在戚继光临终前的三个月，曾有一位监察御史出于公心，勇敢地给万历皇帝上疏，建议起用这位已被罢免闲置的功臣宿将，结果让万历皇帝大为不悦，怒不可遏，而这位正直的监察御史则被罚俸三月，以示薄惩。戚继光之所以被劾罢官三年以后，仍不能见谅于万历皇帝和众多朝廷大臣，非将他完全封杀才甘心，原因全在于他和张居正那层让旁人忌恨的密切关系。

　　然而，具有讽刺意义的是，戚继光因政治上迷迷糊糊站错队伍而被打击，遭罢官，不但不敢心怀丝毫的怨恨，反而要强装笑脸，毕恭毕敬地感谢皇上的浩荡"恩典"。在他看来，被贬到广东做闲官，是皇上的"厚爱"，"可见到处都有皇上的恩德，到处都有祖宗所行忠义对天地的感动"；被罢官回乡，也是皇上的"圣眷"："圣明独鉴孤臣，眷未衰也。"由此可见中国封建传统政治虚伪性、残忍性的可怖。明明是皇帝昏庸，滥用刑赏，陷之于死地，可是却不得不唾面自干，自我排遣，以处处维护皇帝的尊严为己任。这与唐代韩愈所言"臣罪当诛，天子圣明"可谓是如出一辙，一脉相承。真是一幕令人啼笑皆非的历史悲喜剧！

　　通过戚继光的不幸遭遇，我们可以发现，中国封建传统政治中存在着一个重大弊端，这就是山头林立，结党拉派，倾轧内耗，党同伐异。一个人是否可信，是否能在政治上被委以重任，很大程度上不是根据他的才能本领，而是看他是否是自己圈子里的人。如果答案是肯定的，那么该人哪怕是酒囊饭袋，也无妨他平步青云，为官做宰；反之，倘若该人属于异己分子，那么尽管他才高八斗，有经邦纬国之能，有匡扶社稷之功，也当摈弃不用，甚至横加迫害，而且他越是有能力，就越是有威胁，越是要予以排斥打击。

　　这种按圈子划线、凭亲疏用人的方式，自然而然地导致了"一荣俱荣，一损俱损"现象的普遍存在。功臣宿将一旦有意无意地卷入这种政治怪圈,那么他的荣辱生死等于交到了他人的手中,他便不复拥有主宰自己命运的自由,而只好听凭他人的摆布,在政治的波谷中无奈地升降沉浮。在历史上,戚继光在这方面肯定不是第一个,也绝对不是最后的一个。

历史大咖们的另一面

岂敢称英雄
——越王勾践的负面示范

　　身为绍兴人，我本应该对本乡的前贤多怀尊敬乃至崇拜的感情。即便是该人的历史有缺陷，人品有瑕疵，也当基于维护前贤形象的立场，而致力于隐恶扬善。因为依据"为尊者讳，为亲者讳，为贤者讳"的古训，人们是不宜苛求乡贤的。孔老夫子曾说："父为子隐，子为父隐，直在其中矣。"这个道理同样适用于对乡贤的评价。然而，对于绍兴历史上的第一号名人——越王勾践，我却实在难以萌生敬重仰慕的情愫。的确，他是一位英雄，卧薪尝胆，十年生聚，十年教训，终于在吴越两国的生死较量中笑到了最后。换言之，他从绝境中奋起，历经艰苦卓绝的奋斗，终于统率敝乡的先辈子民一举战胜盘踞在今太湖流域一带的吴国雄师，逆袭成功，成为春秋历史上的最后一位霸主。他的奋斗与成就，称得上是历史上东山再起、卷土重来、死灰复燃、扭转乾坤的典范，是名副其实的胜利者。

　　正是因为这个缘故，越王勾践便成为了历史上备受人们肯定和推崇的正面人物。中国人素来奉行"功利至上"的原则，所谓"成者王侯败者寇"，尤其是像勾践这样原本处于绝对劣势地位的人物，居然能凭借自己的不懈努力，从而实现强弱态势的彻底转换，由失败者摇身一变而成为胜利者，这实在是太教人赞叹备至了。在他身上，可以看到一种百折不挠的精神，韧性与坚强乃成就大事的前提，一般人很难具备这些，可是勾践他做到了，这不能不让人惊诧，更不能不让人佩服。于是乎，数千年来，勾践就成了不屈服于命运，能够将未来永远掌握在自己手上的象征，所谓的"胆剑精神"也作为中华民族的精神文化资源而被讴歌，嘉许至今天，甚至于成了人们寄托忧国情怀、追求光复中原的文化象征与精神符号。南宋人柴望的《越王勾践墓》一诗，就很典型地反映了这样的意识："秦望山头自夕阳，伤心谁复赋凄凉。今人不见亡吴事，故墓犹传霸越乡。雨打乱花迷复道，鸟翻黄叶下宫墙。登临莫向高台望，烟树中原正渺茫。"

但是，历史主义的基本观点告诉我们，任何历史人物与历史事件的考察与评价，不能离开"知人论世"的立场，不能以成王败寇的功利主义为唯一的判断标准。勾践固然赢了，但赢得其实并不光彩；夫差的确输了，但他输得很有尊严。勾践的胜利，说到底是以突破人类道德良知的底线，蔑视和毁灭公认的规则为前提的；夫差之所以大败亏输，身死国灭，同样是为他始终按规则出牌而付出惨痛的代价。从这个意义上讲，若是不加分析、不加区别地一味肯定越王勾践和绝对否定吴王夫差，这在历史的价值取向上是会有问题的。因为它必然会导致价值观的紊乱和善恶观的颠倒，造成小人文化的猖獗和君子精神的沉沦。

越王勾践的本性，从根本上来讲，可以用八个字来概括，即"狼子野心，蛇蝎心肠"。范蠡说他"长颈鸟喙"，可谓非常到位，十分传神。这种邪恶的本性加上坚韧的毅力和出众的才能，对社会普遍道德观的破坏，对人类良知的挑战，其危害之大、毁灭之烈尤其严重，尤其恐怖。应该说，勾践一登上历史舞台，就毫不掩饰地释放了这种邪恶丑陋的能量。早在檇李之战中，面对强大的吴军和身经百战的前辈吴王阖庐，他居然能剑走偏锋、匪夷所思地采取迹近极端的贱招,在阵前让数百囚徒排成三列当众自刎,并趁着吴军将士目瞪口呆、惊魂未定之际发起进攻,予以毁灭性的打击,对吴军一举而克,最终凯旋。这种做法充满着血腥与残忍,属于彻头彻尾的下三烂手段,靠此取胜,显然是完全打破了人类的道德底线,如果这都不是禽兽不如的行为,那还有什么才算是禽兽不如的行为!

更让人切齿痛恨的是,越王勾践食髓知味,在后来的吴越角逐中一而再、再而三地使出类似的贱招,将阴险毒辣的小人文化发挥到淋漓尽致的程度。将煮熟的稻种送给吴国,导致遭遇天灾之苦难的吴国民众雪上加霜,农田颗粒无收,这一举动就是颇有典型意义的事例。

众所周知,按照当时通行的军礼原则,"不加丧,不困凶"是军事行动的重要戒律之一。也就是说,不能趁人家国君新丧,正进行权力交接之时展开进攻,也不允许在敌对国家遭逢天灾,出现饥荒凶年之时发动战争。不仅如此,敌对国家之间甚至还有在凶荒年份开展互为救助的义务,这就是上古的人道主义传统。例如当年秦晋互为敌国,可秦国闹灾荒时,晋国仍旧施以援手,将大批的粮食,通过舟运赠送秦国,以解秦国民众的燃眉之急。《左传》对此有详尽的记载,称之为"泛舟之役"。

这种传统一直延续到春秋末年,吴王夫差恪守了这种救荒赈灾的基本原则。当越国闹灾荒,向吴国提出了借稻种的请求时,吴王夫差毫不迟疑地满足了对方的愿望。可是,风水轮流转,等到吴国遇上同样的困难,向越国借稻种之时,越王勾践不出借也就算了,可他竟然能想出如此恶毒的招数,将稻种煮熟了之后再行出借。这样的种子播种在大地上,当然不会发芽,更不会成长,使得吴国错失了救荒赈灾的最佳时机,饱尝进一步加重灾难的痛苦。这样的贱招,很显然不是人干的事。可越王勾践就这么做了,而且做得如此从容,如此自然,丝毫没有流露半点道德上的愧疚,这绝对称得上是古代版的"我是流氓我怕谁"了!

相形之下,吴王夫差就吃亏在他内心深处尚存留着一定的贵族精神。作为一个统治者,他当然也不是什么善茬,可是,吴国毕竟是泰伯、仲雍历尽千辛万苦所建立的国家,周礼文化的传统相对保留得较多。所以,在原则问题上,作为泰伯的后裔,吴王夫差还是能够按照既有的规则出牌的。军礼提倡"服而舍人","又能舍服,是以明其勇也",孔夫子也主张"兴灭国,继绝世,举逸民",这就是战争善后问题上的公认规则。因此,当夫椒之战大获全胜之际,吴王夫差对越王勾践没有采取赶尽杀绝的做法,而是按军礼的要求办事,放越王勾践一马,允许越国继续存在。这也是合乎逻辑、合乎常规的选择,当属事有必至,理有固然。

问题是,吴王夫差的君子之举,遇上了像越王勾践这样彻头彻尾的小人,那他所做的一切就显得完全徒劳,纯属笑话了。古道热肠 PK 冷血无耻的结果,当然是后者胜出。善在恶的面前永远是软弱的,正义在邪恶的面前始终是无奈的,这是千古颠扑不破的历史教训。无怪乎,后人要为夫差的"一日纵敌,数世之患"而一掬同情之泪了。在中国的历史上,君子斗不过小人,贵族斗不过无赖,似乎是一种常态。一个人,一旦能突破道德的底线,不讲求游戏的规则,那么,在功利至上的世界中,就可以畅行无阻,无往而不胜,所谓"卑鄙,是卑鄙者的通行证;高尚,是高尚者的墓志铭",其道出的正是这个沉重的历史事实。

越王勾践肆无忌惮,恶贯满盈,为达到目的可以不择一切手段,没有任何思想负担地滥用各种损招、贱招,所以,他最终赢了,赢得理直气壮,胜得圆满亮丽。而后人对此不仅没有任何的保留,丝毫的谴责;反而津津乐道他的成功,他的霸业,只看到其卧薪尝胆、快意复仇的光鲜,而有意无意地抹去其卑鄙无耻、丑陋邪恶的阴影,这不能不说是历史的扭曲与历史的悲哀,也给后世的人们做出了一个十分丑陋的负面示范,真可谓千年易过,勾践的罪孽难消!

喜怒哀乐形于色
——孔夫子的人格魅力

　　一门学说，由于风云际会，被统治者青睐有加，尊之为国家政治生活中的指导思想——尽管往往是做表面文章而已，那么，可以想见它的创立者自然时来运转，身价陡增，俨然成了大伙儿的精神导师，备受推崇，风光无限。儒家的祖师爷孔老夫子就是这样的人物。这位生前郁郁不得其志，既无权又无势，常年颠沛流离，甚至时不时陷入断粮绝炊的思想大师，做梦也不曾想到，自己身后居然能拥有如此令人目眩神移的哀荣："大成至圣先师"、"文宣王"之类的头衔纷至沓来，进入各地文庙享用众人冷猪头肉的供献，甚至被指定为要对苍生苦乐、国运盛衰、民族沉浮负有责任。不过，这样一来，孔子身上的人性色彩消失了，留给人们的印象是高高在上、一脸严肃拘谨的样子，是神非人，可敬而不可亲。这里我们不能不感叹中国传统文化的力量，它的"尊古崇圣"情结，总是能让历史人物蜕尽人性而铸就神性，让后人顶礼膜拜，或大张旗鼓地为情感诉求寻找到合适的对象。

　　所幸的是，有大量相对比较原始的文献传世，可以帮助我们透过神化的迷雾窥见历史的本相，了解和欣赏历史人物固有的人性风采。孔子的情况亦复如斯。一部《论语》使孔子作为一位平凡随和而又伟大高明的人物形象跃然纸上。换句话说，《论语》中有关孔子言行的记载，给我们留下最深刻的印象，是孔子属于典型的性情中人，时常流露真情而不加任何掩饰。正是这一点，让我们备感亲切和自然，愿意穿越时空的隧道，去同他神游于思想的乐园，聆听他睿智的教诲。

《世说新语·伤逝》载王戎之言："圣人忘情，最下不及情；情之所钟，正在我辈。"孔子不是那种不食人间烟火的圣人，而是有血有肉，喜怒哀乐皆形于色的普通人。作为"情之所钟"的寻常人物，他的举手投足、一言一行都充满着凡夫俗子式的自然情感流露，真可谓"清水出芙蓉，天然去雕饰"。

你看他多么自负，多么不安于位，热衷于表现自己，于是有时不免会说些大话，夸下海口："苟有用我者，三年有成；如有用我者，吾其为东周乎。"甚至可以连三年都不必要，一年足够："如有用我者，期月而已可也。"他凭什么有这样的底气，有这样的自信？理由很简单，是他自认为乃"天纵之圣"，是古代文化的唯一承继者，理所当然担当着"治国平天下"的义务，且具备着这方面的杰出才能："文王既没，文不在兹乎！"可惜的是，当时的统治者个个有眼无珠，没有发现他这位人才，害得他东奔西走，四处碰壁，"累累如丧家之犬"。天道不公，命运不济，莫甚于此，每念及此，孔子的心理就无法平衡，郁闷得很，无怪乎他要时不时地发牢骚、讲怪话了：我难道是一只挂在墙壁上的葫芦，中看不中吃吗！越想越不是滋味，越没有情绪，气恼懊丧之下，甚至萌生出远走高飞，到荒凉偏僻地方另开局面的奇怪念头，就像当年泰伯、虞仲奔赴南方吴地，文身断发做蛮夷人的头领一样，"子欲居九夷"，"道不行，乘桴浮于海"。这种天真率性的言行，实在不像是一位圣人应该有的风度，只能给人留下大言不惭、想当官入世几近猴急的印象。然而这恰恰让我们看到了孔子富有人情味的一面，真诚爽直，口无遮拦，绝没有后世那些假道学口是心非、巧言令色的气息。为人贵在真诚,孔子身上的真诚,理应得到我们的理解和尊重。

孔子自己说过"四十而不惑"、"五十而知天命"、"六十而耳顺",这些话有说得对的,也有不尽合乎事实的。作为一个常人,孔子"耳顺"是事实,但"不惑"似乎一直不曾做到,至于"知天命"则更谈不上了。他像普通人一样,总喜欢有人顺从自己,听自己的话,耳根子特别软,听得进表扬,难以接受批评,即使这种批评是正确的,是出于对孔子本人的信任与爱护。我们看看他对自己学生的态度就知道,忠言逆耳就孔子而言同样是一个难以逾越的障碍。孔子所喜欢、欣赏的学生,是颜渊,是曾参,是闵之骞。这些人其实并无突出的才能,也未见他们在弘扬儒家学说方面做过多大的贡献(曾参的情况稍好一些),他们之所以为孔子所器重,说他们好学不倦,恪守孝道,为人善良厚道等等,仅仅是表面上的理由,其真正最主要的原因是他们善于揣摩老师的心思,总是拣老师乐意听的话朝孔子的耳朵里灌,在他们的身上,独立的精神、鲜明的个性是不存在的,自由的思想、出格的言行更是不见踪影,用孔子自己的话说,便是"于吾言无所不说"。正因为他们甘于当老师的应声虫,循规蹈矩,亦步亦趋,低眉顺眼,依葫芦画瓢,孔子才打心眼里喜欢他们。相反,像子贡、冉求、子路这类学生,他们比较有自己的个性,一举一动不那么中规中矩,有时甚至敢于对老师的做法大胆质疑,孔子心里自然不爽,脸上自然挂不住,动辄要斥责一番:"野哉,由也!""求非吾徒也,小子鸣鼓而攻之可也!"一副妇姑勃豁的样子,可半点儿也没有尊长者的气量。

一部《论语》中,孔子的喜怒哀乐溢于言表,兴之所至开口骂人的现象可谓比比皆是。樊迟诚诚恳恳、恭恭敬敬地向孔子请教怎样耕田、如何种菜,结果让孔子大动肝火,臭骂一顿:"小人哉,樊须也!"孔子授课或许不够精彩,宰予提不起精神听讲,大白天在课堂上昏昏沉沉打瞌睡"昼寝",孔子不反省检讨自己授课方面的问题，反而大光其火，声色俱厉地斥责宰予是"朽木"，是"粪土之墙"："朽木不可雕也，粪土之墙不可圬也！"这类感情冲动，反映了孔子和普通人相同，也存在着人性的弱点。但是正因为孔子不排斥这种人性的弱点，孔子才不是道貌俨然的圣人，才有最大的亲和力，才教他的学生对其产生休戚与共、与子偕行的深厚感情。

"温而厉，威而不猛，恭而安"，这是孔子风格个性的写照。喜怒哀乐皆形于色是孔子的言行特色，然而孔子的伟大，在于他不因为感情的冲动而迷失，从而对人对事做出不正确的判断，他的理智始终是清醒的，所以他尽管对冉求、子路、子贡等弟子有所不满，但依然为他们创造条件去做官，去做事，依然肯定他们各自的能力与特长，称道冉求长于"千室之邑，百乘之家，可使为之宰"，赞扬子路长于"千乘之国，可使治其赋"，对他们依然怀有深厚的感情，为他们的遭遇所揪心。他对子路惨死的悼念，就体现了这种至情，当子路在卫国政治动乱中不幸殒命，被暴徒砍成肉酱的噩耗传来时，孔子的第一反应，是吩咐门人倒掉厨房里所有的肉食，整天不吃不喝，整个人如同傻了似的。

不乏理智而又富于感情，有人性的弱点而又不干扰理想的追求，正是孔子的平凡之处，也是孔子的伟大之处。从这个意义上说，孔子真不愧为"圣之时者"。

扑朔迷离
——孙子其人的来龙去脉

当海湾战争激战犹酣,隐形飞机、激光制导炸弹等高技术兵器大显身手的时候,惯于散布爆炸性新闻的幽默的美国记者,向世界芸芸众生透露出这样一个重大的军事机密:中国政府虽然没有派遣一兵一卒参加多国部队,但却有一个神秘的中国人亲临炮火横飞的前线,指挥着这场跨世纪之战的作战行动,并大获成功,他就是生活在两千五百年之前的孙子。

这位孙子,名武字长卿,是春秋末期齐国人氏。他生活的时代,正是中国历史上战争频繁、弱肉强食的大变革岁月,建功立业的豪情,追求超越的本能,驱使他悄然告别父母之邦。一领深衣,一柄佩剑,伴随他翩然南下,栉风沐雨、千里迢迢奔赴遥远的南方,到新兴的吴国去圆他的英雄梦。在这块热土上,他遇上了贤明之君,他找到了生活的位置,他把握了命运的机遇,淋漓尽致地施展着自己旷世的军事天才,辅佐吴王阖闾五战入郢,"西破强楚";兵进会稽,"南服越人";整肃三军,"北威齐晋",为吴国的全面崛起,春秋战略大格局的彻底改观,投入整个的身心,做出杰出的贡献。

可是,真正使孙子跻身于世界性伟人的行列,使他能够雄视千古、名扬四海,乃在于他向历史奉献了一部不朽的兵学巨著——《孙子兵法》十三篇。这是一部不足六千字的作品，但却是一部影响了中国文化几千年的奇书。它是博大精深的"兵经"，更是启迪人智的箴言。

作为中华民族的光荣和骄傲，孙子的伟大，在于他真正参悟了战争的禅机，揭示了军事斗争内在的一般规律。他对战争问题有着异常清醒的认识，对克敌制胜的奥妙有着超乎寻常的理解，对军队建设的要领有着出人意表的把握。是他，奠定了中国古典军事理论大厦的坚实基石；是他，规范了中国古代军事文明的基本特质及其主导倾向。

孙子战争实践和理论建树的最根本特色，可以用一个字来加以提炼概括，这就是"智"。他以明智的态度对待战争，主张慎战，重视备战，致力于追求"不战而屈人之兵"的理想境界；他以明智的理念指导治军，提倡"令之以文，齐之以武"，恩威兼施，文武并用，致力于实现"修道而保法"的根本宗旨；他以明智的方法指导作战，强调先胜后战，奇正相生，避实击虚，攻守自如，示形造势，克敌制胜，致力于拥有"致人而不致于人"的主动地位。由此可以这么讲，以智用兵，以谋制敌，宛如一条粗粗的红线，贯穿于孙子军事思想体系的各个方面、各个层次。换言之，孙子本人乃是智慧的化身，《孙子兵法》一书实为谋略的渊薮。

战争，无疑是力量的竞争，但同时更是智慧的角逐。因此，孙子"崇智尚谋"的思想特色，千百年来一直受到人们的青睐，孙子本人也缘此而享有"百世谈兵之祖"、"一代兵圣"的美誉。人们学习、领会《孙子兵法》，用以指导战争，建功立业，运筹于帷幄之中，决胜于千里之外。在孙子兵学智慧之光的导演下，纵横八万里，上下数千年，波谲云诡的历史大舞台上，曾经上演过无数出惊天动地、雄浑悲壮的战争神话。而孙子的生命，也在这个无法改变的历史运动过程之中得以延续，实现升华。

空间固无限,时间复永恒,历史宛如一条奔腾不息的长河,在其波涛无情而充满韧性的冲刷之下,有多少叱咤风云、不可一世的大人物在冥冥之中化作了稍现即逝的泡沫,为人们所彻底遗忘。即便是能够侥幸地摆脱完全沉沦的命运,大多也难以逃脱最终成为古董而聊供好事者凭吊的劫数。其实这说起来,也不怎么奇怪,现代生活日新月异,风光旖旎,在新技术、新信息、新观念如同潮水般涌来,不断改变着人们的生活方式和价值取向的情况下,人们只能立足现实,面向未来,无法也不应该沉湎于往昔的峥嵘,以至于让旧的束缚住新的,死的窒息了活的。

然而,孙子他却是这一历史法则的个别例外之一。他经受住了时间的考验,大浪的淘洗,既不曾沦落成古董,更没有化为泡沫。恰恰相反,其合理的思想内核在今天依然闪烁着真理的光辉,到了明天,同样将是异彩纷呈,魅力无穷。道理十二分地简单,因为孙子所总结和揭示的一般军事规律,对于现代军事理论的建设和发展,仍旧具有不可替代的借鉴意义;而其辩证的思维方式,求实的文化精神,也业已顺理成章地渗透到军事以外的社会生活领域,在企业管理、商业经营、外交角逐、体育竞争等活动中获得极为广泛的重视和应用。因为实事求是,观照全局,预测发展,掌握情况,权衡利弊,辩证分析,主动积极,扬长避短等等,始终是人们在从事各项事业时所必须遵循的认识路线和指导原则。从这个意义上说,孙子及其思想已经超越了时空的界限,而成为整个人类社会的一大笔取之不尽、用之不竭的宝贵文化遗产。放眼今日的天下,不同语言、文字都在引用着《孙子兵法》中的名言警句;不同国度、不同职业、不同信仰的人们都从兵圣孙武那里获取教益和启迪。

历史,毕竟是公正无私的,它把真正的伟人牢牢镌刻在自己的巍峨丰碑上!孙子,他终究是幸运的,他的英名将永垂于天地宇宙,他的思想正伴随着人类进步的足迹而不断获得新生。

说起《孙子兵法》,自然要先谈孙子。

顾名思义,《孙子兵法》的作者应该是孙子。可是情况并不这么简单,长期以来,不但孙子与《孙子兵法》之间能否画等号是个大大的疑窦;甚至,连历史上是否实有孙子其人也要被打个问号。千年学界,曾经众说纷纭,聚讼无已;事实真相,久久扑朔迷离,一片混沌。

问题的起因首先缘于史料的缺乏。在记载春秋时期历史的第一手史书上,如《左传》《国语》等,我们根本看不到孙子的任何踪影。战国时期的一些典籍,如《黄帝内经》《韩非子》《尉缭子》中虽然征引了今本《孙子兵法》的一些文句,甚至提到孙子的名字,但也是片言只语,语焉不详,仍完全不足以用来证明孙子实有其人。历史学的核心原则是以事实说话,现在连事实都茫昧无绪,人们对孙子其人的真实存在抱有怀疑,这自然是可以理解的。

历史上第一个系统记载孙子生平事迹的人,是司马迁。司马迁在其伟大史著《史记》中,为孙子撰写传记,将其与吴起、孙膑等人合在一起,成《孙子吴起列传》,以为兵家学派的杰出代表。我们今天称孙子为春秋时期的实有人物,是《孙子兵法》一书的作者,基本依据就是司马迁的这篇传记。

但是,问题似乎并没有完全解决。

第一、《史记》虽号称"史家之绝唱","不溢美,不掩恶,据事直书",素有信史与良史之誉,但它毕竟成书于西汉武帝统治年间,与它记载的春秋时期的孙子,中间已相隔四百年左右。可以说,它是追叙历史,而非见证历史,属于第二手材料,而非原汁原味的笔录。这种时间上的疏远性,无疑会给史实记录上的可信性打上一定的折扣。从司马迁有关苏秦、张仪记载上张冠李戴、郢书燕说的情况看,这种类似的时空错乱现象的确会难以避免。

第二,从《史记》本传的基本内容看,司马迁有关孙子的描述,非常单薄,没有太多的实质性内容,说到底只是讲了一个"吴宫教战斩美姬"的故事,其他的便是笼而统之的"西破强楚"、"北威齐晋"的概括性文字,抽象不具体,定性无细节。这说明,就在司马迁那个时代,即便是历史上确有孙子其人,也是史迹模糊,无法细究了。博学强闻的司马迁对此亦无能为力,只好讲个故事交账。可见,孙子及其事迹,与其说是历史,更像是个传说。

第三,司马迁本人对孙子是否存在也有困惑疑虑。他见过《孙子兵法》当是不会有问题的,对《孙子兵法》也推崇有加:"世俗所称师旅,皆道孙子十三篇。"博大精深、文采斐然的《孙子兵法》让一代史学大师深深折服,可孙子在历史上却没有伟大的战略艺术表现,这让司马迁不免大惑不解,潜意识里恐怕也会怀疑孙子存在的真实性。但他又无法做到彻底否定孙子之存在,于是只好曲折地来表述内心的疑惑:"能言之未必能行之,能行之未必能言之。"

司马迁无法断定孙子存在的真实性,他之后的历史学家就更没有能力对这桩学术公案做出笃评了。魏晋以降,谱牒学盛行,孙子就很自然地成为一些人攀龙附凤的对象,人们大肆考察孙氏源流,总有人将孙子摆入谱系之中,成为孙氏一脉门楣广大、恩泽深远的象征之一。流风所及,乃至唐宋明清。于是乎,《元和郡县志》《新唐书·宰相世表》《古今姓氏书辨正》等典籍,不但肯定历史上孙子的存在,而且看上去言之凿凿,煞有介事一般。其主要内容,不外乎两点:一是孙子出于齐国田氏之后,其祖父是田书,因伐莒有功,赐姓孙氏,食邑乐安;二是孙子之所以到吴国为将,乃是齐国"田、鲍四族谋为乱",孙子"惧"祸,才南下奔吴,另谋生计。司马迁都讲不清楚的事情,这些后世的史家反而弄明白了,这不是很奇怪的事吗!

其实,细加考察,我们可以发觉以上两项内容皆有可怀疑之处:第一,是时间上的纠结。即便孙子与孙书,即田书之间祖孙关系成立,两者在年龄对接上也很显然是方枘圆凿,不无矛盾。史载孙书伐莒之事为公元前 523 年,而孙子若奔吴,当在公元前 515 年公子光刺杀吴王僚自立为王即阖闾之前。按这个时间表推算,公元前 523 年孙书应有几岁?公元前 515 年,孙子又该是几岁?两人从年龄上看,是否能构成祖孙关系?第二,春秋后期,齐国政局动荡固然是事实,但最终胜利者是田氏,孙氏原出田氏,也是胜利的一方。孙子理应留在齐国分享胜利成果,为何反而要抛家离国,远走吴地?"惧"祸的解释显然难以服人。所以,尽管越到后来,孙子的生平事迹说得越是清楚,有鼻子有眼似的,但是,在大多数学者看来,这无非是小说家言而已。

正是因为孙子生平问题上存在着如此多的疑窦,所以,千百年来,否定孙子存在的说法此起彼伏,不绝如缕。不少学者认为历史上本无孙子其人,《孙子兵法》十三篇系战国时人所伪托。主张这一观点的人主要有南宋的叶适、陈振孙,清代的姚际恒、全祖望和现代学者钱穆、齐思和等。叶适称:"凡谓穰苴、孙武者,皆辨士妄相标指,非事实。"陈振孙云:"孙武事吴阖闾而不见于《左传》,未知其果何时人也。"全祖望说:"水心疑吴原未尝有此人,而其事其书皆纵横家所伪为也。"姚际恒道:"然则孙武者,其有耶?其无耶……不可得而知也。"钱穆说:"其人与书,皆出后人伪托。"齐思和则云:"孙武实未必有其人。"有的学者进而推论,孙子其实就是孙膑而已。如日本学者斋藤拙堂强调:"今之《孙子》一书,是孙膑所著,孙武与孙膑,毕竟同是一人。武其名,膑是其绰号。"这些人的核心观点是"孙武为大将,乃不为命卿,而左氏无传焉"。

但尽管有这样那样的怀疑,我认为,孙子作为历史上的真实人物,是可以成立的。

第一，孙武撰著《孙子》一事见于《史记》的明确记载。《史记·孙子吴起列传》云："孙子武者，齐人也。以兵法见于吴王阖庐。阖庐曰：子之十三篇，吾尽观之矣。"这段记载至少透露了两点信息：第一，孙武曾著有兵法，并以此进见吴王阖庐并获重用。第二，"十三篇"篇数与今传本《孙子》篇数相符。

《史记·货殖列传》记载："白圭，周人也。当魏文侯时，李克（悝）务尽地力，而白圭乐观时变……故曰：吾治生产，犹伊尹、吕尚之谋，孙、吴用兵，商鞅行法是也。"白圭是战国前期人，他这里提到的"孙"，自是指孙武而非孙膑，这表明历史上孙武确有其人。

《汉书·刑法志》云："吴有孙武，齐有孙膑，魏有吴起，秦有商鞅，皆禽敌立胜，垂著篇籍。"又，《吕氏春秋·上德》云："阖庐之教，孙、吴之兵，不能当矣。"高诱注："孙、吴，吴起、孙武也。吴王阖庐之将也，《兵法》五千言是也。"这里的两则史料均明确指出孙武实有其人，并著有兵法。高诱更是肯定《孙子》凡五千言，与今传本字数相近。其他像《韩非子》《尉缭子》《黄帝内经》《战国策》《论衡》等典籍亦有类似的记载。这些情况表明，孙武实有其人，善用兵，撰著兵书乃是战国、秦汉时更多人的主流意见。

第二，叶适、全祖望、陈振孙、钱穆、黄云眉诸人以《左传》不载孙武事迹，而断言孙武非《孙子》作者，或进而揣度孙武与孙膑为一人，或以为《孙子》成书于孙膑之手，凡此种种，多属猜测之辞。因为仅凭借《左传》之记载有无而论定孙武与《孙子》的关系，其证据显然是贫乏的。这一点宋濂《诸子辨》中即有反驳。其要云："春秋时，列国之事赴告者则书于策，不然则否。二百四十二年之间，大国若秦、楚，小国若越、燕，其行事不见于经传者有矣，何独武哉？"至于混淆孙武、孙膑为一人，或言孙膑作《孙子》，这一误解已随银雀山汉简出土而澄清。1972年，山东临沂银雀山一号汉墓中出土了一批珍贵的竹简，其中有《孙子兵法》和《孙膑兵法》。

0233 号汉简上书"吴王问孙子曰……";0108 号汉简上书"齐威王问用兵孙子曰……"。两种兵法同墓出土,而两则简文的内容又恰与《史记》等史籍关于孙武、孙膑的记载相吻合,这证实了历史上孙武、孙膑各有其人,《孙子》的作者不是孙膑。

第三,尤其值得注意的是:银雀山出土汉简中孙子佚文《吴问》透露的信息很有力地说明了孙子其人的真实存在。在该篇中,孙子为吴王阖闾分析晋国形势,预测晋国政治发展的趋势。为什么要预测晋国而不是预测其他国家,是因为晋是吴最重要的盟国,吴要生存与发展,首先要了解战略伙伴的政局动态,才不至于下错赌注,血本无归。这里孙子的表现,显然合乎春秋时期列国战略格局演变的实际;而预测的分析结果,更是证明孙子现场参与感的真实性:他猜中了由六卿角力到四卿擅权的历史演变,但却没有能猜对最后是三家分晋而不是赵氏一统的结果,这表明,孙子在《吴问》中的所为,是现场存此立照,而不是后来的润饰修补。它恰好从一个侧面曲折地透露了孙子存在真实性的基本信息。

赤子本色
——可亲可爱的子路

　　孔子门下弟子号称三千人，在人口两千来万的春秋战国时期，这个数目大得可以吓人一跳。其实，这三千人当中，绝大部分是几年也见不到孔子本人一面的外围人员，慕孔子之名到孔家店当个记名弟子，好比是当今社会上常见的"追星族"、"粉丝团"一群，真正有造诣、可以登堂入室的，"受业身通者七十有七人"而已。在这些数得上的大弟子中，让人感到最为亲切、最为可爱的是名列"政事"之科、孔武有力的子路。

　　子路在孔门弟子中属于年龄较长者，只比孔子年轻九岁。据此一条，子路与孔子的关系似乎应处于亦师亦友之间，然而通观《论语》《孔子家语》《史记·仲尼弟子列传》等文献，我们可以发现，子路像是一个总也长不大的顽童，心直口快，了无城府，天真百率，血气方刚，是一位个性鲜明、有棱有角的生动人物。《论语》中关于子路言行的记载多达二十余则，其音容笑貌逼真生动，呼之欲出。

　　子路能当上孔门大弟子，并深得孔子信任，自然有其独到可取的长处。子路的长处就在于他具备干练的办事能力，尤其是军事管理方面的专长。孔子曾说："由（仲由，即子路）也，千乘之国，可使治其赋。"又说："由也果，于从政乎何有"，"片言可以折狱者，其由也与"。可见,尽管孔子有时对子路有所不满,认为子路鲁莽冲动,动不动要敲打敲打这个老顽童式的弟子,来树立自己的师道尊严,但对子路的从政才干还是颇为欣赏,充分肯定的。

当然,子路让人觉得亲切可爱,并不在于他的工作能力,而是因为其淳朴质直的个性特征所散发出来的人格魅力。套一句老掉牙的俗语,就是:子路的为人,于平凡中见伟大;子路的个性,于率直中见真情。作为典型的性情中人,子路才是严格意义上的儒之大者、儒之纯者。

子路对于自己的老师孔夫子尊重而不迷信。在孔门诸多弟子之中,敢于对孔子的所作所为直言不讳地表示不同意见甚至尖锐地批评质疑的,唯有子路一人而已。孔子想当官想得昏了头,不顾自己身份走女人路线,去和那位口碑不怎么样的南子夫人套近乎,子路不满之色溢于言表,逼得孔子连连向天发誓:"予所否者,天厌之! 天厌之!"公山弗扰、佛肸等人搞叛乱,想借重孔子的名望造声势,提人气,遂一遍又一遍地征召孔子前去帮忙,整天希望为东周治国平天下的孔子心动了,准备应召。子路听到风声后,便"以子之矛,攻子之盾",用孔子经常挂在嘴边的礼义大防之道责备孔子,逼得孔子连声替自己洗刷和辩白,最终也不敢去与"乱臣贼子"为伍。孔子津津乐道什么"必也正名乎"的一套东西,子路听得耳朵都起了老茧,大不耐烦,认为这简直是"迂远而阔于事情",直截了当地批评孔子不合时宜:"有是哉,子之迂也! 奚其正?"弄得孔子颜面上十分难堪,下不了台,急火攻心,就气急败坏地斥责子路:"野哉! 由也。"与那位一天到晚对孔子唯唯诺诺、毕恭毕敬的"优秀"弟子颜渊相比,子路实在有点"头上长角,身上长刺"的味道。

从表面上看,子路锋芒毕露,快人快语,不大给孔子面子,老是让导师处于尴尬的地步,似乎不够尊重所谓的师道。但实际上,子路把老师看作人而不是神,这乃是对老师真正的尊重,是真情实感的天然流露,没有半点的虚伪矫饰,从而在真正意义上践行了孔子的道德原则:"当仁不让于师。"相反,像颜渊那样对老师亦步亦趋,并不是真正的从师之道,起不到任何教学相长的作用,这一点连孔子自己都承认:"回(颜回,即颜渊)也,非助我者也,于吾言无所不说。"可见孔子其实头脑很清醒。但是人性的弱点,决定了孔子跟常人一样喜欢人家顺从自己,所以明明知道颜渊除了听话和死读书之外,别无所长,孔子还是最喜欢他,把他当自己的亲儿子看待。

子路的质朴天真,还表现为勇于在公开场合表达自己的真实看法,从不虚与委蛇,欲说还休。有件事典型地反映了子路这一性格特点:他委派子羔去做费邑这个地方的行政长官,孔子认为这一任命不明智,说重了,简直是误人子弟,"贼夫人之子"。子路却觉得老师的批评没有道理,没有调查便没有发言权,虽说是老师也不应该有例外,于是他不客气地向孔子表示:"有民人焉,有社稷焉,何必读书,然后为学!"孔子听了自然很不高兴,指责子路是强词夺理、逞舌狡辩。这件事本身的对错我们姑且不论,但子路能够光明磊落地说出自己的意见,就是其为人正直、言行一致的形象写照,那种"逢人且说三分话,未可全抛一片心"的圆滑之态在他的身上找不到半点影子。这样的品德实在是难能可贵。

子路的可爱,还表现为他毫无心机,喜怒哀乐全形于色。《论语》和《史记》等典籍中所描述的子路是一个易动感情、且多少有点自我表现欲的寻常男子。孔子"在陈绝粮",跟随的弟子们都饿得两眼发昏,躺在地上爬不起身,但是碍于情面,不敢在老师跟前发牢骚,流露不满情绪。这时唯有子路敢于径直跑到孔子跟前发泄不满,诉说怪话,"子路愠见曰:'君子亦有穷乎?'"一个"愠"字,非常传神地写出了子路的真切情感。又如,孔子悲叹自己生不逢时,政治理想无法实现,萌生"道不行,乘桴浮于海"的念头,且以为届时只有子路一人能够陪伴自己出行:"从我者,其由与!"子路听后,不禁沾沾自喜,得意起来,"子路闻之喜",一个"喜"字,十分生动地体现了当时子路乐不自禁的神态。"唯大英雄能本色,是真名士自风流",子路不失赤子本色,称得上是大英雄与真名士。

许慎《说文解字》云:"儒者,柔也。"令人遗憾的是,子路的本色精神在后世儒者的身上并没有继承下来,更遑论发扬光大了。历史上的儒者大多不是巧言令色、道貌岸然、口是心非、言行不一的伪君子,就是拘泥教条、迂阔无能、尸位素餐、唯唯诺诺的酸夫子,使得儒家学说的真正生机遭到严重的窒息。子路若泉下有知,一定会为这种儒林异化现象冲冠一怒,捶胸大吼:"你们算什么玩意儿,也配担当儒家的名头,统统给我滚回家里去,别再在外面丢人现眼了!"

独与天地精神往来

——庄子为何不当官

就中国历史上的读书人而言,庄子永远是他们精神追求上遥不可及的巅峰。这种巅峰的文化意义,在于"堕肢体,黜聪明,离形去知,同于大通"①,进入坐忘境界的庄子,是世俗完全摆脱、心灵彻底自由的一个象征。所以,庄子作为一种文化图腾,始终为古往今来的读书人所仰慕,所效仿。在他们看来,庄子那种既不入世,又不避世,姑且游世的人生哲学("不敖倪于万物,不谴是非以与世俗处"),乃是"十有九人堪白眼"处境中的自己最好的精神慰藉。区别仅仅在于有的人是出乎本性主动朝着这方面做努力,如"浑身上下静穆"的陶渊明;有的人则是在人生道路上摔了跟头之后再回过头来寻觅庄子这个精神港湾,如李太白、苏东坡。不过,殊途而同归,这恐怕也是事实。

其实,庄子是人不是神,他的德行、他的修为也并非一朝一夕精进到这样的地步。正如鲁迅先生所说的那样,即便是天才,他离开娘肚子的第一声哭,也同平常的婴儿一样,而绝不可能是一首美妙的诗或者是一曲动听的歌。依我看,庄子能够参悟天地的奥秘、省识人生的玄机,恐怕有幸依赖于他自己仕途上遇到的挫折所提供的特殊契机。换句话讲,庄子与官场的种种瓜葛,恰好使得他在人生道路的选择上,有了一个正确的方向,从而真正超越了世态常情的羁绊,走向了"一是非而齐生死"的境界。

众所周知,中国读书人的千般苦闷、万种烦恼,都出于"皮之不存,毛将焉附"的社会世态。作为毛,管你是白毛黑毛、粗毛细毛、软毛硬毛,还是长毛短毛,都得依附在特定的社会体制这张皮上,而毛的意义、毛的作用,按传统的认知理念,则又在于能否当官,能否进入主流圈,从而拥有话语权而不被边缘化。所谓"万般皆下品,唯有读书高"云云,其实就是指读书人能把自己的知识、智能、能力开出一个好价格,兜售给帝王家,漫天要价,就地还钱(当然,这只是在"吾皇圣明"的盛世时代),换取一顶顶大小不一、形态各异的官帽戴戴。似乎只有这样才算是实现了自己的价值——达则兼济天下。于是乎,一代又一代的读书人,都争先恐后地往仕途上挤,挤得龇牙咧嘴,碰得头破血流,就如唐太宗李世民所乐观其成的"天下英雄,尽入吾彀中"的理想场面。在这种情况下,哪里还能标榜什么精神自由,侈谈什么人格独立。常言道,"吃人家的嘴软,拿人家的手短",你既然仰人鼻息,暂时当稳了奴才,有了扯淡、帮闲,甚至于帮忙的机会,那自然只能是以人家的意志为意志,出主入奴,亦步亦趋,做得好一点的,争取当一个良知未泯的清官,定力不足的,则不免乎为虎作伥,祸害天下。

从这个意义上讲,读书人与官场关系的深浅,在很大程度上决定着他的自然本色还能保持几许,他的心灵自由还能留存多少。庄子、陶渊明等人与官场瓜葛比较少,他们的精神自由空间便相对宽阔一些,可以大白天睡懒觉,做梦变蝴蝶,"鼓盆而歌";可以吟咏"采菊东篱下,悠然见南山。山气日夕佳,飞鸟相与还"的诗句,可以"手挥五弦,目送飞鸿"。王摩诘、李太白、苏东坡等人曾一度比较热衷官帽,老是幻想着"我辈岂是蓬蒿人"的角色,殷切期待着天上掉馅饼一类好事的发生,以便可以"仰天大笑出门去",因此,他们的心灵便难免要多受一些折磨,患得患失、自寻烦恼,"抽刀断水水更流,举杯消愁愁更愁"了。至于韩愈、柳宗元、司马光、王安石、曾国藩之流,亦官亦学,一副"如欲平治天下,舍我其谁也"的腔调,尽让人看了恶心,则更是自桧以下,不足具论了。

庄子的走运,我觉得正在于他仕途上的坎坷,因此而避免了失足的尴尬,摆脱了沉沦的危险。不管是出于养家糊口的原因,还是因为其他因素的考虑,庄子他一开始也不怎么清高,不怎么潇洒,也曾涉足于仕途,在宋国蒙地当过一阵子漆园吏。这个管理漆园的官职,至多相当于今天小小的科长,不入流,没有品,收入不会太多,事情操心不少,典型的责任不轻,辛苦多多,一年到头要为漆园的经营忙前忙后,日晒雨淋,夏天在毒日底下烤得全身脱皮,冬季在寒风之中冻得手脚裂口,既没有了读书抚琴的时间,又丧失了吟诗作画的雅趣。更要命的是,漆在当时属于国家战略物资,修缮宫殿需要它,制作武器需要它,老百姓日常生活也离不开它。所以国家对它的出产与质量加以关注和重视乃是事所必然,理有固宜。这意味着上级官员动辄要莅临漆园,考察督查生产的进度,考核审计工作的实绩。如此一来,庄子便更是倒其大霉了:他不得不劳心费神、加班加点,整理汇报材料,编造各种数据,填写各种报表;不得不低眉顺眼、点头哈腰迎来送往,陪宴敬酒,在酒席不断经历从豪言壮语到花言巧语,止于不言不语(完全醉倒,钻到桌子底下,不能吭声的最高酗酒境界)的游戏过程。这种日子,就像《聊斋志异》"促织"篇中那位可怜的小吏成名那样过得人不像人,鬼不像鬼,这如何让生性自由的庄子能够忍受。陶渊明好歹还是个县令,正儿八经的"正处级",可他尚且不愿为五斗米折腰,挂冠而去,回乡下老家种瓜栽豆,过自食其力的生活,"种豆南山下,草盛豆苗稀"。庄子他的漆园吏官衔比起县令来,又低了不知多少级,当然更不愿为五斗米折腰了。于是乎,

171

他的选择也就只有一个：趁早辞官，去做"涸辙之鱼"，到烂泥沟里自由自在地摇曳自己的尾巴，无己、无名、无功、无待。可见，庄子不愿当官，最初的动因，恐怕是嫌官职太小，只有办事的辛苦，没有吆喝的快乐。

　　不过，问题又来了。庄子嫌漆园吏官小位卑，有苦劳没功劳，所以撂挑子不干，似乎说得通，可是当楚国国君路远迢迢派遣专使恭请庄子去当宰相，庄子还是不干，这又是什么道理？宰相一人之下，万人之上，位高而名尊，职重而权大，应该是读书人所追求的最显赫最荣耀的仕途顶点吧。可是庄子居然不识抬举，表示只做烂泥塘里翻跟斗的小乌龟，不做那庙堂里面供瞻仰的大乌龟，三言两语谢绝了楚王的一番盛情，让楚王的专使（相当于今天的组织部长或人事局长）乘兴而来，败兴而归。这简直是犯迷糊到了极点。实际上这样看庄子才是蠢，庄子本人可一点也不傻，倒是绝顶聪明。在他看来，宰相这个官职太大太高了，就像《荀子·王霸》所称，宰相拥有"论列百官之长，要百事之听"的大权，一旦爬上这个位置，地位自然是高了，俸禄自然是多了，威风自然是有了，享受自然也是少不了了。有金银源源不断送上门，有美女纷至沓来偎上身，荣华富贵如春风、似秋雨般挡也挡不住。可是常言说得好："木秀于林，风必摧之；堆出于岸，流必湍之；人出于众，毁必随之。"在拥有巨大权力的同时，也要承担巨大的责任，更得处于巨大的危险。在君主独裁专制体制之下，伴君如伴虎，一不小心，还不是让老虎一口吃了！范雎当年身为宰相，够受秦昭王重视，够厉害了吧，连白起这样的功臣宿将，还不是用几句话便打发他送了命。可是到头来，邯郸一战打得窝窝囊囊，自己的小命便莫名其妙地赔了进去。礼聘庄子的楚国，情况更是糟糕，做宰相的，下场大多不是太妙：春秋时，城濮之战失利败北，令尹（也就是宰相）子玉只好引刀自我了断，让对手晋文公乐得心花怒

172

放,连声叫好:"莫余毒也！莫余毒也！"战国时吴起当宰相,辅佐楚悼王辛辛苦苦搞改革,使楚国面貌大变,一跃而成为战国七雄中的龙头老大,可结果却让恩将仇报的楚国贵族大佬扣上"谋叛"的帽子,不由分说地便用乱箭射死。这说明官大有官大的难处,尤其是像宰相这样的特大号高官,完全不是聪明人该干的。庄子他学富五车,知古识今,曾说过:"方今之时,仅免刑焉。福轻乎羽,莫之所载;祸重乎地,莫之所避。"②可知庄子本人对自己险恶的生存环境早有十分清醒的认识。因此,他自然懂得这层道理,哪里肯拿自己的生命去和功名利禄开玩笑,当然不会接楚王送来的宰相委任状。由此可见,庄子不愿当官,有时又是因为嫌官职太大,虽有当官的神气、威风,但更多的是当官的危机,作为明白人,这种致命的游戏他唯恐避之不及,又怎么会掺和进去,同豺狼虎豹一起玩牌呢!

小官不屑干,大官又不愿干,那么,庄子难道真的对当官持深恶痛绝的态度吗?我看其实也不见得。庄子成为大思想家后在这方面的心态我不敢妄加揣度,但是其早年恐怕是不会彻底拒绝当官的诱惑的,否则,我们便不能解释他为何连漆园吏这样的芝麻官也一度做得。按我个人的揣测,庄子内心也许真正想做的官是既不太大,又不太小的中等官。这种中等官一方面无须去承担过重过大的责任,不必一天到晚战战兢兢、如履薄冰似的伺候身边的国君,以至于稍不留意,颈上的人头便莫名其妙地给搬了家;另一方面又有一定的地位,一定的权力,一定的威风,有下属可供驱使,有"小蜜"可供消遣,有油水可供打捞,没有太大的风险,不必像最基层的小吏那样忙得头昏脑涨,手足胼胝。庄子自己曾说过,做人要把握分寸、恰到好处,应该处于材与不材之间,这恐怕也可以理解为他在做官问题上的夫子自道,即做官也应该处于材与不材、不大不小之间。而历史也证明了庄子的远见:欧阳修的

《醉翁亭记》、范仲淹的《岳阳楼记》、苏东坡的《前赤壁赋》等永垂不朽的篇章，岂不都是在他们当太守、团练使这类中不溜儿官员时写成的吗！可见，对读书人来讲，当不大不小的中官，恐怕是入世与出世两不相误的较好途径，也是实现自己人生价值的一种比较理想的选择。

在庄子身上，这种材与不材、不大不小的中官的机会一直没有出现，所以到后来他也就干脆杜绝了仕进的念头，"终身不仕，以快吾志"，以游世的立场与态度打发自己的生命，"居不知所为，行不知所之，含哺而熙，鼓腹而游"，"不谴是非以与世俗处"，在绝对自由的精神王国中驰骋自己的天才，"独与天地精神往来"。这就中国历史而言，或许是一件天大的幸事：少了一个普普通通、庸庸碌碌的官僚，而多了一位傲视千古、伟大不朽的思想大师。

注释：
①《庄子·大宗师》。
②《庄子·人间世》。

一荣俱荣，一损俱损
——从重用马谡看诸葛亮的圈子意识

中国传统政治中的一个重大弊端，是山头林立，党同伐异。一个人是否可信，是否能在政治上委以重任，很大程度上不是根据他的才能本领，而是看他是否是自己圈子里的人。这种按圈子划线，凭亲疏用人的风气弥漫历久，自然会导致"一荣俱荣，一损俱损"现象的普遍化，于是乎"一朝天子一朝臣"，"器惟求新，人惟用旧"等俗言谚语便一直广为流传，深入人心。

这种用人上的圈子意识，不仅普通人摆脱不了，甚至连睿智杰出的政治家也无法摈弃。光武帝刘秀在处理功臣问题上是那样英明宽容，在历史上博得了"允冠百王"的美誉，然而对马援的纤微过失却穷诘痛责，不假颜色，这就反映出其性格上忌刻冷酷的另一面。这中间的原因很复杂，但马援系隗嚣部属，而非南阳首义功臣，君臣关系不够深、不够铁恐怕是原因之一。唐太宗天纵英武，胸襟博大，玄武门之变后连死对头建成、元吉的部属、亲信都敢起用，像魏徵、王圭、韦挺、薛万彻等人就是由此而在贞观朝崭露头角，成为一代名臣良将的。但是说到底这些人毕竟不能与秦王府的老班底人物（如长孙无忌、尉迟敬德、房玄龄、杜如晦等）一样为唐太宗所信任、所器重，其受太宗礼遇厚重优渥固然是事实，但权职相对有限同样属实情。遇到册立太子、任命宰相等重大事件，唐太宗愿意与之商量的人，主要还是长孙无忌这样的肺腑之亲，而不是魏徵这些闲杂人等，这就是圈内圈外的区别，也是疏不间亲的道理。

明白了这层道理，再来看诸葛亮高度信任马谡，甚至将他擢拔为第一次北伐中原、兵出祁山战略进攻行动中的前敌总指挥，这中间的缘故便可以顺利解答了。

刘备在蜀地立国，其麾下军政官吏队伍的构成基本上来自四个方面，在此基础上，遂形成了鲜明的地域团体特征。这首先是涿州起兵到寄寓荆州之前的核心圈子，他们是刘备微时便跟随其征战南北、漂泊四方的老兄弟，与刘备有过命的交情。他们的人数虽不是很多，但由于身份的特殊性，使得其在蜀汉政权内部处于位高权重的地位，且深受刘备的信任，所谓无戎宿将，恩宠最厚。其代表人物有关羽、张飞、赵云、简雍、糜竺等等。

其次，是刘备寄寓荆州刘表期间，所延揽、笼络、收买的荆襄人物。荆州统治者刘表在汉末是士人领袖，被天下士人奉为清流"八俊"之一。他在治理荆州期间，对内兴起儒学，表彰文化，招贤纳能，安抚流亡；对外则以守疆安土为战略方针，想方设法远离中原诸侯厮杀角逐的战火，汲汲于自保。这样，便使得荆州在东汉末年的乱局中成为一方相对安宁的土地，收容了不少因躲避中原战乱而颠沛流离的士人。曹操南下荆州时，这些人中的大部分（如王粲等）归附了曹操，另有一部分则在此前后，跟随了刘备，其中最著名的人物便是诸葛亮、庞统等。他们在刘备集团内部虽无涿州首义功臣的根基与声望，但是人多势众，且有诸葛亮这样的角色充任领袖，在蜀汉整个政权结构中无疑属于中坚力量，后来居上，前途未可限量。

蜀汉政权人员构成的第三部分，是刘备进入两川，反客为主，取刘璋而自代，奄有整个巴蜀之地后，所接纳的刘璋部分旧属与益州当地豪强、士人。他们中间有的见刘璋暗弱，秉执乱世之时"君固择臣，臣亦择君"之观念，随时留意为自己找退路，谋多窟，故早早便与刘备暗通款曲，等到刘备真的对刘璋兵戈相向时，便立即主动投向刘备，成为蜀汉重要开国之臣。有的则是当刘备兵临城下，刘璋万念俱灰、束手投降之际，随大流、顺形势而被动地归顺新的统治者。但无论是主动投靠的，还是被动胁从的，在蜀汉新政权中，他们都是重要的组成部分，尤其是在基层官吏队伍中，他们占了很大的比重，可谓是真正的基础。他们的第一号代表人物自然是法正，其次便是虽非益州籍，但却与两川当地渊源极其深厚的李严。

蜀汉政权人员构成的第四部分，乃是曾令曹操吃足苦头、大伤脑筋的凉州名将马超及其部属（曹操尝云：马儿不死，吾死无葬身之地也）。马超与曹操鏖战潼关，一度杀得对手丢盔弃甲，肝胆俱裂，后因种种原因功败垂成，先依附张鲁，后归顺刘备。虽说是战败亡命归附，但马超本人公侯之后的身份，久经沙场的经历，使得刘备不能对他及其部属虽然等闲视之，而要奉为上宾，优渥有加。事实也正如此，马超的来归，大大地增加了蜀汉政权的合法性。由马超领衔上表劝进刘备晋爵汉中王一事就证明了马超对蜀汉政权建立的地位与作用之不可或缺。

当然，在蜀汉政权的整个构成体系中，上述四大部分（也可以说是四个圈子）的地位、实力以及影响是有很大不同的，而随着时间的推移，这种差异性变得越来越显著，它直接制约和影响着蜀汉政权内部的整合，给蜀汉政治格局的演变、政治生态的嬗递打上了深刻的烙印。换言之，四大圈子的彼此消长背后，实际上预示了蜀汉政权的前途与命运。

在四大圈子中，凉州马氏实力最小，基本上是一种摆设。马超兵败来投，势单力薄，加上参与政权时间短暂，这种现实，决定了马超及其部属虽然拥有众多的头衔、很高的爵位，但是在具体的军政大事上却不可能具有发言权，更不必说有什么决策权了。实际上，马超自己对此也有清醒的认识，所以在归附刘备之后，他便彻底交出兵权，战战兢兢、如履薄冰地过着杜门不出、远离政治斗争漩涡的半隐居式生活。彭羕找他叙话，其中有"卿为其外，我为其内，天下不足定也"等言，马超闻后不胜诧异，大惊失色，赶忙向有司举报，绝情寡义地将彭羕送上断头台，这种做法本身就含有深谙自己不受信任，当时时检点留意，但求全身自保的心曲。凉州马氏势力的处境以及朝政的关系于此可见一斑。而随着马超的英年早逝，凉州势力也就很快烟消云散，消亡殆尽了，只有马岱等孑遗以个体的身份依附于当时的政权主流之中，从而保存点滴凉州军人的荣耀。

涿州势力集团的地位与实力较之凉州势力集团自然要强大得多，然而其归宿却与凉州集团并无不同，可谓殊途而同归。导致其势力渐趋削弱、其影响日益式微的主要原因乃是无法抗拒的自然规律。该势力集团的代表人物，随着战事的频繁，岁月的推移，不是死于非命（如关羽魂断麦城，张飞命丧部属），就是死于疾病或老迈，到刘备白帝城托孤、诸葛亮全面主政时，该集团基本上也是凋零殆尽、彻底瓦解了。他们在蜀汉政权建立过程中的作用已经大致完成，是到交出权力之棒，淡出历史舞台中心位置的时候了。

所以，经过政治格局的重新整合、自然规律的不断淘汰，蜀汉政权的人事局面逐渐形成了荆襄势力与益州势力的两元并存，它主导着蜀汉社会的政治生态。在这两元双重政治格局中，荆襄势力是外来力量，益州势力是本土力量，两者的结合，说到底是外来势力与土著势力互相利用，互相弥补，是强龙与地头蛇的一并相处，一并维系。

俗话说：强龙不压地头蛇。但是这个规律似乎并不适用于蜀汉政权的政治运作。荆襄势力集团的领袖诸葛亮是深富韬略，具有深远战略与娴熟政治手腕的杰出人物，所谓"伯仲之间见伊吕，指挥若定失萧曹"于他而言，乃是实至名归，洵非虚辞。而他麾下的荆襄豪杰，也是人多势众，兼资文武。况且诸葛亮是一个十分强势的政治人物，他长期以来注意从荆襄士人中间培植亲信，丰满羽翼，因此到刘备白帝城托孤前后，荆襄势力实际上业已成为蜀汉朝廷中最强的一支，相较益州势力而言有着较为明显的优势，可谓强龙压倒了地头蛇。

　　作为整个蜀汉政权的最高统治者刘备，对于朝廷政治生态的演变趋势是了然于心的，对于诸葛亮的杰出才略以及其重用亲信荆襄人士的端倪也是一清二楚并抱有一定警惕的。为了政局的平稳发展，为了朝廷两大支柱荆襄集团与益州集团的相对平衡、互相制约，他在收取益州后，曾有意扶植以法正、许靖为代表的益州势力，来控制、削弱荆襄势力的日益坐大，以防止其主宰政局、掌控一切。这就是他对法正言听计从，优容倚重而同时相对冷落诸葛亮，让他在相当一段时间里仅仅担任杂号将军"军师将军"，只负责后方军事勤务，"调其赋税，以充军实"的内在缘由。对于诸葛亮明显亲近荆襄人士的做法，刘备也是洞若观火的，他评论马谡其人是"言过其实，不可大用"，在某种程度上也可以理解为是对诸葛亮的一种委婉提醒：不可凭感情亲疏用人，更不能按圈子划线排队，专用荆襄人士，而应该从大局出发，因能授任。诸葛亮是何等聪明之人，他当然懂得刘备重用法正、许靖等益州集团人士的深厚用意。但是从他的言行看，似乎并没有真正接受刘备的规劝，从夷陵之战后他的言论"法孝直若在，则能制主上，令不东行"云云，我们仅可以看出他内心的失落，而看不到他真正的觉悟。

遗憾的是,刘备平衡荆襄、益州两大集团的良苦用心未能如愿得到最终的落实。法正、许靖等人的过早去世,使益州集团失去了众望所归、可以与诸葛亮有效抗衡的领袖人物。而夷陵之战后,刘备忧愤交加,健康状况急剧恶化,迅速走向生命尽头的现实,又使得刘备不得不从稳定维系蜀汉政权命运的角度考虑,将托孤的重任交付到诸葛亮的手中。但是即使如此,刘备还是将与益州集团有渊源的尚书令李严作为托孤的第二号重臣,这样的安排很清楚,仍包含着平衡荆襄与益州两大势力的寓意。

不过,事情发展到这一地步,谁也没有力量再来制约诸葛亮放开手脚经营自己的荆襄核心圈子了。失去了法正这样的政治要角(也可以看作是对手)的竞争,没有了刘备这样的顶头上司的掌控,诸葛亮完全大权在握,可以毫无顾忌地我行我素、生杀予夺。他一方面以冠冕堂皇的理由,打击、削弱益州集团的势力,尤其是重点剪除益州势力中任何可能对自己独揽大权,对荆襄势力顺利发展构成潜在威胁的代表性人物。他对同为刘备托孤大臣李严的打压、罢官就是典型的例子。李严当然有缺点,有过失,但是这些过失是否严重到必须罢官、贬黜为庶人的程度,则是可以商榷的。其实,像李严这样的高官,要彻查总是可以查出问题来的,关键在于是否小题大做,借一两个问题为突破口,把对手置于万劫不复的地步。由此可见,诸葛亮在李严问题的处理上,维护法纪、整顿朝纲乃是幌子,将李严整治得身败名裂,从而进一步压缩益州集团的生存空间才是根本目的。

另一方面,诸葛亮又充分利用自己手中的权力,对荆襄人士(尤其是与自己关系亲密者)擢以不次,委以重任,进一步巩固荆襄集团的圈子,强化其在蜀汉政权中的主宰地位。

对马谡的器重与任用,就非常典型地透射出诸葛亮这种经营自己势力、打造自己圈子的政治意识。诸葛亮与荆襄宜城马良兄弟关系十分密切,《三国志》本传"裴松之注"称马氏或与诸葛亮结拜为义兄义弟,或与诸葛亮有一定的亲戚关系:"臣松之以为良盖与亮结为兄弟,或相有亲;亮年长,良故呼亮为尊兄耳。"这种亲密关系,自然要在政治安排上体现出来,马良在先主朝即深受重用,官至郎中。但不幸的是,在夷陵之战中,马良随军出征,蜀军惨败,马良亦殁于阵中。诸葛亮失去马良,恸痛之情可以想见,于是把更多的关爱倾注到其弟马谡的身上。

马谡也是了不起的人物,史称其"才器过人,好论军计"。诸葛亮对他是器重有加,尽管刘备早已指出马谡"言过其实,不可大用,君其察之",但诸葛亮的偏爱与私心,使得他不以刘备的提醒为意,重用马谡丝毫不避任何嫌疑,"犹谓不然,以谡为参军"。

诸葛亮与马谡的亲密,早已超越了工作关系的范畴,而进入到了私人隐秘的空间:"每引见谈论,自昼达夜。"真可谓废寝忘食,情深意密,这是一般部属无法想象、无法企求的殊遇。马谡自己也承认他与诸葛亮之间乃是亲如骨肉的父子关系。这种特殊的关系,加上马谡本人的确有一定的才能,诸葛亮长期以来是将马谡当作自己事业接班人来培养的,在马谡身上寄托着诸葛亮的深切期望。而马谡在诸葛亮平定南中之役中所建议的攻心之策"夫用兵之道,攻心为上,攻城为下;心战为上,兵战为下。愿公服其心而已",又为诸葛亮的取胜提供了最佳的方案,使诸葛亮得以顺利平定南中地区的叛乱,"纲纪粗定,夷汉粗安",消除了从事北伐的后顾之忧。通过这件事,诸葛亮更加欣赏马谡的才能,认定他是继承自己事业、保持荆襄势力在朝廷政治中的主宰地位的最佳人选。

为了巩固荆襄势力的圈子,诸葛亮加快了起用马谡的步伐。诸葛亮知道,要进一步提拔重用马谡,光凭马谡充任副手(参谋长)这样的资历是不够的,必须有充任主官,独当一面,并在战场上立有赫赫军功的经历与成就,这样才可以堵住天下悠悠之口,为马谡日后担当自己事业接班人创造必要的条件。这样的圈子意识,使得诸葛亮在任用马谡问题上犯下致命的错误,这就是在实施第一次北上祁山、进伐中原的战略计划时,他弃魏延、赵云等能征惯战的宿将不用,而任用马谡充任前敌主帅。

问题在于优秀的参谋人才,不一定是合格的主帅人选。马谡作为参谋人才,翼赞军事,辅佐主将无疑是合格的,但担当一军统帅却力有不逮了,而他又偏偏遇上张郃这样的名将。于是街亭一战下来,马谡损兵折将,丢失战略要地街亭,使蜀汉整个北伐作战陷入全线的被动状态,"进无所据",诸葛亮不得已下令还军汉中,轰轰烈烈的第一次北伐就如此以失败告终。而马谡本人也因此战役丧失了自己聪明的脑袋。

马谡在街亭的败北,固然有自己拘泥兵法教条,不善于具体指挥作战的问题,但是关键的原因,是诸葛亮本人在马谡的任用上没有能够做到"量才节任,随器付业",把马谡放置到了他无法适应、无法践行的岗位之上。而诸葛亮如此英明的人物,却会犯这般愚蠢的错误,"授任无方",其根源则是他脑子里圈子的意识太浓厚,私心太重,在荆襄势力集团经营上过于投入,导致迷惘糊涂,"明不知人,恤事多暗"的结果。

诸葛亮因经营荆襄势力集团小圈子而在马谡任用问题上摔了大跟头,然而后来的历史演变表明,他似乎并没有真正从中吸取必要的教训。在荆襄、益州两大势力的平衡方面,很显然,他还是依托荆襄集团而有意无意地贬抑益州集团,所以他宁愿起用凉州天水人姜维,而不愿将实权交付到有益州集团背景的人手中。应该说,诸葛亮的所作所为对日后蜀汉政治演变趋势产生了深远的影响,蜀汉政权作为以荆襄人士为主体的外来政权,与当地人士的磨合协同似乎一直存在着问题,巴蜀之地的名流、官绅、豪强、士人对它的认同拥护程度很可能是有一定保留的。当日后司马昭派遣钟会、邓艾诸将统兵攻蜀时，诸葛瞻（诸葛亮之子）战死绵竹，而巴蜀等当地出身的官吏（如谯周等）却积极鼓动刘禅献城投降，就多少透露出个中的端倪。道理很简单，占主导地位的荆襄集团不甘心丧失自己的权益，自然要殊死抵抗；而对长期受压，甚至多少被边缘化的益州利益集团来说，既然蜀汉政权从本质上来讲并非自己的政权，那么它的生死存亡也就不必过于关心，改换门庭，转由曹魏来统治未尝就是天大的灾难，因此，当兵临城下之际，举城投降未必不是明智的选择。

盛名之下，其实难副
——也说李广

在中国历史上，西汉时期的名将李广无疑是一位充满浓厚悲剧色彩的人物。他一生与匈奴交手七十余战，为二千石吏四十余年，却至死未能封侯，给后人留下了"李广难封"的浩叹。司马迁《史记》中有一篇《李将军列传》，对李广的遭遇寄予了无限的感慨和同情，令后人一掬"萧条异代不同时"之热泪。尤其是那段总结文字："《传》曰：其身正，不令而行，其身不正，虽令不从。其李将军之谓也？余睹李将军悛悛如鄙人，口不能道辞。及死之日，天下知与不知，皆为尽哀。彼其忠实心诚信于士大夫也！谚曰：'桃李不言，下自成蹊。'此言虽小，可以喻大也。"可谓情文并茂，声泪俱下，使李广的人格魅力永垂青史，感天动地。

然而，这段文字在很大程度上是司马迁个人情绪的宣泄，掺杂着太多的个人喜怒爱憎因素，并没有真正地反映历史，也歪曲了造成李广悲剧的深层次原因，更误导了后人的认识和评价。王维《老将行》"卫青不败由天幸，李广无功缘数奇"之类意气用事、不着边际的诗句，初唐诗人王勃在《滕王阁序》中"时运不济，命途多舛；冯唐易老，李广难封"的感慨，就都是这方面的典型。

平心而论，李广的悲剧命运是注定的。这既有时代的背景，更有其个人的因素。

李广所处的时代,正是西汉国防战略方针发生重大转折的关键时期。雄才大略的汉武帝登基后,变"无为而治"为"有为进取",奉行《公羊春秋》"大复仇"的指导原则,一改汉高祖以来在匈奴和战问题上的消极防御国策,对匈奴的侵扰采取积极反击的措施。于是,他集中全国上下的财力、物力与人力,提升国防力量,特别是根据汉匈战争的需要,强化主力兵种的建设,大规模发展骑兵,运用骑兵集团纵深突袭的战法,对匈奴贵族势力实施歼灭性打击。

我们知道,骑兵在秦汉时期被称为"骑士",是当时军队的主力兵种之一。它的发展又以汉武帝反击匈奴为界,划分为两个阶段,汉武帝之前,骑兵与车、步兵的地位相近,甚至还要稍低一些。但是从汉武帝时代起,骑兵得到了极其迅速的发展,使中国古代骑兵完成了向战略兵种的转变,成为军队中的第一主力兵种。

古代兵家认为骑兵作战的特点是"急疾捷先","驰骤便捷,利于邀击奔趋"。从此以后,汉军便能够以机动对付敌之机动,既可以远程奔袭,又能够实施迂回、包围、分割、围歼等策略,赢得战场上的主动地位。正是在这样的历史条件下,汉武帝坚决发动了前后五次大规模反击匈奴的战役,取得了汉匈战略决战的决定性胜利。由此可见,骑兵的发展及其在作战中的突出地位,是秦汉时期兵种建设上最大的特色,它标志着中国军事学术史上骑兵时代的到来。

在这一重大战略转变形势面前,李广、程不识等作为在对匈奴消极防御环境下成长起来的将领,显然江郎才尽,无力承担统率汉军大规模反击匈奴的重任,只好眼睁睁地看着以卫青、霍去病为代表的新生代将领脱颖而出,后来居上,建功立业,占尽风头。"人事有代谢,往来成古今","长江后浪推前浪,一代更比一代强",历史的规律就是这样无情:汉朝战略方针的演变遂成为

"李广难封"的一个重要原因。

当然,李广抑郁不得志更在于他个人军事才能的局限所致。作为一名久历战阵的将领,李广长于战斗指挥,骁勇善射,在战术上灵活机智,有勇有谋,敢于打硬仗,打恶仗,射术之精堪称一绝,威震匈奴各部,被匈奴畏誉为"飞将军"。唐代诗人卢纶曾作《和张仆射塞下曲》,颂扬李广的神箭无敌:"林暗草惊风,将军夜引弓。平明寻白羽,没在石棱中。"栩栩如生地刻画了李广高明的箭艺与气概。①

然而这种近敌格斗上的剽悍骁勇,终究掩盖不了李广拙于战役和战略指挥的根本缺陷。李广曾先后担任骁骑将军、前将军等重要军职,五次率精兵参加反击匈奴的作战,应该说杀敌立功、晋爵封侯的机遇多多,可是他不是无功而返,就是大败亏输、损师折将,根本没有表现出"飞将军"的风采,给人以一种"盛名之下,其实难副"的感觉。常言道:"一之为甚,其可再乎!"连续五次机会李广都不曾把握住,这就不是单纯地用"偶然性"所能解释的了。

当然,我们并不否认,这中间有来自汉武帝以及卫青等人的掣肘因素在产生作用,但是,在简单的表象背后,我们认为还有本质的问题症结存在,这也在某种程度上说明了一个残酷的事实:李广只是一名斗将,而非真正大将之才,他明显疏于战略战役指挥上的大智大勇,尤其不善于指挥大规模骑兵集团远程奔袭、机动作战,而这一点正是身为汉武帝时代高级将领者的致命弱点,也是他一生不得封侯的最主要原因。对这样的遭遇,李广自己的愧愤自杀,是缺乏自知之明的表现;司马迁等人的鸣冤叫屈,则是失却理性态度的曲词。其情虽可悯,其理实难喻。

李广的战功固然乏善可陈,而他治军的做法也多有弊端。的确,在他身上爱兵如子、身先士卒的优点殊为突出,"宽缓不苛"使得"军中自是服其勇",以至他自尽后,一军皆哭,连普通百姓也

186

"皆为尽哀"。可是,他治军上放任自流,不讲求以法治军、严格管理也是不争的事实。具体则表现为,行军时"无部伍行阵",止舍时"人人自便",连必要的警卫都不设置,"不击刁斗以自卫",在幕府中则无"文书籍事"。这种把严格要求和关心士卒对立起来的做法是根本不可取的,它无法做到令行禁止、旅进旅退,也不可能真正形成强大的军队战斗力。孙子说"令之以文,齐之以武,是谓必取",又说"爱而不能令,厚而不能使,乱而不能治,譬如骄子,不可用也"。李广却违背了这一治军的基本原则,无怪乎会劳而无功,际遇坎坷了。

讲到这里,我们不禁要对所谓优秀将领的标准问题做出更合理的界定。一位将领是否优秀,不是看他爱护士卒方面做得如何,而是取决于他能否在战场上克敌制胜。能打胜仗,便是名将;不能打胜仗,那么即使他再爱兵如子,再怎么与士卒同甘共苦,赢得部下的信赖,则依旧是庸将。一句话,胜利是衡量一位将领合格与否、优秀与否的唯一标准。以此为指标考查李广,我们不得不对李广说一声:"将军,你并不是像卫青、霍去病那样的杰出的军队栋梁!"

至于李广的性格与气度,看来也不是一个能成就大事业的人物。常言道:"海纳百川,有容乃大,"真正优秀的名将,是能够做到襟怀坦荡,虚心容物的。可是很显然,李广并不是那类人,这从他对待霸陵尉一事便可以看得很清楚。李广被闲置期间,曾在蓝田南山一带狩猎,打发时间。有一次他带一名随从乘夜色外出,喝得醉醺醺后信马由缰踏上归程,途中经过霸陵亭,负责该地治安的霸陵尉正好也喝得有几分醉意,见了李广未免不够恭敬和客气,大声呵斥李广不该违禁夜行。李广的侍从上前申明这是"故李将军"(意谓退休将军李大人),希望借此免去李广违禁夜行的责罚。谁知霸陵尉仗着酒劲并不买账,声称"现任将军尚且不得

187

夜行,更何况是什么退休将军",于是按规章将李广扣留在其办公地点整整一个晚上。应该说,霸陵尉的态度虽然有些粗暴,不怎么通人情世故,不怎么让人感到舒服,但毕竟是秉公执法,照章办事,并无大错。李广不但不检讨自己的违禁之过,反而将严格守法与执法的霸陵尉怀恨在心,伺机报复。当他出任右北平太守后,做的第一件事便是找霸陵尉的晦气,取其项上的首级。如此小肚鸡肠,睚眦必报,又焉能成就大事?

可见,李广的悲剧,不在于时运不济,而在于他自身的弱点。所以,对他的分析和评价,也应该少一点道德上廉价的同情,多一份历史上冷峻的思考。

当然,历史自有其吊诡的地方。历史的真相传递与历史的价值判断,常常让人感到匪夷所思。在历史的真实中并非特别优秀的人物,经常会因种种机缘,而以完美的化身融入后来人们的历史认知,关羽如此,郭子仪如此,李广亦如此。令人不能不佩服历史重构的强大力量。我认为,这可以理解为历史对人物或事件的重新塑造功能。这一点,在后世人们的人物再评价上,有非常突出的表现,所以,宋朝偶尔杀了一个功臣岳飞,其主事者宋高宗赵构、宰相秦桧就被永远钉上了历史的耻辱柱;而动辄大规模屠戮功臣与士大夫的皇帝,却大多被后人轻轻放过,甚至还被千方百计加以淡化或开脱。这不能不让人惊诧历史的复杂性。

在李广的身上,我们同样能见到这种历史人物重新被塑造的现象。借助于司马迁《史记》文字的魅力,李广成为受委屈的历史人物之象征,久而久之,人们基于同情的心理,又使李广升华为中华民族的百战名将乃至民族长城的图腾了。换言之,到了后世,尤其从唐代以降,李广的形象就转化成为人们抗击外侮时追慕英雄再世的精神寄托了。唐代王昌龄《出塞》一诗就是这方面具有标志性意义的鲜明例证:"秦时明月汉时关,万里长征人未还。但使龙城飞将在,不教胡马度阴山。"而高适的《燕歌行》,则更是将李广幻化为针砭当时军队建设之弊端,寄托人们呼唤与寻找军魂与国魂的希冀了:"汉家烟尘在东北,汉将辞家破残贼。男儿本自重横行,天子非常赐颜色。摐金伐鼓下榆关,旌旆逶迤碣石间。校尉羽书飞瀚海,单于猎火照狼山。山川萧条极边土,胡骑凭陵杂风雨。战士军前半死生,美人帐下犹歌舞!大漠穷秋塞草腓,孤城落日斗兵稀。身当恩遇恒轻敌,力尽关山未解围。铁衣远戍辛勤久,玉箸应啼别离后。少妇城南欲断肠,征人蓟北空回首。边庭飘飖那可度,绝域苍茫更何有!杀气三时作阵云,寒声一夜传刁斗。相看白刃血纷纷,死节从来岂顾勋?君不见沙场征战苦,至今犹忆李将军!"

一句"君不见沙场征战苦,至今犹忆李将军",道尽了人们心目中的无限期待、无穷追慕!李广是不幸的,生前征战一辈子,连一个侯爵也未得到;李广又是幸运的,身后流芳数千年,其荣耀令多少曾经辉煌一时的帝王将相也瞠乎其后!

注释:

①箭镞入石见于《史记·李将军列传》:"广出猎,见草中石,以为虎而射之。中石没镞,视之石也。因复更射之,终不能复入石矣。"

将权对皇权的屈服
—— 卫青的圆滑

　　汉武帝反击匈奴之战能够快意恩仇，大获全胜，一雪百年之耻，其头号功臣，当然首推大将军卫青。

　　今天看来，卫青的确算是生逢其时，所谓"时来天地共努力"，这位卫青大将军乃是幸有与焉。卫青生活的时代，正是西汉王朝国防战略的重大转折时期。雄才大略的汉武帝加冕登基后，凭借前人励精图治而打下的雄厚经济基础与军事实力，立即改变自汉高祖刘邦"白登之围"以来，在匈奴和战问题上的卑辞厚赂、曲意和亲为主干的消极防御国策，对匈奴贵族好战分子的内侵骚扰，采取以硬碰硬、死缠烂打、积极反击、寸步不让的措施。在这一重大的军事战略转变的形势面前，西汉王朝那些在对匈奴消极防御环境下成长起来的将领，如程不识、李广等人，虽然辈分很高，名头极大，但已属英雄迟暮，明日黄花，再也无力承担统率汉军大规模反击匈奴的责任。汉武帝是明白人，也是有决断的人，他当然不会做论资排辈数英雄，以致丧师辱国的蠢事，而是奉行"有非常之功，必有非常之人"的原则，破格提拔和重用具有新思维，适应新形势的年轻将领。"陛下用人如积薪，后来者居上"，汲黯的话说得真是到位，而卫青正是汉武帝一眼发现的大将之才。

　　卫青走上反击匈奴的战争舞台后，果真没有让汉武帝失望。

他曾先后七次统率汉军精锐骑兵，主动出击袭扰汉朝边境的匈奴贵族，"每出辄有功"，共计斩杀、俘虏敌人五万余名。为平定匈奴边患，保卫华夏地区的核心农耕文明圈，巩固西汉王朝的统一，维护国家和民族的长远利益做出了极其重要的贡献。其中河南之战中的战略迂回，侧翼奇袭，漠北之战中的长途奔袭，捣敌腹心，更是卫青一生中杰出军事指挥艺术的辉煌之作，也成为中国战争历史上的经典范例。由此可见，卫青的成功，并不是靠他与汉武帝的裙带关系，而真是凭了自己有几把刷子。

不过，我对卫青这个人物产生兴趣，倒并非是因为他的赫赫战功，而更多的是由于他的为将风格。这种风格，从好的方面讲，是顾大局，能谦虚，平易随和，谨言慎行；但是，从贬义的角度看，则是十足的圆滑，曲意逢迎，见风使舵。在我看来，卫青是一个缺乏鲜明个性、刚毅气质的大将，汉武帝之所以会高度信任他，不但是因为他会打仗，善指挥，更是因为他像狗一样驯服顺从、忠诚听话。事实正是如此，卫青既不因战功卓著而轻狂自大，也不因为身为皇亲、位极人臣而骄横跋扈，而是始终小心谨慎，圆滑随和，为人仁善退让，做到了奉法遵职。这种既有很强的办事能力，又不会对皇权构成任何威胁的将才，汉武帝自然满意、自然欣赏。

反映卫青圆滑的最典型的例子，莫过于他处理自己麾下败军之将苏建的谨慎方式。汉武帝元朔六年（前 123），卫青以大将军的身份率领公孙敖、公孙贺、赵信、苏建、李广等六将军兵出定襄，反击袭掠朔方一带的匈奴骑兵。苏建、赵信所部在进军途中恰好与单于所统率的匈奴主力相遇。双方大战一日有余，汉军死伤惨重，血流成河，几乎全军覆灭。赵信一看形势危急，遂带着八百骑兵向单于投降，苏建见势不妙，"三十六计，走为上"，立马脚底抹油，丢下部众，只身狼狈逃回汉军大营。

打了败仗，损兵折将，大丢汉军的面子，大伤朝廷的威仪，自然要严肃执行军法,严厉惩处有关责任者,以儆效尤。卫青于是就召集军正闳、长史安和议郎周霸,向他们询问相关的处置意见。议郎周霸是个非常直率、坦诚的君子,第一个发言:"今建弃军,可斩以明将军之威。"闳、安两人则持不同意见,以为应该多考虑当时战场上的实际情况,抱同情之理解,高抬贵手,放苏建一马,暂且饶恕其死罪。

卫青仔细地倾听了双方之间的辩论后,沉吟半晌,然后缓缓道出了自己的真实看法:我属于皇亲国戚,身份相当特殊,而且深受皇上本人的信任,完全不必担心在军中没有威信,周霸所提出的用斩杀苏建,来树立大将军威信的建议,实属节外生枝、无事生非,断不可取。作为大将军,我执军法绝对不能自专,在当今天下,皇上才是军中法律的最高主宰。毕恭毕敬俯仰皇帝的最高权威,借以表明自己发乎内心深处的恭谦顺从天子之心迹。这真是聪明伶俐、世故圆滑到了家。

卫青手下的军官自然也不糊涂,他们对卫青的良苦用心心领神会,便一致表示举双手赞同。卫青于是将苏建押上囚车,送往京师长安,让汉武帝本人去发落。汉武帝见卫青如此明晓事理,知所进退,内心的喜悦自不必说,于是便益发信任和重用卫青了。

对卫青的圆滑,他同时代的人,大历史家司马迁就颇不以为然,并毫不留情地加以辛辣的挖苦,予以相当尖刻的批评和责备,司马迁斥责卫青"以和柔自媚于上",以至"天下未有称",在人格上卑劣低下,无足可取。这一批评当然成立。然而司马迁没有想到卫青的圆滑,实际上恰好折射出古代治军特点的历史性变化。这就是皇权与将权关系的本质性演变。

我们知道,在先秦时期,无论是兵书所提倡的理论,还是实际生活中所反映的实践,统军的大将都拥有专杀犯法部下的大权。孙子就明确主张"君命有所不受",一再强调"将能而君不御者,胜","战道必胜,主曰无战,必战可也;战道不胜,主曰必战,无战可也。故进不求名,退不避罪,惟民是保,而利于主";《六韬》也提倡"军中之事,不闻君命,皆由将出","无天于上,无地于下,无敌于前,无君于后"。正是在这样的理论指导下,才有孙子吴宫教战斩美姬立威,司马穰苴辕门立表诛庄贾肃军这一类事情发生,而吴王阖闾、齐景王也并不以此为忤逆。

然而到了汉代,随着封建专制的全面强化,《公羊传》"君亲无将,将而必诛"观念的确立,"将在外,君命有所不受"的传统,便受到根本性的冲击。将帅个人完全成了皇帝的附庸,彻底丧失了最基本的独立人格,不复有在前敌战场上机断指挥的权限和专执军法的条件,这是历史的必然,也是历史的无奈。

当然,这一历史变化也是一个缓慢而曲折的过程。汉文帝时期,周亚夫细柳治军,尚能够强调"军中但闻将军之令,不奉天子之诏",敢于把汉文帝的车驾阻挡在军门之外,从而成为治军史上的一则佳话。不过,这毕竟是"君命有所不受"的回光返照,是天鹅濒临死亡之前的绝唱。汉文帝是厚道之明君,他能容忍周亚夫的行为,可是后来的汉景帝天性刻忌凉薄,便不能允许了,所以留给周亚夫的,也只有一条不归之路可走:入狱自杀。卫青遇上了更难对付的汉武帝,自然只好变得尽可能地圆滑,恭行"人臣奉法遵职"的准则,以求得君臣相安,永保富贵。

等到了宋代,事情越发糟糕,大将出征,只能以皇帝事先所颁发的陈图为具体的作战方案,画地为牢,自我窒息,绝对不敢越雷池一步,于是兵愈众而国愈弱,在与辽、金、西夏,乃至后来蒙古的军队交锋中,几乎是望风披靡,每战必败,损兵折将,丧师辱国,酿出一缸又一缸的历史苦酒。悲乎!

歌功颂德言天命
——王充的另一面

　　王充,当然是汉代第一流的思想家。一部《论衡》,让他身后享尽风光,一度被誉为"战斗的唯物主义思想家"。这些年,随着国家发展战略的转变,古代哲学也好,古代历史、文学也罢,统统退出公众生活领域,找回本色,重新成为学者书斋中的宝贝。王充也一样,名头再不像荒诞岁月时那般响亮。这就对了。

　　不过,即便如此,王充的学说从总体讲,依然有大量值得肯定的地方。

　　问题在于,王充和所有人一样,也有双重的人格。如果把他的负面形象展示给大家看,恐怕很多人会大跌眼镜。

　　儒家学说比法家、道家、墨家等学派来得高明的地方,就在于它的某些内容有时候能以貌似公允的面孔出现,以第三者的角度来调和当权者和平头百姓之间的矛盾冲突,借助这一招来保持社会生活秩序的相对稳定性。早期儒学(尤其是"迂远而阔于事情"的孟子学派)就具备这方面的特征。它当然是以帮当权者抬轿子为己任的,但在个别地方,并不和当权者的观点立场完全一致,而是多少顾及平头百姓们的利益,反而对当权者有一定的约束力。这样就多少弥补了封建专制统治的某些不足,用一句不怎么恰当的俗语来形容,叫作"小骂大帮忙"。这可以说是对当权派根本利益更高层次更佳意义上的尽忠效劳。

可是，我们的王充先生却不是这样。他是典型的"歌德派"，好像生下来就是替汉朝的当权派吹喇叭、抬轿子的，一副摇尾献媚的奴才相简直令人差点吐出隔夜的饭。这么说，绝不是厚诬王充先生，而是事实确凿。

打开《论衡》，里面有《宣汉》《齐世》《恢国》《符验》《须颂》等篇什。一看标题，就可知道是百分之百的"歌德"文字。其主旨，纯粹是声嘶力竭地歌颂两汉王朝的所谓"盛德"，昧着良心论证汉代是胜过天堂的太平世界；两汉的皇帝，无论是傻的还是蠢的，个个是"圣明天子"。既然汉朝这么美，天子如此好，那么在王充看来，那些身为汉家的臣民，就不应该有任何的抱怨，而理应争先恐后去充当"歌德派"，为饱食终日的达官贵人和他们的总头子皇帝唱颂歌，作祷告，这样才是正理。"臣子当褒君父，于义较矣。"①王充先生说得真是再清楚不过了。

他自己当然是乐意充当"歌德派"的班头。为此，他可以不顾"群小日进，国家空虚，用度不足，民流亡，去城廓，盗贼并起，吏为残贼"②的历史事实，厚着脸皮，闭着眼睛，用最华丽、最动人的辞藻歌颂"汉德"，为汉家江山身上贴金抹粉。到了最后，甚至于为明明存在着的社会动荡狡辩开脱："建初孟年，无妄气至，岁之疾疫也。比旱不雨，牛死民流，可谓剧矣。"局势固然是严重，可王充笔锋一转，坏事居然变成了"好事"，真是不要脸的逻辑："皇帝敦德……天下慕德，虽危不乱，民饥于谷，饱于道德，身流在道，心回乡内，以故道路无盗贼之迹，深幽迥绝无劫夺之奸。以危为宁，以困为通，五帝三王，孰能堪斯哉！"③

当然，王充先生的良知还没有完全泯灭，而且他也是聪明人，知道在学者圈子里，走流沙的总令人尊敬和同情，上朝廷的却多教人厌恶和蔑视，古今中外，概莫能外。所以他就要寻找机会表白自己充当"歌德派"的不得已苦衷。照他的话来说,他吹捧皇帝,粉饰朝廷,是为了免罪,太太平平过日子。一副可怜兮兮的模样,可是既已做了婊子,那么就甭想再立牌坊,你王充先生的任何辩白都是多余的。

为了向当权者献媚,王充先生也热衷于鼓吹"符瑞天命"、"五德终始"这类鬼话,这与当时的俗儒方士,并没有什么本质的区别。王充爱谈"天命",推销"命定论",这实在属于不争的事实。他把"天"看成是有意志的人格神,即"天,百神主也"④。天有意志,既有所欲,又能够"爱"得热烈,"憎"得火爆,所有的一切都是命定之数,命中没有,再争也白搭。汉室之兴,在于天之所为;国祚长短,也在于天之定数。这种"命定论",比起董仲舒先生的"天人感应"说来,是更落后、更消极的东西。"天人论"还有"神道设教",以神权限制君权的意义,而王充先生的"命定论"除了迷信,再也找不出半点清新的气息。说得不客气一点,是臭气熏人,令人窒息!

最最有趣滑稽的是,王充先生在自己的大著中煞有介事地列举了许多"符瑞"神话,来曲里拐弯地"证明"所谓"汉致太平"并非是虚构的。风传庐江某个湖里发现了一块金子,王充乐颠颠地摇起秃笔记上一笔,然后不忘给朝廷送上一个谄笑:"为圣王瑞,金玉之世,故有金玉之应。"⑤湖南零陵地带冒出"新闻","忽生芝草五本",王充听到消息后,更是喜不自禁,忙不迭歌功颂德,向皇帝大人邀宠:"咸知汉德丰雍,瑞应出也。"⑥"四海混一,天下定宁,物瑞已极,人应复隆。"⑦真是拿着肉麻当有趣,徒然授人以笑柄。

王充学说好坏参半,当是事实,用武林中的行话,王充便是亦正亦邪式的人物,清者自扬,浊者自沉,何必一味往他的脸上贴金,以至抹杀了他的本色?要晓得,向当权者摇尾乞怜,终究称不上"战斗";而侈谈"符瑞",宣扬迷信,也毕竟不能算是"唯物"。

注释:

① 《论衡·须颂》。

② 《汉书·王贡两龚纶传》。

③ 《论衡·恢国》。

④ 《论衡·辨祟》。

⑤ 《论衡·验符》。

⑥ 同上。

⑦ 《论衡·宣汉》。

事君数，斯辱矣
——从胡惟庸到年羹尧

　　孔子毕竟是"圣之时也"，对人情世故有着最透彻的观察，对荣辱贵贱有着最深刻的感悟，在这方面是丝毫不亚于老子的。俗谚有云"世事洞明皆学问，人情练达即文章"，"是非只为多开口，烦恼皆因强出头"，对照孔子的言行，可谓入木三分，量体裁衣。

　　一部《论语》，有不少的篇章可以用来给孔子"圣之时也"的评价作注脚。譬如孔子在人际关系上，即提倡"君子之交淡如水"的交往原则，反对跟别人走得太近，过于密切。在孔子看来，事物都是对立统一的，都处于始终不息的运动变化过程之中，都会向着自己的对立面转化。有大好必有大恶，关系太近了，很难避免走向反面，最终成为陌路。利与害相辅相成，如影随形，没有无害之利，也没有无利之害，而且往往越是大的利，越是大的害，它相应的害与利也越多，最安全的地方往往最危险，而最危险的地方又往往最安全。因此他一针见血地指出："事君数，斯辱矣；朋友数，斯疏矣。"意思是说：与君主打得太热乎了，难免君主日后翻脸，招致悲惨的下场；与他人交往到了形影不离、卿卿我我的地步，到头来很可能像刺猬似的互相伤害、势如水火。只有保持一定的距离，君臣、朋友才能彼此欣赏，相安无事，即所谓"距离产生美"。由此可见，保持距离，留有空间，懂得放手，安于寂寞，既是人际交往上的成功秘诀，也是政治生活中的杰出智慧。

用它来观察中国历史上的君臣关系，可以发现，不少功臣之所以没有好的下场，走的几乎都是建功立业、横遭猜忌、举事谋反（或受谗去职）、身败名裂的人生历程，让人浩叹"太平本是将军致，不使将军见太平"的历史轮回，其中十分重要的原因之一，就是不知道或忘却了孔老夫子"事君数，斯辱矣"的明训，没有在君臣关系上保持合适的距离，走入了却认他乡作故乡的重大思维误区。

纵观历史，功臣勋将在建立大功、骤致富贵后忘乎所以、胡作非为，因而遭罹杀身之祸的，可谓是不胜枚举。但这些功臣勋将之所以会忘乎所以、胡作非为，是因为他们自认为是皇上最亲近的人，与皇上有过命的交情，渊源极深，关系特铁。在他们的内心深处，或许是以为皇上的宝座是自己舍命帮忙给抢来的，自己功盖天下，勋高五岳，纵情享受是应该的，做事出格、说话骂娘是可以的，施加影响、指指点点也是允许的。说到底是他们潜意识里的圈子意识在作祟。于是乎，他们死抓住权力不放，占着位置不让，霸着财富不松手，滋生欲望永不满足。但他们却始终不曾闹明白，名利富贵，犹如过眼云烟、白驹过隙，对它们的追逐等于是追逐幻影，迟早是会落得一无所有，甚至于身陷祸难的，正如《红楼梦·好了歌》所称的："只嫌官帽小，反把枷锁扛。"

中国传统政治的鲜明特征之一是按圈子划线，凭亲疏用人，用今天的情况做个形象的比喻，就是北京道路交通的环线哲学。任何统治者对于其麾下人物，都是按环线理论来确定相应关系的。最亲密的人，属于核心力量，相当处于北京二环线以内的位置；比较亲近的人，属于依靠力量，相当处于北京二环线、三环线的位置；普通关系的人，一般定位于利用对象，相当处于北京的四环线、五环线的位置；不大可靠、无法放心的人，通常属于防范乃至打击对象,相当处于北京的六环线甚至出了六环之外的位置。五环线、六环线上的人物不得意自不必说,君臣之间彼此也心照不宣。死猪不怕开水烫,好死不如赖活,凑合着蹭一天是一天吧。但除此之外,比较安全的恰恰不是二环以内的人,而是三环、四环线上的人。换言之,真正处于最危险境地而本人却没有任何察觉的,往往是皇上身边的心腹大臣、社稷股肱。因为功臣尽管与皇上关系最为亲近,可是他们忘记了一个最普通的道理,没有永远的朋友,也没有永远的敌人,有的只是永远不变的利益。他们单纯地凭圈子意识行事,一旦与皇上的根本利益发生实质性的矛盾冲突,那么离他们的死期也就不远了。

历史上"事君数,斯辱矣"一类的现象比比皆是,其中明初胡惟庸、蓝玉的遭遇,清代年羹尧、隆科多的下场,最具有典型性。

要说对待功臣宿将心肠之歹毒,手段之残暴,臭名之昭彰,自刘邦以下,第一个当数那个游方小和尚出身的明朝开国者洪武皇帝朱元璋。他早年趁元末农民大起义如火如荼之机,混迹于义军队伍,凭借市井中跌打滚爬熬炼出来的那份狡诈干练,在战争中崭露头角,成为称雄一方的主帅;更靠着徐达、常遇春、胡大海、刘伯温、宋濂、胡惟庸、蓝玉、汤和等一伙文臣武将、铁杆哥们的运筹帷幄,浴血厮杀,先后战胜陈友谅、张士诚、方国珍、明玉珍等武装势力,并打败元朝的铁甲精骑,攻克北京,混一天下,成为新兴明王朝的开国皇帝。可是,尽管朱元璋心想事成,富有天下,但他骨子里仍然不改市井泼皮的本色,狡狯、残忍、无信无义、刻薄寡思、反目为仇、自私无耻等人类最不好的种种品质伴随其一生丝毫不减。这样的先生当上了皇帝,功臣宿将大祸临头也就是自然而然的事情,一场惨绝人寰的兔死狗烹悲剧从此拉开了血腥的帷幕,而他的屠刀首先指向的,就是那些核心圈子里的人物。

就是这位朱洪武皇帝,从他立国伊始,就居心叵测地向最亲近的文武勋臣发出警告:要规规矩矩、老老实实夹着尾巴做人,切切不可效法西汉时期的韩信、彭越,"事主之心日骄,富贵之志日淫",实际上已经预示着对功臣勋将的歹毒杀机。尔后他再也按捺不住杀人的嗜好,先后毒死功高盖世的徐达、刘伯温等人。

其实,这仅仅是一个开头,更大规模的屠戮还在后头呢!遗憾的是,胡惟庸、蓝玉等人依然沉浸在成功的喜悦中,一心以为自己是朱元璋核心圈子里的人,即淮西故人,觉得大树底下好乘凉,"车至山前必有路,船到桥头自会直",根本不用担忧自己的前途。殊不知,人是会变的,圈子也是会改的。他们辅佐朱元璋荡平群雄、灭亡元朝、夺取江山固然是事实,赴汤蹈火,厥功至伟同样不假,可遇上了无赖出身、嗜血如命的朱元璋,他们的功劳就变成了让他们命归黄泉的催命符,他们圈子里人的身份,只是提醒了朱元璋更早地对他们下毒手。"酿得百花成蜜后,为谁辛苦为谁甜",如果他们自己能够早点意识到自身的危险,尽量淡化自己身为圈子里人的色彩,夹着尾巴做人,唯唯诺诺,装疯卖傻,那么也许就不大容易被朱元璋抓住辫子,可以多苟延残喘一段时间。即便是最终逃脱不了一死,至多也是及身而止,无须几万人跟着自己殉葬,做屈死的冤鬼。要知道,尽管朱元璋几乎将功臣屠戮殆尽,但毕竟还是放过了一个汤和将军。

令人惋惜的是,胡惟庸、蓝玉都不曾学张良和汤和,甚至不曾学石守信、王审琦,而偏偏效法了韩信和王敦。在功成名就之际,他们的私欲急剧地膨胀起来,做出了许多违法乱纪的事情,正好让一直想打破原先的圈子、拿功臣开刀的朱元璋抓到把柄,有了口实。

如胡惟庸倚仗着自己淮西旧人、朝廷丞相的地位,骄横跋扈,专恣擅权,朝廷上生杀黜陟等大事,他往往不待奏闻皇上即自行决断。内外诸司的奏章,他经常先行拆阅,凡是于己不利的便藏匿不报。同时大肆结党营私，排斥异己，打击压制与淮西集团存在着矛盾的江浙集团。朝廷内外的势利小人，竞相公开向他行贿，纷纷奔走于他的门下。他所收受的金帛、珍宝、名马、器玩，多到不可胜数。又如大将军蓝玉，居功自傲，私蓄奴婢假子数以千计，恃势暴虐，在军队内部擅自黜陟将校，进止自专，不尊重朱元璋的绝对权威。北征回师，夜过喜峰关之时，守关将士未及时开关迎候，他一股蛮劲上来，居然纵兵毁关而入。朝廷明令禁止贩卖私盐，他却目无王法，令家人到云南私自贩卖私盐，带头破坏盐法。他侵占东昌民田，御史对此进行调查，他竟然下令逐走御史。凡此等等，不一而足。

功臣的腐化堕落、骄纵不法，严重妨碍了统治效能的提高，加剧了社会上各种矛盾的激化，而以圈内人自命，功高震主，藐视朝廷权威，更威胁到皇权的集中。朱元璋是何等人物，本来他就准备磨刀霍霍向功臣，只是苦于少了必要的借口，如今功臣勋将自己大不检点，贪赃枉法，骄横滋事，这岂不成了自己杀戮功臣的最好理由。不是我朱洪武不厚道，而是你老弟逼得我出毒招！

恰好这时有人告发胡惟庸有"不臣之心"，勾结北元残余和倭寇势力。这对朱元璋来讲，真是剥夺其权、送其上西天的大好时机，于是立即将胡惟庸满门抄斩，鸡犬不留，并借机大兴冤狱，一家伙砍掉了三万多人的脑袋。后来又说李善长知道胡惟庸"谋反"却没有及时报告，竟也将这位明朝开国的第一号功臣，甚至还是朱元璋自己的亲家，全家处死；顺带着把第二号谋臣宋濂也给逼死了。虽然李善长有朱元璋亲赐的两道免死铁券，况且年已七十七岁，可是在朱元璋的眼里，他的性命还抵不上一条狗，照样不免一死。

对大将军蓝玉的处置也基本相同，先是给按上一个"谋反"的罪名，兴起大狱，一刀砍掉蓝玉的首级，并且穷究所谓的"党羽"，一万五千多人一呼隆跟着蓝玉下了地狱。其他的将领除了在战阵上殒命的以外,绝大多数也不得善终。譬如傅友德、朱亮祖、华云龙等人就都是承蒙朱元璋的"恩典"而喋血刑场的。甚至连朱元璋自己的亲侄子朱文正、亲外甥李文忠等"圈子里的圈子"人也在劫难逃,无所幸免,"元功宿将相继尽矣"!同样以屠戮功臣而"青史垂名"的汉高祖刘邦与之相比,也是小巫见大巫,相去不可以道里计了。

清代雍正皇帝能在与诸兄弟争夺皇位的斗争中最终胜出,除了他本人善于玩弄权术、惯于搞阴谋诡计之外,主要是依靠了年羹尧、隆科多这两员心腹干将的两肋插刀,鼎力辅弼。隆科多是康熙病危时唯一的顾命大臣,又以国舅之亲担任步军统领这一要职,掌握着拱卫京城和畅春园的兵权,雍正即位的所谓康熙"遗诏"就是由他之口传达的。他为雍正登基立下了头功,由此备受雍正的尊重。

年羹尧长期以来就是雍正的心腹。他多年担任四川陕西总督,替西征大军办理后勤,处在牵制和监视雍正的强有力对手、十四皇子允禵(时任征西大将军)的有利位置。在雍正抢班夺权的斗争中,正是这位年羹尧使得允禵无法兴风作浪,只能束手认命。另外,他在雍正即位当年出任抚远大将军之职,迅速平定了青藏地区和硕特部的叛乱。这次军事胜利,具有重要的政治意义,它对新即位的雍正皇帝是个极大的支持,有力地提高了他在朝廷内外的威信,大大巩固了他的统治地位,堪称一场及时雨。年羹尧因此而得到雍正皇帝的多次褒奖。

很显然,年羹尧、隆科多都是雍正核心集团的骨干,典型的"圈内人物"。自己能成功爬上帝座,这两人功不可没,对这一点雍正心里最是明白。因此即位之初,对他们极尽恭维感激之能事,尽心笼络,恩宠无比:"舅舅隆科多……此人真圣祖皇考忠臣,朕之功臣,国家良臣,真正当代第一超群拔类之希世大臣也。"赞誉年羹尧:"从来君臣之寓合,私意相得者有之,但未必得如我二人之人耳!尔之庆幸固不必言矣,朕之欣喜亦莫可比伦。总之,我二人做个千古君臣知遇榜样,令天下后世钦慕流涎就是矣,朕实心畅神怡,感天地神明赐佑之至!"

这类甜言蜜语,出自一个皇帝之口,实在闻所未闻,听起来令人肉麻,浑身上下起一层鸡皮疙瘩。可实际上这正是雍正准备向功臣下手的先兆,是最典型的口蜜腹剑,笑里藏刀。年羹尧、隆科多是雍正的铁杆死党固然不假,然而正是因为他们处于最核心的圈子,对雍正的历史与心理太熟悉、太了解了,这就犯了最大的忌讳。与他们在一起,雍正身上的神圣光环就不复存在,这对于九五之尊的皇帝而言,无疑是最没有办法接受的事实。

所以,雍正对年羹尧、隆科多的感激与信任只能是暂时的,在他的内心深处,对这两位最铁的圈内人物其实存在着深深的猜忌,双方之间的关系迟早会搞僵闹翻。而雍正心肠之坚硬,手段之毒辣,丝毫不亚于明太祖。只不过雍正比朱元璋更工于心计,更善于从长谋划。他不愿让自己担负一个"杀功臣"的名头,而愿意让功臣宿将自己上钩,于不经意中自陷死地,然后再从容不迫地收拾他们。

年羹尧、隆科多不是智商偏低的人,可是在雍正皇帝面前,却顿时成了少不更事的小学生,他们根本看不出雍正的险毒用心,不知道雍正的褒奖言论其实是裹着糖衣的砒霜。他们自恃是雍正身边的大红人,来头大,靠山硬,是圈子中的圈子,遂放弃了应有的警惕,误以为自己替雍正立下如此大功,放任自己、作威作福乃是理所当然的事情。于是乎,一个个为自己招来了灭顶之灾。

年羹尧在建树大功之后,很快便忘乎所以,恃功骄纵。军中及川陕的用人,他往往不经奏请即自行决定,称为"年选"。他以这种方式拉拢一批人,形成了一个新的利益集团。随着权力和势力的增强,他更加骄横不法,目无君上,凌辱同僚,甚至令总督、巡抚跪道迎送自己。对雍正派往军中的御前侍卫(其实是雍正派去专门监视他,寻找除掉他的口实的特务),年羹尧竟然"作奴隶使令",为"伊坠镫"。这样一来,他恰好中了雍正的圈套,打击收拾他的理由找到了。雍正的花言巧语犹在耳畔,便"图穷匕首见",对年羹尧卸磨杀驴,过河拆桥了。

雍正三年(1725),雍正先给年羹尧安上一个"怠玩昏愦"、"自恃己功,显露不敬之意"的罪名,将其调任杭州将军,同时暗示群臣继续给年羹尧罗织罪名。中国传统文化中的最大负面性,是它曾经造就无数看皇上眼色行事、惯于顺竿子爬的无耻宵小,这等人在任何时代都不缺乏。现在皇上要治年大人之罪,墙倒众人推,赶紧落井下石吧,遂有许多臣僚纷纷劾奏揭发年羹尧的"滔天罪行"。这正是雍正所需要的局面。等到各种"罪证"收罗完毕(恐怕至少有一大半是"莫须有"的),雍正便理直气壮地决定让年大将军命归黄泉。同年年底,他以九十二项大罪,勒令年羹尧自缢以谢天下。比起朱元璋动辄开斩数万人,雍正皇帝"仁慈"多了,也无怪乎会有《雍正王朝》这样的"历史正剧"来替这名暴君歌功颂德、涂脂抹粉了!这位可怜的年大将军,至此终于为他的"事君数"而付出了惨痛的代价。

年羹尧死了,另一位"圈内核心人物"、大功臣隆科多的余日自然也不会太多了。雍正的这位娘舅老爷,在雍正登基之初曾一度备受优渥,加官晋爵,风光无限,当上了总理事务大臣,并出任掌握干部任命的吏部尚书,直接把持封官赐爵的大权。可惜的是,同年羹尧的情况相仿,隆科多一朝得志,也完全忘记了孔子"事君数,斯辱矣"的箴言,为自己进入权力圈子的最核心而沾沾自喜,滥用职权,不可一世,所任用的官员,经常不经奏请,任意决定,一时间遂有"佟选"之称。

他的所作所为,自然要引起雍正皇帝的极大反感,并拨动了其潜意识深处黜贬功臣、诛戮下属的那根神经:这天下究竟是你当家,还是朕做主,你自以为是朕核心圈子的人便可以肆无忌惮,要知道朕只要乐意,便能够一脚将你踹出圈子,永世不得翻身。雍正在收拾了年羹尧之后,便可以从从容容地对隆科多动手了。从雍正三年起,雍正皇帝开始冷落隆科多,多次严厉指斥他,并解除了他的步军统领这一要职,剥夺了他的兵权。后来,干脆给他安上党附年羹尧、徇庇查嗣庭的"罪名",削去太保头衔,罢掉吏部尚书的官职。到了雍正五年(1727)六月,又揭发出他所谓的私藏玉牒,"有不臣之心"的罪行。同年十月,以四十条"大罪",判处隆科多永远圈禁。第二年,隆科多这位拥立雍正的第一号大功臣,不明不白地死在了畅春园圈禁的场所,走完了他由功臣到罪犯,由圈内沦为圈外的坎坷人生之路。

雍正时期"圈内人"大功臣年羹尧、隆科多两人的遭遇,充分显示了中国封建社会中的皇帝是毫无人性、毫无情义、毫无信用的冷血动物。他们对功臣怀有天然的敌意,为了坐稳龙椅,会全然不顾圈子的存在,毫不迟疑地把自己的恩人打入十八层地狱。而功臣宿将也拘泥于圈子意识,身处险境而犹不觉悟,自恃功高勋重而肆意妄为,逆拂龙鳞,触犯法禁,乃至使自己迅速失去君主恩宠,被逐出权力核心圈子,以致身死族灭。它使得君主诛戮功臣的那一刻更快地来到。

"事君数,斯辱矣",话虽平淡,但它却是凝聚千百万人人生经历与教训经验的结晶。从这个意义上说,孔夫子的确具有睿智的头脑,超群的智慧,看透人生的阅历,参悟得失的玄机。他所提倡的交友、事君之道,直至今天仍具有一定的启示意义。它提醒人们：所谓圈子并不可靠，知道进退才最重要，关系固然不能没有，但保持距离必不可少。作为政治人物，看问题要冷静沉着；做事情要从大处着眼，胜利和失败仅仅是一线之隔，胜利中往往隐藏着危机，切切不可头脑发热、心智迷失、贪多务得、好高骛远。

道理很简单，"轻诺必寡信，多易必多难"。只有走出这种思维上的误区，才能赢得生机，获取最大的成功，即所谓"圣人终不为大，故能成其大"。

得麒麟才子得天下

东汉开国第一人
——邓禹与他的《图天下策》

南宋奇士陈亮曾说："自古中兴之盛，无出于光武矣。奋寡而击众，举弱而复强，起身徒步之中甫十余年，大业以济，算计见效，光乎周宣。此虽天命，抑亦人谋乎！何则？有一定之略，然后有一定之功。略者不可以仓促制，而功者不可以侥幸成也。"① 而献策定此"一定之略"者，正是谋士邓禹。

邓禹字仲华，南阳新野人。少年时曾受业于长安的太学，与刘秀相识，遂与之结为莫逆之交。更始元年（23），刘秀奉命平定河北时，他从南阳赶赴河北追随刘秀，提出了"延揽英雄，务悦民心，立高祖之业，救万民之命"的方略。其后他不断为刘秀举荐人才，如荐寇恂为河内太守，认为"今河内带河为固，户口殷实，北通上党，南迫洛阳。寇恂文武备足，有牧人御众之才，非此子莫可使也"②。后他又随刘秀镇压了铜马等农民起义军，消灭王朗等割据势力，并趁赤眉与刘玄火并之机，率军西征，夺取河东，乘胜由河东入关中，使刘秀处于战略主动地位。邓禹智谋超人，气度恢宏，深明以弱胜强、以柔胜刚之道，使敌人由强而骄，由锐而怠，"知所以骄而怠人之术"，成为东汉开国名臣。

宋代军事理论家何去非曾将邓禹视为刘秀成就帝业的关键人物，将其比为西汉的萧何："昔者汉光武被命更始，安集河北，始得邓禹于徒步之中,恃之以为萧何者,以其言足以就大计,其智足以定大业,且非群臣之等夷也。遂以西方之事委之,而禹亦能胜所属,任所向就功。"③陈亮也说其"起身徒步,杖策军门,一见光武,遂论霸王大略,陈天下之大计,此其胸中固有大过人者矣。连兵西讨,所当者破,既定河东,复平关中,威声响震,敌人破胆"④。

邓禹《图天下策》的高明之处,就在于他所筹划的战略方针为刘秀理清了如何在乱世和身处弱势的情况下夺取天下的思路,为刘秀的最后胜利制订了明确的努力方向和长远计划。主要可归纳为两点:

其一,洞察全局,把握枢纽,正确分析形势,及时捕捉良机,先立根本,徐图大业。邓禹分析了王莽改制引起天下大乱后的形势,认为天下纷争混战无主的局势,正可利用来建立大有为之业。当时,全国独霸一方称王称帝的有十多个势力集团,王莽的残余势力拥有从洛阳到长安的地盘。但王莽倒台后,更始帝及所属绿林军由湖北经河南进入关中,山东的赤眉正从青州、徐州向中原和关中进发,中原及关中正是四战之地,各方势力势必在这一核心地带杀得你死我活。而刘秀在更始入关时,被委以"破虏将军"的名义,并利用刘氏宗室的身份前往河北招安各地,虽失去了随更始帝入关分享胜利果实的机会,但毋宁说得到了发展的良机。因为这恰恰使得刘秀可以独立发展自己的势力,避免在羽翼未丰时被他人打垮。邓禹的深虑远图,与刘秀的志在天下可说是不谋而合。所以邓禹劝刘秀珍视这一难得的良机,重视河北这一新兴地区的战略地位。陈亮说:"使燕赵未平而光武西取关辅,则遂与(隗)嚣、(公孙)述为敌,而赤眉无所骋其锋矣。与嚣、述为敌,则欲徇燕、赵而彼乘其虚;赤眉无所骋其锋,则已服郡县或罹其毒。是燕赵未可以卒平,关辅未可以卒守,河北、河内未可以卒保,而天下纷纷,将何时而一也!"⑤陈亮认为这是刘秀最高明之"一定之略",而"致之有术,取之有方"的方略正出自邓禹。

其二,尽力避免过早成为矛盾之焦点,沉着等待时机,广泛招揽人才,积极争取民心,致力于河北这一根据地的经营,利用处于各种势力边缘的机会,发展壮大实力,待各方势力自相削弱后再出面收拾残局,以弱胜强,席卷天下,争取事半功倍之效。这是典型的以弱自处、以柔胜刚之术。邓禹认为,更始帝虽然强大,但其为人寡谋少断,缺乏一套妥善的治理国家的措施,朝廷中的文武大臣,尤其是带兵的将军,大部分是庸庸碌碌之辈,这些新贵是不能治理天下的,所以刘秀如果想夺天下,当务之急必须是争取民心。要做到争取民心,具体办法一是招揽储备人才以治理已经控制的州县,巩固根据地,打起恢复汉室的旗号,争取更多的支持;二是像汉高祖刘邦在汉中建立根据地一样,颁布几条切实可行的法律,使百姓安居乐业,这样,才能使人心所向,天下归顺,四分五裂的局势不出几年就可以归于一统。刘秀正是依此策略,冷眼观望群雄的火并。到了公元 25 年,羽翼丰满,遂即皇帝之位,号召天下。其后赤眉进入长安,更始帝投降后被杀,绿林势力被排除,而赤眉在与绿林的争战火并后,亦大伤元气,加之关中残破无粮,又西向陇右发展,及至无所得再返长安,已几为强弩之末。刘秀这时候出来收复洛阳、关中,已是水到渠成,毫不费力,终于稳控关中和中原,至此,统一全国不过是早晚之事了。当代学者黄仁宇先生在其《赫逊河畔谈中国历史》中也说这是"用南北轴心作军事行动的方针,以边区的新兴力量问鼎中原,超过其他军事集团的战略"。

英国现代著名战略家利德尔·哈特在其名著《战略论》中总结古代到第一次世界大战前西方的历次重大战争经验教训时,提出了"间接路线"的理论,认为战略是一种恰当分配和运用军事手段以求达到政治目的的艺术。他认为战略的成功取决于对目的和手段的正确计算、结合和运用,并认为最完美的战略是"不经过严重战斗而能达成目的的战略"。综观刘秀取天下战略的成功,其关键也正在于此。王夫之称其"以柔取天下",正窥透了个中信息。可以说,刘秀本人以及为其谋划大业的邓禹等人,均是循着这一战略思路才成就其一代大业的。

注释:

①《陈亮集》卷五,《酌古论一》。

②《后汉书》卷十六,《邓禹传》。

③《何博士备论·邓禹论》。

④《陈亮集》卷六,《酌古论二》。

⑤同上。

战略家谋划的典范
——诸葛亮与《隆中对》

魏晋南北朝时期军事思想发展的一个重要特色,是军事战略对策研究的风靡,注重务实,强调实用,使得兵学理论的建树紧密贴近战争活动的实践。这中间,诸葛亮为刘备所献的《隆中对》(又称《草庐对》)确实具有典型的意义。

《隆中对》为刘备集团勾画了求生存、谋发展、取天下、致统一的系统完整的战略方案,面世以来,一直脍炙人口,被誉为文人战略家战略谋划的典范,千秋独步的战略名对。

东汉末年,军阀混战,天下大乱,刘备作为其中一支武装割据势力,也在此时悄然崛起,但是他在遇到诸葛亮以前,虽有成就一番事业的雄心,并长期矢志不渝,但因没有一套合适的战略纲领,结果是东奔西逃,始终未能拥有自己稳固的地盘,不得不寄人篱下。所以他"三顾频烦天下计"。而诸葛亮在遇到刘备之前,也隐居隆中,大志无所伸。二十年后,诸葛亮曾深情地向后主回忆这次君臣际遇:"先帝不以臣卑鄙,猥自枉屈,三顾臣于草庐之中,谘臣以当世之事,由是感激,遂许先帝以驱驰。"① 可以说,"天下英雄"刘备的屈尊下顾、虚心求教,以及他复兴汉室、拨乱反正的忠肝热肠,都使诸葛亮深感知遇之厚,于是才和盘托出《隆中对》这一卓绝千古的战略名对。

《隆中对》的高明,在于它具有全局观念,同时又充满长远眼光、前瞻意识。

　　一方面,它高屋建瓴,统筹全局,提出了"跨有荆益"、"两路出兵"的"三分割据纡筹策"。众所周知,谋全局的核心,首在战略目标的确定。诸葛亮以恢宏的气度和思接千古的见识,指陈时势,在总结历史经验和分析现实形势的基础上,指出在各种集团的消长纷争中,曹操是刘备的主要敌人。所以,刘备的现实目标应该是跨有荆襄、益州,即利用各种矛盾,夺取天下要冲荆州和天府之国益州,作为自己的立足之地,以此为角逐天下的根本,从而实现三分天下有其一的霸业。对现实目标的这一定位,是对天下大势的洞察,对敌我关系现状和变化趋势的把握,同时,也考虑到了战略地缘关系。

　　更为重要的是,《隆中对》的根本宗旨在于最终实现国家的统一,体现了战略决策上的前瞻意识。所以,它在制定现实目标的基础上,进一步提出了刘备集团的长远战略目标,这就是"待天下有变",由荆州、益州两路出兵,互相配合,密切协同,构成钳形进攻之势,兵锋北上,席卷两京,收得中原,兴复汉室。这里,它虽然未明言孙权的前途问题,但言下之意,待消灭了主要敌人强曹,孙权之接踵而亡自不待论矣。到那个时候,实现全国的统一,也就成了瓜熟蒂落、水到渠成的事情。②

　　另一方面,《隆中对》所反映的大局观念与战略前瞻意识,并不是诸葛亮本人的突发奇想、闭门造车。它的可行性,建立在诸葛亮所提出的一系列实现战略目标相应方法手段系统完善的基础之上。换言之,它的战略前瞻不是虚幻的画饼,而是极有可能实现的现实,目标的长远性与方法手段的有效性是协调一致的。这些方法手段包括了:

　　第一,利用"天下思汉"的普遍心理,凭借刘备身为"帝室之胄"的优越背景,作为政治资本,争取政治上的主动,以与曹操之"挟天子以令诸侯"的做法相抗衡。

第二,推行"西和诸戎,南抚夷越,外结好孙权"③的方针,做好外交工作,为自己争取安定的战略后方和比较可靠的盟友,从而保证自身的安全,使得自己能左右逢源,创造出有利于自己发展壮大的外部环境和良机。

第三,"内修政理"④,整顿吏治,清明政治,发展经济,搞好内部建设,积蓄实力,文武并用,刚柔相济。

可见《隆中对》中有关战略长远目标的提出,不是偶然的,而是深思熟虑了未来战略发展趋势后的独到心得,它的战略前瞻意识是鲜明合理的,因为它以政治、经济、外交努力来与实现战略目标的奋斗相配套和呼应,实际上已为战略前瞻意识的明确化和可操作化提供了必要的条件。

显而易见,《隆中对》是诸葛亮在形势最低迷之时慧眼识先机,为刘备集团所制定的完整的统一战略预案。它见微知著,占隐察机以及战略上由弱转强的思想筹划,达到了前无古人的境界。《隆中对》实施之初,就使刘备取得了赤壁之战的胜利,并使刘备集团迅速起弊振衰,据有荆州大部,继而进一步拓展西川,攻取汉中,终于开国蜀汉,实现三国鼎立。尽管军事活动的动态性与不可捉摸性等因素干扰了《隆中对》战略计划的下一步实施,所谓"天下有变",变来变去,变得对刘备集团日益不利,终于使诸葛亮更为宏远的战略前瞻渐渐成为明日黄花,与占据中原、兴复汉室的目标渐行渐远,但它毕竟是卓绝的以全局观念突出、前瞻意识鲜明为特征的统一战略预案。正如前人所评价的那样,它是"孔明创蜀,决沈机二三策,遂成鼎峙,英雄之大略,将帅之宏规也"。

三国以降,《隆中对》的两路进兵、统一全国的战略规划,曾成

216

为引起历代争论的问题。如宋代人苏洵说:"诸葛孔明弃荆州而就西蜀,吾知其无能为也。且彼未尝见大险也,彼以为剑门者,可以不亡也。吾尝观蜀之险,其守不可出,其出不可继,兢兢而自完,犹且不给,而何足以制中原哉?"⑤意思就是说,以剑门相隔的四川盆地,作为保境自守的根据地尚且不够理想,更遑论以此为基地去进取中原,经营天下了。而南宋时期的朱熹则坚持:"若无意外龃龉,曹氏不足平,两路进兵,何可当也。"⑥

我们认为:朱熹之论,因出于维护蜀汉正统,过分推崇了《隆中对》,但是,像苏洵那样完全否定《隆中对》的价值,也属故作惊人之论,博人眼球而已,也难怪朱熹视其为纵横家。当然,从总结历史经验教训来考虑,《隆中对》的确不是无懈可击,尽善尽美。其失误,主要表现在两路进兵的长远目标过于理想化。毛泽东针对苏洵以上议论,曾作过一段发人深思的批注:"其始误于《隆中对》,千里之遥而二分兵力,其终则关羽、刘备、诸葛亮三分兵力,焉得不败!"⑦

这里所讲的"二分兵力",指的就是《隆中对》中所设想的从荆州、益州发动钳形攻势,北伐中原,统一全国的长远目标。的确,为大巴山、巫山相阻隔的荆、益二州,相互之间很难进行支援。尤其是在当时的通信、交通条件下,悬隔千里而要协调战场动作,使之互相策应、配合和支援,实难做到。加上刘备集团本来就是兵寡将微,二分兵力恰好是犯了分兵之大忌。所以,毛泽东的批评无疑是非常有道理的。另外,《隆中对》提出既要"跨有荆益",又要"外结好孙权",即希望刘备在保有荆州这一战略要地的前提下,维持与东吴方面的联盟关系,这多少也有一些一厢情愿了,在现实中实难鱼与熊掌兼得,必然会碰壁。

然而,尽管有种种缺陷,《隆中对》仍不失为中国历史上卓绝非凡的战略对策,而且这些缺陷也根本无损于诸葛亮雄才大略的战略家光辉形象。

（此文与孙建民教授合写）

注释：

①《三国志》卷三十五，《蜀书·诸葛亮传》。

②黄朴民：《大一统：中国历代统一战略研究》，军事科学出版社 2004 年版，第 127 页。

③同①。

④同①。

⑤《嘉祐集》卷三，《权书》。

⑥《朱子语类》卷一三六。

⑦《毛泽东读文史古籍批语集》，第 106 页。

驾驭全局

——羊祜《平吴疏》的战略指导思想

　　所谓"战略",其经典的释义,就是指导战争全局的方略。它显然具有三个最基本的特征:第一,它是指导性的,即引领、规范与主导军事行动的方向;第二,它是全局性的,即它具有系统性、全局性、根本性、长远性的意义,所谓"不谋全局者,不足以谋一域";第三,它是一种方略、方针与策略,具有可操作性。战略同时也是一种选择,即在形势扑朔迷离的情况下,在面临着多种可能性的局势面前,睿智地选择一种成本最小、效益最大且具有可操作性的最佳方略。具体地说,战略所要解决的是"做不做"、"何时做"、"何地做"、"何人做"、"怎么做"等最核心、最关键的问题。

　　中国具有悠久的军事文化传统,战略思维与战略指导理论的成熟与高明在世界上也是罕有其匹的。在长期的战争实践中,曾产生过诸如《汉中对》《隆中对》《平陈十策》《雪夜对》等脍炙人口的战略决策与指导思想的典范,它们是重要的战略历史文化资源,至今仍不无启迪意义,值得我们高度重视和认真借鉴。而在它们中间,西晋时期羊祜的《平吴疏》,作为国家统一战略的重要案例,乃以其独有的战略洞察力与决策可行性而拥有特殊的魅力,千百载后依然不乏认真总结的价值。

　　众所周知,赤壁之战后形成的三国鼎立局面,经过数十年的战争和更替，统一全国的形势已渐趋成熟。公元 263 年，魏政权在司马氏的操纵下，发兵一举攻灭了偏安于西南一隅的刘氏蜀汉政权。两年后，司马炎通过"禅让"的方式，灭魏自立，建立起西晋王朝。这样，魏、蜀、吴三分天下的局面已演变为晋、吴两大政权南北并峙的战略格局。

晋武帝司马炎即位伊始，在稳定国内政局、解决北方鲜卑族拓跋树机能部武力犯边的同时，也将灭亡东吴、统一全国一事作为最重要的任务提上了议事日程。然而，朝廷内部在何时以及如何进行统一战争的问题上存在着严重分歧。重臣贾充、荀勖等人对晋武帝出兵伐吴的战略意图持明确反对的态度。他们认为，东吴水军强盛，且据有长江天险，晋朝如果出师攻伐，胜负实难预料，与其冒险用兵，不如稳妥守成，所以主张按兵不动，以静观形势变化。这些意见的存在，在很大程度上干扰了人们的思想，也使得晋武帝一时难以作出最后的决断。正是在此背景下，一贯倡言伐吴的大臣羊祜于咸宁二年（276）向晋武帝进献了《平吴疏》，正确分析了当时的战略形势，论证了晋朝起兵攻灭东吴、统一全国的历史合理性与现实可能性，并具体策划了晋军战略进攻的基本步骤，以期让晋武帝排除各种干扰，果断地将灭吴的战略方针付诸实施，从而完成统一全国的殊世伟业。

《平吴疏》的基本宗旨，是通过对晋、吴双方经济、政治、军事等条件进行全面考察，"校之以计，以索其情"，从而系统深入地论证晋统一全国的必然归宿。

其一，中华文明是世界上为数不多的独立起源的文明之一。中国历经五千年沧桑，国内诸民族经历了战和更替、聚散分合、迁徙与融汇，却始终不曾割断共同的文化传统，民族认同始终如一，而且越是历经磨难、遭遇坎坷，越是增强多元一体的中华民族的自我意识和对中华文明的认同感。很显然，统一是中国历史发展的主流,是中华民族高于一切的理想追求和道德情感。

羊祜深受中华文化中大一统理念的熏陶,因此将起兵灭吴,结束南北分裂,混成一统,认定为是合乎天意人心的正义之举,强调"夫期运虽天所授,而功业必由人而成"①,天下一统,"成无为之化",乃是理有固宜,势所必然。他强调指出,用兵打仗的根本宗旨在于"宁静宇宙,戢兵和众"。这样就从弘扬大一统理念的高度,为灭吴战争的性质作了正确的定位,阐发了"以战止战,虽战可也",也就是消灭割据、混一天下的合理性,所以请求晋武帝圣心独断,排除一切干扰,毫不犹豫地将统一大业向前推进。也就是说,"是故谋之虽多,而决之欲独"。

其二,羊祜全面分析了敌我双方的战略态势,进而阐说晋军灭吴的时机业已成熟,夺取统一战争的胜利具有极大的把握,可以做到旗开得胜,马到成功。《平吴疏》指出,当时的东吴,实际上军事实力已明显处于下风,"弓弩戟楯不如中国"。其内部更是钩心斗角,矛盾重重,上下离心,众叛亲离:"孙皓之暴,侈于刘禅;吴人之困,甚于巴蜀","将疑于朝,士困于野,无有保世之计,一定之心"。可以说东吴已处于风雨飘摇之中。在这种情况下,一旦西晋大举出击,吴国必定难以组织有效抵抗,其情形必然是望风披靡,土崩瓦解,"兵临之际,必有应者,终不能齐力致死,已可知也"。相反,晋朝则在政治、经济、军事上占有明显的优势,"以镒称铢",以石击卵,统一大业定能凯歌高奏:"大晋兵众,多于前世,资储器械,盛于往时。"所以只要把握战机,果断征伐,则"军不逾时,克可必矣",所谓所向无敌,一举而克。

东吴政权之所以敢负隅顽抗,抵制统一,就在于依恃拥有长江天险和其水师相对较强,所谓"水战是其所便",这也正是西晋内部相当一部分人,包括贾充、荀勖等皇帝心腹重臣,对伐吴之举持消极抵触态度的重要原因之一。然而羊祜却能具体分析,认为这并不构成灭吴的绝对障碍。他说,险阻的作用也只是在双方实力基本相当的情况下才可发挥作用,"凡以险阻得存者,谓所敌者同,力足自固"。然而一旦进攻一方拥有了绝对优势,那么险阻也就不再成为不可克服的障碍了,"苟其轻重不齐,强弱异势,则智士不能谋,而险阻不能保也"。这一点业已为魏灭蜀汉的历史实践所证明:"蜀之为国,非不险也,高山寻云霓,深谷肆无景,束马悬车,然后得济,皆言一夫荷戟,千人莫当。及进兵之日,曾无藩篱之限,斩将搴旗,伏尸数万,乘胜席卷,径至成都,汉中诸城,皆鸟栖而不敢出。非皆无战心,诚力不足相抗。"至于吴军善于水战一事,确实值得重视,但只要战略上处理得当,也可以使其起不到作用,晋军可以突然袭击渡过长江,只要"一入其境",则吴军就无法依托长江进行抵抗,只能退保城池,进行消极防御。如此,则吴军去长就短,水战的优势遂将荡然无存,在战略指导与战役指挥上均陷入极大的被动。

其三,羊祜在《平吴疏》中又拟定了具体的作战部署,阐述了正确的用兵方略,为晋武帝发动平吴统一南北战争提供了一份可供操作的军事进攻方案。为了确保灭吴之役达到预期效果,羊祜还根据晋吴战略态势,提出要多路进兵,水陆俱下,即从长江上、中、下游同时发起进攻:"引梁益之兵水陆俱下,荆楚之众进临江陵,平南、豫州直指夏口,徐、扬、青、兖并向秣陵。"羊祜满怀信心地指出,这样一来,吴军势必首尾不能相顾,因为"无所不备,则无所不寡",其彻底失败的命运将注定不可避免,"以一隅之吴,当天下之众,势分形散,所备皆急。巴汉奇兵出其空虚,一处倾坏,则上下震荡",如此,必将结束汉末以来的长期分裂割据局面,实现国家的统一。

由此事见,羊祜的《平吴疏》的确是一份高明的统一战争的战略谋划。其内容十分丰富,分析细致精当,举凡战略目标的确立,战争性质的界定,战略形势的分析,战略部署的筹划,均有全面细致的研究和阐发,充分体现了羊祜作为杰出战略家洞幽烛微、提纲挈领、驾驭全局的卓越能力,以及其积极进取、辩证乐观、求真务实的无畏胆识。它的提出,为晋武帝日后剪灭东吴,完成统一奠定了基础。

就这个意义而言,尽管羊祜他本人并未能亲历"王濬楼船下益州,金陵王气黯然收。千寻铁锁沉江底,一片降幡出石头"那辉煌的历史时刻,但他仍是西晋统一大业的第一号功臣。无怪乎在平吴的庆功宴上,晋武帝司马炎要"执爵流涕曰:此羊太傅之功也!"对他在统一全国事业中所做出的杰出贡献予以最充分的肯定。

"人事有代谢,往来成古今。江山留胜迹,我辈复登临。"今天重温羊祜的《平吴疏》,依然是这样令人不胜仰慕。这是中华战略文化宝库中的一份瑰宝,其价值与启示乃是永恒的。

注释:

①《晋书》卷三十四,《羊祜传》,以下引文,出处均同。

制敌命脉，混成一统

——高颎《取陈策》解读

    隋代开皇元年(581)，北周重臣杨坚通过"禅让"的方式，夺取北周政权，建立隋朝，建元开皇，是为隋文帝。隋文帝继承了北周的遗产，积极营造统一南北的战略态势。而当时南方地区的陈国，则因丧失了四川和长江以北的全部领土，侧翼受到包围，因此，从公元581年起，就只能处于被动和守势。

    在接下来长达六七年的时间里，杨坚首先把主要精力集中于对付突厥在北方的威胁，并致力于改革和巩固政权。但他即位才一个月，就任命他最信任的将领杨素等人前往与陈国接壤的长江下游地区任职，开始日后大举伐陈的准备工作。杨素后来又被任命为湖北、四川一带长江地区的总管，开始建立用于远征的水师。公元587年，隋又灭亡了建都于荆州的后梁，直接控制了长江中游地区。杨坚根据全国统一形势基本成熟的实际情况，积极从事统一大业，"潜有吞并江南之志"，希望在自己手中一举结束西晋末年以来二百余年天下大分裂的局面，为中国历史的发展揭开崭新的一页。

    制定正确的统一战略，部署可行的统一措施，是完成国家统一的关键环节。这就需要决策者开诚布公，虚心听取各方面的合理建议，集思广益，博采众长，使自己的统一战略建立在客观正确的坚实基础之上。隋文帝既然将平定南陈、统一南北提上了自己的议事日程,因此,就很自然地鼓励臣下为统一大业献计献策,并在这个基础上制定正确适宜的统一战略方针。为此,他在八年之中,曾先后向多人征询关于平陈的建议。据《隋书》的记载,当时共有高颎、李德林、贺若弼、杨素、王长述、崔仲方、高劢、王颁、梁睿、皇甫绩十位大臣向隋文帝进献了平陈之策,从不同的角度,充分论证灭陈的必要性和胜利的可能性。高颎的《取陈策》就是其中比较重要的一份。

高颎(约555—607)是隋文帝杨坚最重要的辅弼大臣,是隋朝初年政治舞台上的核心人物。隋朝建立后,曾出任尚书左仆射(宰相)一职,他素有文武大略,"识鉴通远,器略优深",在隋王朝实现国家统一大业的斗争中做出了突出的贡献。

据史书记载,唐太宗对留用的隋朝官员一致盛赞高颎做宰相的政绩大为惊异,兴趣盎然,所以,特地令人找来高颎的传记认真阅读,说:"朕比见隋代遗老,咸称高颎善为相者,遂观其本传,可谓公平正直,尤识治体。"①毫无保留地承认高颎是一个有卓越才能的战略家,一个讲求实效和效率的行政官员,一个在制定隋朝政策中起着举足轻重作用和负责执行政策的核心大臣。唐朝的大史学家杜佑也曾将高颎誉为春秋时期齐国的名相管仲和战国时期秦国的改革家商鞅。

高颎的贡献不但表现为他向杨坚推荐了苏威、贺若弼、杨素、韩擒虎等一代名臣良将,为统一战争的进行提供了人才资源,并在统一战争中担任了晋王杨广的元帅府长史,"三军谘禀,皆取断于颎",指挥若定,功勋卓著;更表现在他以睿智的战略眼光,进献了著名的"取陈之策",为杨坚制定灭陈战略方针和实现全国统一贡献了自己的聪明才智。

综观高颎所献之谋策,可发现其要点有三。

第一，积极破坏陈国方面正常的生产秩序，从经济上拖垮敌人，为隋朝的战略进攻创造有利的态势。这方面具体的做法是，在江南收获季节，调集一部分兵力，虚张声势，摆出进攻的架势，"量彼收获之际，微征士马，声言掩袭"，迫使陈国方面屯兵守御，因而耽误其开展正常的农业生产活动，以收到"废其农时"之效果。

第二，采用派遣间谍进入敌境之法，最大限度地破坏陈国后方的战略物资储备。具体做法是，"密遣行人"潜入陈国境内，"因风纵火"，焚毁陈国的战略物资，而且一不做，二不休，只要陈国方面重建就绪，就毫不犹豫地再次烧毁，即"待彼修立，复更烧之"，彻底破坏其财力物力，剥夺对手赖以抗拒统一的物质资源，扰乱并打击其军心士气。

第三，佯动误敌，麻痹陈军，尽可能地削弱和瓦解陈国的长江防御能力，为隋军日后发起突然袭击提供必要的条件。此即"多方以误之"，先以部分兵力佯动，诱使对手陈军集结，待陈军出动后便解甲收兵，如此反复多次，陈军便会习以为常，丧失警惕，"后更集兵，彼必不信"。这样当隋军真正大举南下时，陈军必然是措手不及，左支右绌，捉襟见肘，一溃千里，从而收到战略突袭一举成功的奇效，此即所谓"犹豫之顷，我乃济师，登陆而战，兵气益倍"。

高颎详细周密的计划，深受隋文帝杨坚的重视。公元588年，隋文帝以皇帝个人的名义写信给陈后主，罗列陈后主的二十条罪状，数之为暴君，斥之为逆天，宣称隋朝将要发动的攻取南方的战争绝非妄启兵端，而是替天行道，执行天意，吊民伐罪，伸张正义。同时隋文帝颁布诏书，以道德和政治理由为自己攻伐南陈大加辩解，自称要"显行天诛"，指责陈后主背信弃义、骄奢淫逸、杀害忠良的罪行，并在整个南方散发了三十万份诏书，"散写诏书三十万纸,遍谕江外",以软化南方的意志,击溃其本已脆弱的心理防线,同时,争取江南地区广大士民对隋军南进之举的理解、同情和支持。

公元589年初,远征开始。隋军的行动一切均按照高颎的设想以及长期准备过程中精心制订的计划进行。从长江上游的四川到东海,隋朝装备精良的军队水陆并进,发起全线进攻。杨素指挥的舰队首先与陈国舰队在三峡交战,击溃陈国水师后,并顺江长驱而下,在武汉与中路秦王俊所指挥的大军顺利会合。晋王杨广和高颎率领的伐陈主力部队从淮河南指,在建康以东渡过长江天堑,以迅雷不及掩耳之势直取南陈的政治中心建康,陈国守军顿失坚守的信心,根本难以抵挡。陈军将领任蛮奴向隋军打开了南城门,并对其手下士兵说:"老夫尚降,诸军何事?"昏庸无道的陈后主陈叔宝终于尝到了自酿的苦酒。城破之际,他与两个宠妃藏匿于枯井中想以此逃生,结果被隋军生擒活捉。

由此可见,高颎的《取陈策》,是从事经济打击与实施战略突袭有机结合的战略构想。它从实际的敌情出发,致力于消耗陈国的军力与国力,使之"财力俱尽",然后再乘其势衰不备之隙予以突袭,最终达到统一南北的战略目标。事实证明,这是最高明的战略方案,杨坚采纳后,果真收到使"陈人益弊"的实际效果,为此后隋军南下灭陈开辟了胜利的道路。

注释:
①《贞观政要》卷五。

多方误敌，一战而克
——贺若弼《御授平陈七策》

在隋朝平陈统一全国的宏伟事业中，一代名将贺若弼的战略谋划和征伐战功尤为突出，值得充分肯定。

贺若弼(544—607)字辅伯，河南洛阳人，出身于将帅世家。祖父贺若统，西魏时任右卫将军、刺史等职。父亲贺若敦，更非等闲人物，曾经官至西魏骠骑大将军，北周时任总管、刺史等职，后为宰相宇文护所忌而治罪，临刑之前嘱咐贺若弼："吾必欲平江南，然此心不果，汝当成吾志。"贺若弼将其父的临终嘱托铭记于心，为最终实现父亲的遗愿刻苦练武学文，很早就"有重名于当世"。

史载："及帝受禅，阴有平江南志，访可任者。高颎荐弼有文武才干，于是拜吴州总管，委以平陈事，弼忻然以为己任。与寿州总管源雄并为重镇。弼遗雄诗曰：'交河骠骑幕，合浦伏波营，勿使麒麟上，无我二人名。'献《取陈十策》，上称善，赐以宝刀。"[①]由此可见，在平陈战争实施之前，贺若弼本人所提出的军事策略，一共有十项之多，此十项史不见载。平陈战争胜利结束后，贺若弼为了美化和奉承隋文帝，说是隋文帝御授之策，故将之作为皇帝的"御策"作了追述，记为七策。可能其他的三策并没有起实际作用，而追记的这"七策"因经过平陈战争的检验，所以就更现价值。

同时,关于隋朝平陈统一全国的战前谋划,据唐代成书的《隋书》和《北史》的记载,当时向隋文帝献策者有多人。前文所及高颎《取陈策》,重在大战略即政治战略、国家战略的谋划;而军事家贺若弼的《平陈七策》,则是从军事战略的角度所提出的对策。结合隋朝后来的平陈战争分析,可以这么认为,贺若弼的这份《平陈七策》,不仅有完整和详细周密的战略谋划,而且列出了许多应急的对策。从平陈战争的战略实施来说,应该算是隋初诸臣的献策中最为重要和最有价值的战略对策。

其一,将伐陈统一中国的战争定位为一次宽大正面的战略突袭。隋军要在"东接沧海,西拒巴、蜀,旌旗舟楫,横亘数千里"的宽大正面上实施战略突袭,使陈国方面进退失据,猝不及防,就必须以秋风扫落叶之势,攻其无备、出其不意地发动突击猛攻,才能达到迅雷不及掩耳之效。

平陈战争开始后,隋朝总共动用了五十一万八千人的大军,首尾相应,部署八路进兵:其中,秦王俊统率水陆大军由襄阳(今湖北襄樊)进屯汉口;清河公杨素率舟师出四川永安;荆州刺史刘仁恩率部出江陵,与杨素合兵东下;晋王杨广率师自寿春出六合(今属江苏);庐州总管韩擒虎率部出庐江攻采石(今安徽马鞍山西南);吴州总管贺若弼率师迳出广陵直攻京口(今江苏镇江);蕲州刺史王世积率舟师出蕲春(今属湖北)。

从总体战略部署看,灭陈战争是在长江上、中、下游三个战略方向同时展开。四川的杨素只是起牵制作用,杨俊、刘仁恩所部重在控制长江中游,这三路大军以秦王杨俊为总指挥,在长江上、中游活动,从战略全局看,是次要攻击方向,其基本战略目标是切断上游陈军入援建康之路。而由杨广节制、集中于长江下游的其他五路大军,则是隋军的战略主攻方向,承担了集中优势兵力,一举灭陈的重任。在这一战略主攻方向中,又以杨广、贺若弼、韩擒虎三路为主力,兵锋直指陈国的政治中心——建康。

所以,战略主攻方向上的突袭就更具有决定意义,是平灭陈国、统一全国的关键和重中之重。如果在战略主攻方向上达不成战略突袭的效果,则平陈统一全国的战争势必会旷日持久,久拖不决。贺若弼在战前已对平陈战略的关键洞若观火,他提出的"七策"中,有五项就是解决战略主攻方向上欺敌误敌的对策,而且非常具体,比如他建议和实施欺敌误敌的地点如广陵、扬子津均是主要战略方向中的主攻方向。

其二,为达到突袭成功,实现战略目的,要"多方误敌,困敝陈国",即事先就制造种种假象,尽量迷惑敌军,麻痹敌人,做好欺敌与误敌的工作。显而易见,贺若弼"七策"中的前五策均是这方面的具体对策:一是在广陵驻扎军队一万人,"番代往来",专门从事军事换防和佯动,"形兵之极,至于无形",从而迷惑陈军,使陈国方面"初见设备,后以为常,及大兵南伐,不复疑也",结果计无所出,措手不及。二是在长江北岸经常组织军队演习,故意制造人马喧噪、烽烟四起的景象,以致日后隋军真的展开渡江作战行动时,陈军却习以为常,产生迷惑,造成"及兵临江,陈人以为猎也"的效果。三是用隋军老弱不堪征战的马匹去换陈国的民间船只,然后藏置起来,再从陈国买入五六十艘破敝无用的船只,布置在港口,让陈军以为北方的隋军缺乏渡江船只,在长江天堑面前只能徒唤奈何。四、五两策都是强调要尽量地不暴露隋军水军的真正实力,"藏于九地之下",比如在扬子江的港汊中多积苇荻,遮蔽住隋朝水军的舰只,等到大军渡江时,万船齐发;将战船涂以黄色,远处看来如同枯荻,使陈军不能发现。通过这些欺敌误敌、示假隐真的措施,掩盖隋军向南进攻的企图,使陈军丧失对隋军的警惕,轻敌麻痹,这样,隋军在主攻方向上,就可以以迅雷不及掩耳之势,达成突然袭击之效,从而在战略重点的主攻方向上一举突破,高歌猛进。

贺若弼在战略进攻的准备中也具体落实了自己的设想,并为日后的渡江作战创造了有利条件。史载:"开皇九年,大举伐陈,以弼为行军总管……先是,弼请缘江防人每交代之际,必集历阳。于是大列旗帜,营幕被野,陈人以为大兵至,悉发国中士马。既知防人交代,其众复散。后以为常,不复设备。及此,弼以大军济江,陈人弗之觉也。袭陈南徐州,拔之,执其刺史黄恪。"②这充分表明,在日后的灭陈之役中,贺若弼的"欺敌误敌、示假隐真"之举,的确收到了预期的效果。

其三,重视战略要地,先取京口:"先取京口仓储,速据白土冈,置兵死地,故一战而剋。"京口为建康的门户和屏障,是陈军重兵防守的江防要害和战略重点,夺得京口,建康就直接暴露于隋军的威胁之下。而夺得京口后,首先要迅速夺取此处的陈国仓储,因为,这不仅仅可以最大限度地削弱陈国的战略后备,而且可"因粮于敌",为隋军渡江后的后勤供应提供保证。同时,夺取京口的关键是渡江后迅速占据白土冈,这样,既可以巩固对京口的占领,又能够在建康外围在机动中击溃和消灭陈国军队的主力。

其四,重视进行心理战,制造舆论,争取民心。开皇八年(588)三月,杨坚颁布伐陈诏令,宣称陈后主二十余条罪状,表示大军南下伐陈乃是为了吊民伐罪,"显行天诛",从而揭露陈国的政治黑暗,以争取江南士民的同情和支持,又下令"散写诏书三十万纸,遍谕江外"。同时,对已经捕获的陈国间谍,一律放归江南,利用他们传播隋军声威,动摇与打击陈国军队的军心士气。而贺若弼在率军夺得京口后,也遣散在京口的敌军俘虏,使他们进一步扩大隋文帝敕书的影响,这样便可以在政治上瓦解敌军军心,使其丧失继续战斗抵抗的斗志,望风披靡。

日后的战争实践,正因为隋军坚决贯彻了这一战略,所以灭陈统一全国的战争才进行得十分顺利,势如破竹。当隋军在长江上、中、下游同时发动攻击时,陈军沿江诸军才如大梦初醒。贺若弼率军由广陵顺利渡江,一举攻克京口,活捉陈国南徐州刺史黄恪,俘获陈军五千余人,而且他十分注意军纪,对战俘不但不杀,反而全部予以释放,将隋文帝的伐陈诏书交由这些俘虏广为宣传。贺若弼大军所到之处,陈军丢盔弃甲,望风而降,贺若弼便乘胜率军溯江而上,向建康进逼。

待逼近钟山,贺若弼即屯兵于白土冈。陈叔宝为挽回败局,孤注一掷,令陈国主力集中于白土冈以北十公里的正面依次列成长蛇阵,企图阻止贺若弼部。贺若弼率军与陈军决战,击败了陈军的主力萧摩诃部,并生俘陈国名将萧摩诃,经此一役,陈国方面的主力和精锐一败涂地,彻底失去了继续抵抗的资本。激战之际,隋朝另一主将韩擒虎率军进攻建康,生擒陈朝皇帝陈叔宝,灭陈统一全国的战略顺利实现。

当然,这里有一个历史公案,对我们如何评价贺若弼《平陈七策》及其在平陈战争中的作用不无联系。历史上贺若弼与韩擒虎争功论辩相当著名,《资治通鉴》曾记:"贺若弼、韩擒虎争功于帝前,弼曰:'臣在蒋山死战,破其锐卒,擒其骁将,震扬威武,遂平陈国。韩擒虎略不交陈,岂臣之比!'擒虎曰:'本奉明旨,令臣与弼同时合势以取伪都,弼乃敢先期,逢贼遂战,致令将士伤死甚多,臣以轻骑五百,兵不血刃,直取金陵,降任蛮奴,执陈叔宝,据其府库,倾其巢穴,弼至夕方扣北掖门,臣启关而纳之,斯乃救罪不暇,安得与臣相比!'"③

其实,早在隋军攻下健康不久,关于贺若弼的战功问题就有了异议。当时,贺若弼因在京口与陈军的主力苦战,而使韩擒虎得以先入建康,亲擒陈后主,赢得万世功名。对此,贺若弼颇不高兴,故与韩擒虎即有所争论。隋军总指挥兼东路战场主帅晋王杨广以贺若弼"先期决战,违军命,于是以弼属吏"为由,将其交由军法处置。结果隋文帝杨坚还算客观,在贺若弼回到长安后,安慰他说:"克定三吴,公之功也。"后来还因念贺若弼平陈之功,免其死罪。所以,贺若弼对自己平陈之功也一直颇为自信:"自谓功名出朝臣之右,每以宰相自许。"

这种"倜傥英略"的自信,自然招致物议,尤其为喜人奉承的炀帝所忌恨。史载,隋炀帝未继位时,曾问贺若弼道:"杨素、韩禽(擒虎)、史万岁三人,俱称良将,优劣如何?"贺若弼则回答说:"杨素是猛将,非谋将;韩禽是斗将,非领将;史万岁是骑将,非大将。"炀帝又问:"然则大将谁也?"贺若弼不正面回答,而是说"唯殿下所择",言下之意就是非我贺若弼莫属。这种态度,尤为隋炀帝所不喜,所以隋炀帝即位后,对贺若弼更加疏远,在巡幸北方到榆林时,借口贺若弼与高颎等"私议得失",将其诛杀。

我们认为,评价平陈战争中的功劳,一个关键标准在于谁消灭了陈国的有生力量。平陈战争发起总攻前,隋文帝虽有让贺与韩"同时合势,以取伪都"的命令,但隋军渡江三面包围建康之后,陈军主力被陈后主全部集中于建康城东,在这种情况下,贺若弼率军与陈军主力苦战于白土冈,将陈军主力绝大部分消灭于此。而韩擒虎在平陈战争发起后渡江的兵力十分有限,史载他仅率五百人,未经一次大战,趁机入建康。白土冈之战是隋、陈两军的主力会战,贺若弼经苦战消灭了陈军精锐。任蛮奴所率部队是陈军主力,但却是被贺若弼在白土冈打败后逃归降于韩擒虎的。

同时,就对整个平陈战争的贡献论,韩擒虎确如贺若弼所言,只是一员斗将,未见他在战略谋划上有什么建树。而贺若弼在战前奉献了高明、有远见的《平陈十策》,这份经过深思熟虑而精心制定的战略对策,具有极强的针对性和可操作性,其作用也为日后平陈战争的实践所完全证明。难怪在隋王朝朝廷讨论平陈之功时,宰相高颎一再强调说:"贺若弼先献十策,后于蒋山苦战破贼。臣文吏耳,焉敢与大将军论功。"所以,我们觉得《北史·贺若弼传》的"传论"还是比较公允的。"传论"说:"自南北分隔,将三百年。隋文帝爰应千龄,将一函夏。贺若弼慷慨,申必取之长策,韩禽(擒虎)奋发,贾余勇以争先。隋氏自此一戎,威加四海。稽诸天道,或时有废兴;考之人谋,实二臣之力。其俶傥英略,贺弼(若弼)居多。"

注释:

① 《北史·贺若弼传》。
② 同上。
③ 《资治通鉴》卷一七七。

高筑墙，广积粮，缓称王
——朱升与他的"九字箴言"

在历代诸多统一战略名对中，元末朱升"高筑墙，广积粮，缓称王"的九字真言，可能是最为简明扼要又切实可行的了。

公元1354年，朱元璋率军攻下了战略重镇滁州，初识学者朱升。公元1358年，朱升及时送予朱元璋三句精辟之语，有谁知道出身乡间的老学者竟是一位极富睿智、举世无双的战略家。

朱升，元末明初惠州休宁（今属安徽）人，字允升，学者通称其为枫林先生。元末举乡荐，曾为池州学正，后弃官隐居石门。朱元璋下徽州，曾折节向其请教时务，朱升答以"高筑墙，广积粮，缓称王"九字要诀，颇受赏识，遂被留在帅府参与军机大事的决策。公元1367年授侍讲学士，知制诰，同修国史。洪武元年，进翰林学士，定朝廷大礼时大封功臣，制辞多出其手。不久，因熟谙功成身退之道，他便托词年老体衰而请归居乡里，栖息林泉。

元朝自元顺帝以来，民族矛盾和社会矛盾十分尖锐，民生苦不堪言，吏治恶浊黑暗，政权摇摇欲坠，动乱近在眼前。公元1351年，白莲教首领韩山童、刘福通在皖北首先举起反元大旗。随后，彭莹玉、徐寿辉在蕲水发动变乱，彭大、赵均用等在徐州扯旗造反，反元斗争此起彼落，如火如荼，遍布长江南北、黄河上下。举事者均以红巾包头，故俗称"红巾军"。

至正十二年(1352),游方小和尚出身的朱元璋参加了郭子兴的大军,始任九夫长,后因机智多谋,作战勇敢,遂被郭子兴委任为心腹亲兵。当时,濠州诸军内部派系斗争严重,郭子兴为扩充实力,委派朱元璋回到家乡钟离招兵买马,朱元璋在家乡募集了七百余人,而且得到了徐达、汤和等二十四名骨干。然后他南下定远,又收编了一些地方势力,队伍不断壮大。至正十四年,朱元璋又率军攻取了滁州,在当时反元之师中的地位不断上升。他还特别注意吸收一批失意的士人,如宋濂、刘基等,将他们倚为左膀右臂,为自己出谋划策。朱升就是在这时被朱元璋赏识从而加入朱元璋的幕府的。

　　在势力渐趋壮大的过程中,朱元璋曾听取谋士刘基和冯国用的建议,萌生和确立了谋取天下、统一六合的雄心。刘基劝朱元璋效法起自布衣而夺天下的汉高祖刘邦,冯国用在朱元璋"从容询天下大计"时,也主张:"金陵龙蟠虎踞,帝王之都,先拔之以为根本。然后四出征伐,倡仁义,收人心,勿贪子女玉帛,天下不足定也。"这两位谋士的建议,使朱元璋确立了明确的政治目标和军事行动的依据。

　　至正十五年,朱元璋又攻取和州。不久,郭子兴病死。小明王任命郭天叙和朱元璋分别为都元帅和副都元帅,统率郭子兴部。郭天叙战死后,朱元璋单独成为郭子兴部的领袖,后攻下集庆(今江苏南京),改名为应天府,以此为根据地,向外拓展,壮大势力。

　　金陵为六朝古都,从地理形势上讲,"西有荆楚之固",东则"控引二浙,襟带江湖,运漕财谷,无不便利"。占有金陵,使朱元璋有了一个在政治、军事、经济和地缘战略上皆较为有利的根据地。但当时朱元璋的实力还比较弱小,仅占有了应天府周围地区。其北面有韩林儿、刘福通,东边是张士诚,西边是徐寿辉等政权,一个个都比他兵强马壮,人多势众,而且,应天府南面还有部分元朝军队。面对四面强敌重重包围,虎视眈眈的战略态势,朱元璋采取什么样的战略方针,直接关系到其队伍和他个人的前途。因为在群雄纷争、各自称王称帝的形势下,只有确立正确的方略,把注意力用于迅速夺取和全力经营金陵根据地,才能建立起稳固的后方基地,为长期持久的军事斗争提供充裕的人力物力,如此才能无往而不胜。换言之,只有在多元的角逐中首先立于不败之地,才能谋求日后打败各个对手,夺取最后胜利。

朱升的九字真言作为一个高明的战略对策,主要是向朱元璋揭示了夺取天下的战略原则及其具体的策略步骤。其战略原则的核心,乃是韬光养晦,后发制人,先固根本,再谋进取,即所谓"先为不可胜,以待敌之可胜","胜兵先胜而后求战",注重军事与政治、经济的综合平衡,待时机成熟之后,再展现锋芒,削平群雄,完成统一天下的旷世伟业。至于具体的策略措施,则为以下三个方面:一是巩固后方,二是发展生产,三是缩小目标。朱元璋正是遵循这一劝告,并将之作为自己集团的战略指导,通过整整十年艰苦卓绝的努力,有条不紊的准备,而最终达到了统一天下、称尊九五这一目标。

其一,"高筑墙",即建立稳固的根据地和战略大后方,谋求有利于未来发展的战略环境。公元1353年,朱元璋成为濠州军事政权的领导者。次年,挥师渡过长江,将其势力跨出狭窄的濠州而伸向经济富饶的长江南岸。这一地区一直未受到元末战乱的浩劫,人口繁庶,资源丰富,具有重要的战略价值,是固本自保进而夺取天下的理想根据地,朱升的所谓"高筑墙",就是指把战略首要主攻目标锁定在这一地区。朱元璋正是按照这样的战略思路,开展对该地区的全面经营的。再次年,他率军在采石打败了蛮子海牙的元军长江水师,有了攻打南京的力量,于是再次发动攻城战并加以占领,朱元璋将此城城名由集庆改名应天。南京的北面和西面为天堑长江,东面有紫金山,襟带山河,控御东南,虎踞龙盘,形势险要,对南京的占领标志着朱元璋"高筑墙"目标的基本达成,他从此真正拥有了巩固的根据地,为日后的迅速发展和全面崛起奠定了基础。

在夺取南京后,朱元璋又向南发展,夺取了长江三角洲的镇江、常州、长兴、江阴、常熟、扬州等重要地区,与南京连成一片,进一步拓展了战略根据地。后又趁北方红巾军北伐,元军无暇南顾之机,率军东进和南下,夺取了安徽的大部分地区和浙东地区,截断了元王朝的南北交通线,使元军南北不能接应,同时扩大了自己的地盘,在占领区西南与陈友谅对垒,东南与张士诚、方国珍相持,南邻陈友定,拥有了战略发展上的主动权。

其二,"广积粮"。俗话说:"兵马未动,粮草先行。"经济与军事密不可分,雄厚的经济实力是从事统一战争的坚实基础。在农耕文明阶段,经济实力雄厚的标志之一,就是粮食的生产与供给。所以,在筹划、制定统一方略时,合乎逻辑地要把经济因素,尤其是粮食问题列为重要因素加以考虑。

朱升对策的高明,就在于他将"广积粮"提高到了战略高度,作为朱元璋夺天下、混一统的关键步骤之一。攻克南京城后,朱元璋立即宣布"为民除害",革除旧政,另立新法,使百姓各安其业。兴修水利,广开屯田,发展生产,储备粮草,并利用战争间隙训练休整部队。此后,随着占领区的扩大,朱元璋发展巩固根据地的思路更加明确。他不断以革除元朝弊政为号召,而且主动采取了一些维护农民利益的措施,动员和争取广大农民和中小地主、工商业者的支持。朱军所到之处,开仓济民,分配土地,得到了普通民众的拥护,并迅速恢复和发展生产,委派营田使组织占领区内的农民"有事则战,无事则耕",既保证了战斗力,又使农民休养生息，为日后的统一战争准备了充分的兵源和物质资源。

其三，"缓称王"。"柔武"是中国军事文化中一个重要的战略文化取向，用老子的话说就是"知白守黑，知雄守雌"，"不敢为天下先"。在群雄并立、多极角逐的战略环境中，高明的战略指导者都能注意收敛自己的锋芒，摆出静默守拙的姿态，韬光养晦，以避免自己成为问题的焦点，承受各方的压力。只有如此，才能够不露声色地积蓄力量，静观事态的变化，把握各种有利条件，选择最合适的时机，收取最大的战略利益，赢得最后的胜利。历史上，姜太公、范蠡、刘秀皆深谙此道，并借此而取得了成功。

所以，朱升"缓称王"之策，是在总结前人智慧基础之上针对现实提出的高明的政治策略。韩山童死后，其子韩林儿被立为皇帝，号小明王，成为南北各地造反军的共同领袖。朱元璋在至正十四年率军夺取滁州后，实际上已在刘基、冯国用等谋士的建议下，开始独立经营自己的势力，有了夺取天下的大志。次年，朱元璋率军攻取和州，他便趁机独领郭子兴旧部，掌握了军队的绝对领导权。但是，他"念（韩）林儿势力盛可依藉，乃用其年号以令军中"，坚持在名义上仍然臣属小明王，且一直沿用至至正二十六年（1366）。这一策略之举，既可利用小明王为天下反元军队之共主的旗号，号令军中，争取群众，又可以抵挡元军的压力。同时，不独树一帜，不过早暴露自己，避免其他割据政权的觊觎和成为众矢之的，从而缩小自己的目标，减少和避免敌对势力的围攻和攻击，这属于韬光养晦的高明之举，对自己是最大的保护，有利于保存和发展壮大自己的力量。还可趁机发展生产，壮大自己的实力，稳固自己的根据地，使自己有力量对付陈友谅、张士诚等周边势力。

所以，朱元璋一直刻意保持低调，而且在改元创建新朝方面不慌不忙。公元1367年初，一位他信得过的将军被派去护送韩林儿到南京,却在渡江时遇险覆舟,小明王溺死江中,历史学家们完全有理由怀疑这一事件太过离奇而认定其为一场预谋,但朱元璋借此有了天赐良机——名义上的"宋"王朝也不再碍手碍脚了,同时,各为其主的问题亦终获解决。

尽管如此,朱元璋仍没有宣布自己荣登大宝,而是要一直等到围困张士诚的最后堡垒苏州,并于公元1367年十月一日攻破苏州,在宣布北伐元朝时,才接受群臣的一再请求即位为新的明王朝的皇帝。所有的这一切都是经过周密的准备而一步步推行的。可见,朱元璋对朱升"缓称王"之策是始终遵循的,而事实上这么做,也给他带来了最大的战略利益,使他能够将后发制人、实现统一的方针瓜熟蒂落,水到渠成。

在实施"高筑墙、广积粮、缓称王"战略的同时,朱元璋还稳步向外拓展。因为朱元璋虽拥有江苏一部、长江以南的整个安徽及浙江内陆部分地区,但这些领土上仅有人口七百八十万,而盘踞在苏州的张士诚的吴以及麇集在武昌的陈友谅的汉都拥有比朱元璋强大得多的实力。长江流域的三个重要势力都在争夺一城一地来扩充自己的地盘。到公元1360年,明、汉和吴已把湖北三峡以下的长江流域主要地区瓜分完毕,次一级的是较小的割据者,如浙东的方国珍、四川的明玉珍以及福建的陈友定。但真正与朱元璋生死存亡息息相关的,还是张士诚的吴和陈友谅的汉。

朱元璋首先寻求与处于其上游的陈友谅摊牌。公元1360年,陈友谅企图凭借自己的水军优势进行战略突袭,一举攻下南京,摧毁朱元璋的势力,但是他的水军中了埋伏,元气大伤;而朱元璋经此一役夺取了对手一支完整的水军,扩大了自己的水师,从而有了主宰长江中游水域的力量。公元1363年,朱元璋亲自统率大军在鄱阳湖击败了陈友谅的主力,取得了决定性的胜利。

当双方决战正酣之际,处于朱元璋东邻的张士诚却没有充分利用这一契机,反而隔岸观火,按兵不动,白白错失了坐收渔人之利的良机。陈友谅兵败身死之后,张士诚方才如梦初醒,认识到自己和朱元璋之间必有一争,然而,一切为时已晚,朱元璋这时已经可以腾出手来,专力对付张士诚了。

明军本来对吴已营造了战略包围的态势,此时遂以秋风扫落叶之势展开外围进逼,"剪其两翼",先夺占长江以北,再从浙江迂回,很快就将苏州围困得严严实实、水泄不通。十个月之后,明军一举攻陷苏州,在南方取得了最后胜利,此后就只待北伐奄奄一息的元军残余了。至此,朱元璋统一大业的完成已成为历史的大趋势,不可逆转,指日可待了。

(本文与孙建民教授合作撰写)

运筹帷幄
——韩信与他的《汉中对》

轰轰烈烈的秦末农民大起义推翻了秦朝的残暴统治,在全国范围内出现了群雄并起、逐鹿中原的局面,其中又以西楚霸王项羽和汉王刘邦两大集团实力最强。他们为争夺全国统治权,实现天下统一,展开了殊死的斗争,揭开了长达四年的楚汉战争的帷幕。

早在楚汉战争前,刘邦集团和项羽集团围绕全国统治权的问题就进行过较量。项羽率军北上与秦朝主力殊死搏斗之际,刘邦乘机率先破秦入咸阳,秦王子婴投降。按照楚怀王当初与诸将的约定"先入关者王之",刘邦理应如约为关中王,而刘邦自己也已经以关中王自居,他身边的谋士们一边安定关中社会秩序,一边为刘邦王天下、建立政权做着各种准备。

但项羽挟着击破秦朝主力的战功,耻于让刘邦钻了空子,得到先入关中的名声,所以决不容刘邦居于关中,而将在关中享有民望,且最有夺天下野心的刘邦分封于巴、蜀、汉中为汉王,还将关中一分为三,让秦朝的三个降将在关中做诸侯王,以监视、牵制刘邦的势力。刘邦鉴于项羽强大的军事实力,只好在鸿门宴上卑辞谢罪,承认项羽的天下霸主地位,被迫忍气吞声离开关中,前往巴、蜀。

但是，刘邦集团并不甘心于困居巴蜀，暂时的退让是为了以屈求伸，等待时机成熟，"还定三秦"，再图天下，而项羽集团在政策上的失误和战略上的麻痹，则给刘邦提供了东山再起的机会。因为项羽在刘邦低头后，错误地认为最有实力与他争夺天下统治权的刘邦已真心臣服，不再具有威胁，所以他在分封后即弃关中而东归，定都于彭城。项羽的分封政策无疑瓦解了自己的强大力量，同时，分封的不公又造成了他与其他诸侯之间不可调和的矛盾，使自己成为众矢之的。

就是在这样的背景下，韩信适时地向刘邦进献了千古名对——《汉中对》。

《汉中对》的逻辑起点，是汉军大将韩信出于转化楚汉双方战略优劣态势，具体帮助刘邦摆脱被动，争取战争主动权的现实需要。当时，项羽身为霸主，政由己出，兵多将广，实力雄厚，具有压倒性的优势。《汉中对》就是要在这种特定的历史条件下，从不利中发现有利，从被动中寻找主动，为刘邦指明发展的方向，奠定以弱胜强、夺取天下、完成统一的基础。《汉中对》作为成功的战略决策，在以下几个方面体现了其高明之处。

第一，对双方战略条件进行综合比较，在此基础上正确预测了楚汉战争的前景。知彼知己，正确判断战争形势，是正确制定战略方针的前提。《汉中对》的高明，首先是韩信对整个形势以及发展趋势正确的分析、判断和把握。韩信既看到敌强我弱的客观现实，肯定项羽在诸多方面占有绝对优势，如骁勇善战、地盘广大、宽厚待下等等，同时也从项羽貌似强大的表象中发现了其致命的弱点：其一，他刚愎自用，不能识拔和放手任用人才，而只凭一己之勇；其二，他排斥异己，任人唯亲，"以亲爱王"，结果导致诸侯不平；其三，他缺乏战略远见，自动放弃关中形胜之地；其四，他不讲信用，加之诛杀无度，残暴酷虐，"所过无不残灭"，予天下人以暴君的形象,失去了民心。所以项羽只是匹夫之勇、妇人之仁。他表面上虽强大,但随着时间的推移,必然会由强转弱,因而要想击灭他并不困难。

在知彼的同时,韩信也能知己,指出刘邦势力虽暂时弱小,但却拥有雄厚的资本,入关后约法三章,对百姓秋毫无犯,赢得了民心归附。未能如约王关中而被项羽赶到汉中一事,反而使刘邦获得了广泛的同情。这就为最终战胜项羽提供了可靠保证。通过这样的比较,韩信预见到刘邦由弱转强,夺取天下的乐观前景,从而使处于逆境中的刘邦树立起必胜的信心。这充分显示了韩信洞察大局、高屋建瓴、见微知著的战略预见能力,同时也为他进一步正确选择战略主攻方向提供了可能。

第二,正确选择主要战略方向,夺取战略前进基地,为赢得楚汉战争胜利创造充分的条件。要确保战略进攻达到预期的目的,关键之一在于正确选择主要攻击方向,掌握战争的主动权,从而达到乘隙捣虚的效果,实现战略目标。这是指导战争活动的通则,更是决定战略进攻成败的要害。《汉中对》注意到了这一关键问题,因而明确提出夺取关中、还定三秦应为刘邦首要的战略主攻方向。

应该说,这一战略选择是十分明智且完全正确的。因为从兵要地理形势考察,关中地区地理条件优越,它作为四塞之地,"带山阻河,地势便利","左崤函,右陇蜀,沃野千里。南有巴蜀之饶,北有胡苑之利,阻三面而守,独一面东制诸侯……诸侯有变,顺流以下"。[①]总的来说,关中地区处于进可攻、退可守的有利地位,一旦拥有,便可获得对敌手的极大战略主动,并为日后伺机东进、并吞天下创造积极的态势。由此可见,在战略方向选择上,韩信深谙用兵之道。

第三,及时把握战略进攻的时机,迅速开展军事行动,使"还定三秦"的战略目标尽快得以实现。只有把握进攻时机,才能出敌意料,给敌人以猝不及防的打击,以较小的代价换取最大的胜利。所谓捕捉战机,就是指战争指导者要在全面掌握敌我情况的基础上,善于发现敌人的弱点,一旦有机可乘,即以迅雷不及掩耳之势,展开进攻行动。用《孙子》的话说,就是"敌人开阖,必亟入之",从而使敌人措手不及,无暇抵抗,完全丧失主动,所谓"后如脱兔,敌不及拒"。

为此,《汉中对》指出了刘邦集团在战略进攻时机把握上应注意的几个关键环节:一是针对当时项羽后院起火,自顾不暇,无力西向的有利条件,抓住时机,揭开楚汉战略决战的帷幕。二是根据关中三位降王(章邯、司马欣、董翳)众叛亲离、丧失民心的具体情况,立足于刘邦政治威望高、受关中百姓拥戴的优势,及时把握东进的时机,展开战略进攻。三是针对刘邦部众"思东归"的心理,巧妙加以利用,使坏事转化为好事,振作士气,鼓舞斗志。四是利用汉军明烧栈道造成的无意东进的假象,在项羽放松警惕、戒备松懈时,把握"还定三秦"的战略时机。这表明,《汉中对》对战略进攻时机的把握达到了出神入化、炉火纯青的程度。

第四,高屋建瓴、总揽全局地提出实施战略进攻的原则性手段,以确保战略目标的顺利实现。在确定了战略目标后,还要提出并执行一定的方法、手段,以循序渐进地实现既定的战略目标。这是战略决策构筑过程中的必要步骤,也是整个战略方针的有机组成部分。《汉中对》为刘邦进献了实现战略目标的具体手段。一是要广泛招揽贤能,放手使用人才,发展壮大自己的实力,凭借武力打击并最终消灭项羽集团;二是利用封赏这个有力的杠杆,调动将士杀敌制胜的积极性,驱使他们为赢得战争胜利而效命疆场;三是掌握和利用部队士气,充分发挥部队的战斗潜能,战胜攻取,以弱胜强。这是韩信对战略手段高度的归纳和概括,也是赢得统一战争最终胜利的重要保障。

　　总之,举凡战略条件的分析、战略方向的选择、战略时机的把握、战略手段的运用,《汉中对》都做出了全面辩证的阐述。这一分析,洞察了天下形势,比较了楚汉双方的情况,不仅合乎当时的战争形势,而且也规划了汉王争夺天下完成统一的战略活动的需要,既有预见性,又具备现实性和可操作性,能满足当时战争活动的需要。因此刘邦欣然采纳:"遂听信计,部署诸将所击。"

　　果然不出韩信所料,项羽东归不久,田荣于山东起兵反楚,陈余于河北、彭越于梁地也起而叛楚,项羽后院起火,到处奔波灭火不暇,左支右绌、捉襟见肘,陷入了战略上的极大被动。而刘邦则遵循着韩信《汉中对》提出的既定战略,乘机部署军队暗度陈仓,迅速平定三秦,夺取关中形胜之地,为争权天下取得了战略前进基地,并为最终在垓下之战中战胜项羽,使之落得四面楚歌、自刎乌江的悲惨下场,从而在血泊中完成统一,奠定了坚实的基础。

　　　　　　　　　　　　　　　　　　(此文与徐勇教授合写)

注释:

①《资治通鉴》卷十一,汉高帝五年。

经生汉代知多少，屈指谁为王佐才
——贾谊的政治大智慧

一、如何认识贾谊"众建诸侯而少其力"的决策建言

汉文帝时期，有一个非常著名的建议，叫作"众建诸侯而少其力"。提出这个建议的是当时非常重要的政治家、思想家、文学家贾谊。贾谊是中国历史上很有名的一个历史人物。在《史记》中，他与屈原同列一传，既然能和屈原并列，那肯定是了不得的。当时的汉朝表面上各方面都在发展，都很有起色，国家越来越富强，老百姓的钱也越来越多，社会安定，战争基本上没有。但是作为政治家，或者作为战略家，他要有前瞻性，这就是战略前瞻。贾谊看到最大的问题就是当时的中央和地方，尤其是那些地方的诸侯王、同姓的诸侯王之间有很大的矛盾，这种矛盾只是被暂时掩盖了。他认为，作为中央朝廷应该对此先有预案，准备好对策，来避免最后的矛盾激化，避免手足相残。

具体要如何操作，贾谊实际上提供了一个很好的思路——"众建诸侯而少其力"。当然，他是站在中央政府这一边的。大一统在那时候是发展的主流，分封总是会带来很多问题，既不符合民众的愿望，也不符合统治者的根本利益，所以他要解决这个问

题。而具体该用什么方式来解决是要仔细思量的,若是一下子全部取缔,倒是让它简化了,但是反弹会非常大。实际上贾谊即使在政治上成功了,在道德上也会被钉在十字架上,如同刘邦那样在后世也永远被人说他杀功臣,不论韩信他们到底有没有反叛,兔死狗烹这类的言论只怕会一直存在。

贾谊看到了这些问题,他对战国、秦朝,包括汉初的历史非常熟悉。他认为要解决这个问题,一步到位并不是最好的方法,而是应该采取渐进的、改良的、温和的方式。这个方式主要就是"众建诸侯而少其力",诸侯多了以后再削弱他们的力量,如此一来,哪一个诸侯国都不能对中央政权形成实质性的威胁,中央就可以平衡了。等时机成熟之后,便可最终取缔他们。

这就是贾谊的目标,应该说这是很高明的一招。我觉得和晁错相比,贾谊的思路更符合汉初政治的现实,也合乎政治游戏的规则。晁错后来一下子就削藩了,全部取缔的结果就是反弹非常厉害,吴楚七国之乱瞬间爆发,以至于后来的汉武帝时期还是在做这方面的工作。而贾谊的思路、做法充满了政治智慧,不但效果好,而且影响也非常大。可惜他死得比较早,文帝又是比较宽厚的人,时常下不了决心,对诸侯王比较妥协,也就体现不出贾谊建议的妙处。

汉武帝时期,有个大臣叫主父偃,汉武帝非常信任他。他当时提出了一个叫作"推恩令"的建议,这也是一个削弱同姓诸侯王的方案,跟贾谊的想法非常接近,最后汉武帝采纳了这一方案,将此令推行下去。

推恩令是什么呢?简单地说,就是一个诸侯国有很多子弟,老大可以继王位,那还有老二老三老四怎么办呢,他们也可以分得一部分利益。即大家利益均摊,老大可以分最多的,比如十份里面分得三份或者四份;而老二老三老四则在十份里面各得一份,这样一来,大家就都占了部分利益,谁也不吃亏。不过这时的老二老三等就不能称王而应叫作侯,而侯又比王更小了,于是中央政府更有能力去管住他们。实际上,老大在十份利益里面只占了三份,而下一个老大又在这三份里面占三份,就这样慢慢地把他们的实力都削弱了。所以从汉武帝推行的推恩令里面,我们就可以看到贾谊"众建诸侯而少其力"的政治理念,可以说贾谊的理念在汉武帝那时候才得以实现。这是非常好的政治智慧和处理政治问题的手腕,它加强了中央集权,防止了地方诸侯的反叛,削弱了同姓王的权力,最后走向高度的大一统专制集权。所以贾谊这个思路和方法,在历史上影响很大。

二、统一与分裂的孰是孰非

不同立场的人写史书,就会有不同的价值理念或者价值取向在里面。比如汉武帝的时候,他希望能够大一统,所以董仲舒提出春秋大一统是天下之常经,是万古不变之道,完全站在汉武帝的立场上,从中央的角度来论述统一的必要性、集权的合理性和中央专制的合法性。

我们知道历史上有一本非常有名的书《淮南子》,这是淮南王刘安召集一些门客、宾客,他养的那些知识分子以及他的追随者,大家共同编出来的。它强调的就是无为而治,要为地方争取更多的权力,希望中央不要干预太多。因为他站在自己诸侯的立场上,所以他不会去强调天下一统、高度集权,而是要强调分权,因此他和董仲舒不一样。

类似的例子还包括司马迁和班固,应该说班固是比较主张专制集权的,而司马迁则对分封也并不是一概否定。就像《孙子兵法》讲的那样,任何事物既没有单纯之利,也没有单纯之害,利和害是相辅相成的。铜钱的正面若是利，那反面就是害。

统一和分裂也是类似的问题。统一是大趋势，因为那时候利大于弊；而分裂也并不是绝对的一无是处，因为要实现统一，就要经历分裂这个阶段，这是历史的一个必然。而且在分裂的过程中，社会又相对比较宽松，因为中央集权这时候控制不了地方的思想。正因为这样，淮南王才可以写出这么好的一个政治著作和学术著作——《淮南子》，若是处于"罢黜百家、独尊儒术"的时代，显然不可能产生这种书。所以，统一对汉初来说，一定是有历史进步意义的。这个主导的进步意义我们完全可以看到，政令的畅通，体制的理顺，民众生产的积极性，经济制度的全国性推广，恢复生产以加强汉朝的实力，尤其打汉匈战争时，要稳定边疆，要反击匈奴的骚扰，更需要举国之力来对付外患，当然包括我们的思想。

这样说来，董仲舒虽然提倡专制的理论，且对汉武帝的"罢黜百家、独尊儒术"也有许多批评，但从另外一个角度来说，一个大一统的国家，民众这么多，思想那么复杂，的确不利于统治，于是他们要将思想统一到他们认为正确的原则上来。但是统一也会带来一个问题，俗话说"一放就乱，一统就死"，两汉的思想跟先秦春秋战国的那种百家争鸣相比，学术不但已经见不到其繁荣盛况，甚至还倒退了一大截。所以统一也要付出代价，对于那些诸侯，我们说它割据也好，分裂也罢，却不能说他们完全是负资产。

汉代的时候，最发达的地区是河南、陕西、山东等地，身处江南地区的吴国与之相比简直是穷山恶水，是个雾气、瘴气弥漫的地方。虽然吴王后来在历史上是一个反面角色，但是我们回过头来想想，他其实不失为一个有为之君。为了跟中央抗衡，为了保持独立性，吴王大力地发展经济建设，他开发铜矿、晒海盐，经营一种自由的贸易，他集聚财富是为了向老百姓输利，老百姓跟他造反，他还要给老百姓好处，所以所有的百姓都被调动了起来。本来处于比较边缘的、偏僻的地方，经济反而发展起来了。最终吴国被汉朝政府统一后，中央政府还坐享其成了一个发达的区域。从这个意义上说，我们的思路是不是应该变一下，不要听到割据就觉得不好。在割据过程中，诸侯要收买人心，要跟中央抗衡，往往有更大的投入，有更多的政绩追求，所以有时候会带动当地的发展。有些郡县制的太平官觉得反正自己是对中央负责的，过几年以后就不干了，所以他反而不用心了。从这个角度说，割据反而有其自身的好处。

当然，统一还是利大于弊的，但割据又是一个客观现实。若在统一之初就一统到底，如秦朝那样郡县制一步到位，这反而带来了后患。所以汉初很好地做到了郡国并行制，分封国叫作王国，郡县则是郡县，郡国并行制即是双轨制，又相当于是一个过渡。这个过渡到最后虽然会由郡县制完全替代郡国并行制，但是我认为这个过程是历史发展中必然的一个进程，没有办法回避，也不可能超越，更不能一步登天。我们认为历史有它发展的内在逻辑性，所以我们并不是说分裂是对的，而是看到它在制约汉初更好发展的同时，也要看到它在客观上也做了一些好事，为了更好地统一创造了条件。这就像后来的三国一样，没有蜀国的刘备、诸葛亮他们，没有吴国孙权一段时期的割据，就没有之后晋朝的大一统。所以我们不要犯机械历史主义的那种错误。

总之，对统一也好，对分裂也罢，都不要全盘否定，也不要全盘肯定，要辩证地看待问题。

图书在版编目(CIP)数据

大写的历史:被误解的历史人物 / 黄朴民著.—杭州:浙江文艺出版社,2016.4(2018.5 重印)
ISBN 978-7-5339-4430-8

Ⅰ.①大… Ⅱ.①黄… Ⅲ.①中国历史—通俗读物 ②历史人物—人物研究—中国 Ⅳ.①K209 ②K820

中国版本图书馆 CIP 数据核字(2016)第 025048 号

责任编辑　徐　莺　邵　劼
封面设计　柏拉图创意机构
版式设计　吕翡翠
责任印制　朱毅平

大写的历史:被误解的历史人物

黄朴民　著

出版　浙江文艺出版社
地址　杭州市体育场路 347 号
邮编　310006
网址　www.zjwycbs.cn
经销　浙江省新华书店集团有限公司
制版　浙江新华图文制作有限公司
印刷　杭州广育多莉印刷有限公司
开本　710 毫米×1000 毫米　1/16
字数　190 千字
印张　16.25
插页　2
版次　2016 年 4 月第 1 版　2018 年 5 月第 3 次印刷
书号　ISBN 978-7-5339-4430-8
定价　36.00 元